Orfeu e o Poder

ORFEU E O PODER

O Movimento Negro no Rio de Janeiro e São Paulo (1945-1988)

MICHAEL G. HANCHARD

POSFÁCIO DE PAULO CÉSAR RAMOS
TRADUÇÃO DE VERA RIBEIRO

© Copyright 1995 Princeton University Press - *Orpheus and Power*: The Movimento Negro of Rio de Janeiro and São Paulo, Brazil 1945-1988

"All rights reserved. No part of this book may be reproduced or transmitted in any form or by any means, electronic or mechanical, including photocopying, recording or by any information storage and retrieval system, without permission in writing from the Publisher."

PALAVRASNEGRAS

INSTITUTO AMMA PSIQUE E NEGRITUDE
Clélia Prestes ▪ Deivison Faustino (Nkosi)
Cleber Santos Vieira ▪ Dennis de Oliveira ▪ Fabiana Villas Boas

Coordenação de texto Luiz Henrique Soares e Elen Durando
Edição de texto Marcio Honorio de Godoy
Projeto gráfico e capa Sergio Kon
Editoração A Máquina de Ideias/Sergio Kon
Produção Ricardo W. Neves e Sergio Kon

CIP-Brasil. Catalogação na Publicação
Sindicato Nacional dos Editores de Livros, RJ

H1990
    Hanchard, Michael G.
       Orfeu e o poder : o Movimento Negro no Rio de Janeiro e São Paulo (1945-1988) / Michael G. Hanchard ; tradução Vera Ribeiro ; [posfácio Paulo Cesar Ramos]. - 1. ed. - São Paulo : Perspectiva, 2025.
       352 p. ; 19 cm. (Palavras negras ; 12)

       Tradução de: Orpheus and power: the movimento negro of Rio de Janeiro and São Paulo, Brazil 1945-1988
       Inclui bibliografia e índice
       ISBN 978-65-5505-247-3

    1. Pessoas negras - Identidade racial - Brasil - Rio de Janeiro. 2. Pessoas negras - Identidade racial - Brasil - São Paulo. 3. Brasil - Relações raciais. 4. Brasil - Política e governo - Século XX. I. Ribeiro, Vera. II. Ramos, Paulo Cesar. III. Título. IV. Série.

25-97345.0   CDD: 305.8960981
                       CDU: 316.347(81)

Gabriela Faray Ferreira Lopes - Bibliotecária - CRB-7/6643
03/04/2025   10/04/2025

1ª edição

Direitos reservados à

EDITORA PERSPECTIVA LTDA.
Praça Dom José Gaspar, 134, cj. 111
0047-912 São Paulo SP Brasil
Tel.: (+55 11) 3885-8388
www.editoraperspectiva.com.br

2025

Para Constance Farquhar, minha avó,
nos bons e nos maus momentos.

Sumário

Prefácio a Esta Edição (2024)
11

Prefácio da Edição Brasileira de 2001
31

ORFEU E O PODER

Introdução
41

I. HEGEMONIA RACIAL

1 A Política Racial: Termos, Teoria, Metodologia
56

2 A Política Racial Brasileira:
Visão Geral e Reconceituação
84

3 Democracia Racial:
Hegemonia à Moda Brasileira
104

II. NEGAÇÃO E CONTESTAÇÃO

4 Formações da Consciência Racial
154

5 Movimentos e Momentos
188

6   Política Racial e Comemorações Nacionais:
A Luta Pela Hegemonia
254

Não É de Onde Você Vem
276

POSFÁCIO

Ressonância Crítica de uma Obra Desafiadora
[*Paulo Cesar Ramos*]
298

Notas
313

Referências
329

Índice Remissivo
339

Agradecimentos
343

Prefácio a Esta Edição (2024)

Trinta anos se passaram desde a primeira publicação em inglês de *Orpheus and Power: Afro-Brazilian Social Movements in Rio de Janeiro and Sao Paulo, Brazil, 1945-1988*. A tradução para o português surgiu em 2001, graças aos esforços de Livio Sansone, do falecido Carlos Hasenbalg e de Márcia Lima, ex-integrante do Centro de Estudos Afro-Asiáticos da Universidade Candido Mendes, no Rio de Janeiro. Agradeço a Sergio Kon e Gita Guinsburg da editora Perspectiva por terem concordado em publicar uma segunda edição em português, novamente com a excelente tradução de Vera Ribeiro. Também sou grato pelo fato de que, trinta anos depois, este meu primeiro livro, que surgiu de minha tese de doutorado, continua a gerar discussão, reflexão e debate entre estudiosos, tanto afro-brasileiros como de forma mais ampla. O argumento apresentado e as evidências reunidas, com base em extensas entrevistas, revisão de materiais primários, antropologia política e observação participante, são o melhor que consegui apresentar àquela altura. Tal como acontece com todos os trabalhos pioneiros, *Orfeu e o Poder* foi uma aproximação, um esforço para captar momentos e fenômenos que desde então foram seguidos por outros eventos e fenômenos que requerem uma lente diferente daquela que desenvolvi então. O enquadramento histórico do livro, 1945-1988, cobriu o período pós-Segunda Guerra Mundial e os primeiros dois anos de abertura democrática, com apenas vislumbres das formas de democracia participativa e eleitoral que surgiriam nos anos subsequentes.

Durante o período em que conduzi minha pesquisa, na maioria dos casos, as instituições acadêmicas que eu conheci não tinham a cultura de trabalhar com a questão racial. Ao iniciar meu doutorado em 1986, conversando com alguns especialistas no Brasil e nos demais países da América Latina, eles me diziam: "Mike, acho o seu projeto muito esquisito... eu falei com meus colegas e amigos brasileiros e eles falavam que não existe racismo no Brasil." Aprendi assim a minha primeira lição sobre a ideologia da democracia racial: o seu estatuto como explicação para a dinâmica entre descendentes de escravos e proprietários de escravos no Brasil estava intacto, pelo menos entre uma certa pequena elite. E alguns dos seus amigos e colegas nos Estados Unidos, de elite eles mesmos, também acreditavam nessa ideologia.

Porém, ao chegar ao Brasil para realizar pesquisas, rapidamente percebi que, no mínimo, eu tinha os ingredientes para uma tese. Levei certo tempo para ter acesso aos espaços do movimento negro. É compreensível que naquela época, devido às políticas interna e externa dos Estados Unidos, muitos estadunidenses tenham sido tratados com certa desconfiança. Sobretudo com a experiência que as esquerdas tiveram no Brasil, havia sempre a suspeita da ação de agências como a CIA, o FBI etc. Foi um dos meus grandes amigos no Brasil, Francisco Marcos Dias, que atuou no Centro de Cultura e Arte Negra (Cecan), quem me disse: "Olha, Mike, seria melhor você se identificar como filho de jamaicanos e não como americano, porque tem muito antiamericanismo aqui." Nessa condição, de homem negro estadunidense, eu experimentei uma fria provação de aproximadamente um mês acompanhando algumas pessoas em São Paulo e só no fim desse período foi que Francisco Marcos Dias finalmente falou: "Veja, fizemos um teste para saber se você é confiável e concluímos que você é; agora podemos te apresentar para outras pessoas, outros setores e outras organizações."

Assim, eu tive muita sorte de encontrar duas pessoas-chave para mim, uma no Rio e outra em São Paulo. No Rio, Júlio César Tavares, da UFF; em São Paulo, à época, Débora Silva Santos. Ainda no Rio, tive a sorte também de encontrar uma interlocução acadêmica no Centro de Estudos Afro-Asiáticos, que então era ligado à Universidade Candido Mendes. Havia ali, naquele momento intelectuais/ativistas, como Jacques Adessky, Denise Ferreira da Silva, Jose Maria e Márcia Lima. Havia um núcleo com um lado mais lusófono e outro mais ligado à parte da diáspora e à África, por onde passaram vários ativistas das lutas contra o *apartheid* e o colonialismo português. Paola Vieira, uma amiga que conheci em Nova York, me hospedou na casa da família, com sua mãe e duas irmãs, no Jardim Botânico. Foi Paola, na verdade, quem me apresentou o Brasil.

O Brasil passou por transformações significativas durante os últimos trinta anos, de uma forma que nem eu nem a maioria dos observadores e participantes do movimento negro e da sociedade brasileira poderíamos prever. A democracia, em forma tão inclusiva – já que o voto direto foi de fato legalmente universalizado com a inclusão de analfabetos –, era nova no Brasil. O desenvolvimento de uma sociedade civil organizada foi motivado pelo afastamento ainda incompleto dos militares da política e pelo crescimento das instituições democráticas e dos movimentos sociais. A abertura da sociedade civil no Brasil teve consequências imprevistas para o movimento negro. Seus objetivos foram ampliados, assim como as oportunidades e a crescente variação entre as tendências políticas, não apenas dentro do próprio movimento, mas na sociedade brasileira como um todo. MST, LGBTQIA+, feminismo, ecopolítica, o ativismo das mulheres negras e o movimento reconhecimento dos direitos quilombolas passaram a fazer parte da corrente principal do discurso político brasileiro.

Uma mudança ocorrida desde a publicação das edições do livro em inglês e português é a maior atenção que passou a ser dada à política racial brasileira, à violência racista e à desigualdade, bem como ao aumento da interação entre ativistas e organizações negras brasileiras e organizações negras de várias partes do mundo. O papel dos ativistas e organizações afro-brasileiras na luta antirracista mundo afora pode ser evidenciado pela atuação que tanto os funcionários negros do governo como as ONGs do Brasil desempenharam na conferência de Durban e nos protestos transnacionais em resposta ao assassinato extrajudicial de George Floyd. Por outro lado, as organizações feministas negras como a Geledés têm mantido interfaces com organizações feministas negras da África, da Europa, bem como de muitos países das Américas, incluindo os Estados Unidos. O próprio momento do assassinato com motivações políticas de Marielle Franco, vereadora do Rio de Janeiro, negra, feminista e LGBTQIA+ ocorreu no momento em que ela saía de uma reunião com várias mulheres negras dos EUA, ativistas e acadêmicos, tendo se tornado uma figura política relevante, em uma posição de poder formal.

Outro exemplo é a emergência dos quilombos como um tema que ganhou centralidade na agenda do movimento negro, bem como para os governantes negros eleitos e os representantes do governo na década de 1990. Durante meu período de trabalho de campo no Brasil em 1985, 1988 e 1989, a discussão sobre quilombos entre os ativistas do movimento no Rio de Janeiro e em São Paulo limitou-se em grande parte à formulação do *quilombismo* por Abdias Nascimento e, posteriormente, ao consenso alcançado por várias organizações do movimento negro e ativistas a defenderem o dia 20 de novembro como feriado nacional em homenagem a Zumbi, o último líder do Quilombo dos Palmares. Desde então, o número de territórios e seus ocupantes designados como quilombos e quilombolas aumentou significativamente.

O exemplo mais óbvio de uma mudança no cenário político no Brasil é a existência de uma legislação de cotas, ou o que é chamado nos Estados Unidos e em outras sociedades plurais de ação afirmativa. A assenção à presidência de Fernando Henrique Cardoso e sua receptividade à possibilidade de políticas de ação afirmativa criou uma situação inédita na sociedade brasileira. Em rede nacional de rádio e televisão, Cardoso reconheceu o legado contínuo do racismo e da escravidão no Brasil, embora o seu partido, o PSDB, não tenha defendido a adoção das ações afirmativas. Na verdade, o ministro da Educação de Cardoso se opôs a elas. Como observado nos estudos de Edward Telles, muitos ativistas afro-brasileiros foram inicialmente céticos quanto à aplicabilidade de políticas desse tipo em uma sociedade como a brasileira, com suas categorizações cromáticas amplas e muitas vezes desconcertantes para pretos, pardos e brancos, que certamente entrariam em cena na hora de se distribuir empregos e oportunidades educacionais em instituições públicas com base nas necessidades percebidas, no histórico de discriminação e na cor da pele.

Ativistas negros, organizações trabalhistas como a CUT e partidos como o PT, bem como ONGs, impulsionaram as bandeiras do movimento negro em um cenário cada vez mais amplo, incluindo a ação afirmativa, mas também o ensino da história africana e da história afro-brasileira nas escolas públicas. Acompanhar um sistema político multipartidário e uma competição eleitoral robusta foram caminhos de liderança para que os ativistas políticos negros participassem mais plenamente dos poderes legislativo e executivo do governo como nunca antes na história brasileira. Muitas das iniciativas políticas e legislativas relacionadas à igualdade para os brasileiros pretos e pardos foram o resultado da mobilização específica do movimento de esquerda negra.

Ainda na década de 1990, as reivindicações das lideranças dos movimentos indígena e negro para os governos democratizados ajudaram a gerar políticas de multiculturalismo estatal na América do Sul em geral, e não apenas no Brasil, uma vez que as ideologias da cegueira de cor, do excepcionalismo racial e da democracia racial foram em grande parte desacreditadas pelas evidências esmagadoras de correlações entre fenótipo/cor da pele e desigualdade, e por inúmeros exemplos de violência extrajudicial infligida desproporcionalmente a pardos e negros.

Como estudioso cujo início de carreira foi dedicado ao exame dos movimentos sociais negros e da desigualdade na América do Sul, a ideologia do Brasil representou um paradoxo fundamental: como poderia a democracia racial existir numa sociedade e em um sistema político de outro modo tão antidemocráticos? Da minha consulta inicial com vários especialistas na presença africana no Brasil, observações pessoais e discussões iniciais com ativistas no Rio de Janeiro e em São Paulo, passei a apreciar o dilema dos ativistas antirracistas em uma sociedade que ignorou amplamente o seu próprio racismo. Como os ativistas poderiam sustentar um movimento contra injustiças que muitos brasileiros da época, em todo o espectro cromático, não acreditavam que existissem?

Uma das histórias pouco contadas da era da ditadura militar brasileira foi o papel dos militantes afro-brasileiros que se organizaram durante a última fase do regime militar – 1978 – e se envolveram em atos públicos de desafio tanto à ditadura como à ideologia da democracia racial. O movimento negro no Brasil desempenhou um papel significativo na transformação da sociedade brasileira e foi ele próprio transformado pela interface dos seus ativistas com outros movimentos sociais, inicialmente clandestinos e depois eventualmente públicos. Com a inauguração de um período de democracia representativa iniciado em 1986, o movimento negro expandiu-se significativamente, o que ficou evidente na proliferação de ONGs, núcleos negros dentro dos partidos políticos dominantes (inicialmente PT, PMDB e PSDB), bem como no aumento do número de candidatos negros disputando cargos políticos. Quando o segundo mandato de Lula terminou em 2010, os ministérios focados na desigualdade racial, na ação afirmativa e na justiça reparadora para os afrodescendentes faziam parte do aparato estatal (como a Seppir – Secretaria de Políticas de Promoção da Igualdade Racial do Ministério dos Direitos Humanos e da Cidadania, responsável pelo Programa Nacional de Ações Afirmativas, e o Conselho Nacional de Promoção da Igualdade Racial).

Nos últimos anos, estive intimamente envolvido com o projeto Afro-Memória dentro do núcleo de estudos e pesquisas Afro-Cebrap, liderado por Márcia Lima, na Universidade de São Paulo (USP), em parceria com o Arquivo Edgard Leuenroth, da Unicamp. O Afro-Memória foi a primeira iniciativa dentro desse grupo de pesquisadores dedicada às vidas e histórias dos afro-brasileiros e ao legado contínuo da desigualdade racializada. Eu e Márcia Lima, juntamente com Paulo César Ramos, como coordenador, fizemos a curadoria do Projeto Memória e Identidade do Ativismo Afro-Brasileiro no Afro – Núcleo de Estudos e Pesquisa Sobre Raça, Gênero e Justiça Racial, e a esse projeto confiei a maioria das minhas entrevistas gravadas – agora digitalizadas – com militantes negros, muitos dos quais não estão mais entre nós. Espero que as gerações atuais e futuras de estudiosos interessados nas histórias da mobilização política negra no Rio de Janeiro e São Paulo consultem essas entrevistas.

Elas continuam a fornecer *insights* e perspectivas únicas sobre o ativismo do movimento negro e o envolvimento dos seus atores com um campo político, social e cultural mais amplo. Ao me preparar para escrever este novo prefácio, ouvi mais uma vez entrevistas que conduzi naqueles anos. Várias delas me relembraram, em particular, que vieram diretamente delas os principais componentes das minhas conclusões sobre o racismo brasileiro e a disposição do movimento negro brasileiro em relação à política. Minhas conclusões tinham base probatória.

Um exemplo importante de tais *insights*, aliás, vem de uma longa entrevista em duas partes com Rafael Pinto – ex-integrante do Núcleo Negro Socialista, um braço da organização trotskista

Liga Operária (que depois mudaria seu nome para Convergência Socialista) e um dos fundadores do movimento Negro Unificado (MNU) –, que proporcionou um ambiente fértil para militantes negros que procuram uma forma de combinar uma análise materialista com uma análise da hierarquia racista, da violência e da exclusão, especialmente da violência estatal, que muitas vezes perturbou as organizações políticas negras. Depois de narrar sete anos de atividade política clandestina que levaram à formação do MNU, tanto em São Paulo como em outras cidades, ele me oferece a seguinte descrição e explicação da fundação do MNU:

Nós tínhamos esse problema, tínhamos já quase uns sete anos de trabalhos em comunidades, debates, montávamos grupos de teatro, fazíamos apresentação em entidades, em casas de umbanda e candomblé, montamos a Capruco lá no Ipiranga, e nós achávamos que tínhamos que sair da questão cultural para ir para a discussão política propriamente dita. Como passávamos por um período de repressão, muito embate entre movimentos sociais e a polícia e a repressão, o que aconteceu?

O pessoal do Cecan [Centro de Cultura e Arte Negra] e uma corrente que passava pelo Isidoro, Odacir [de Matos] e a própria Lícia, observava o seguinte, que nós estávamos assim, de uma certa forma…, não criávamos uma teoria do negro. Estávamos de uma certa forma… era "marxizando" a questão racial… eu utilizo essa expressão, mas não era essa a expressão. […]

Porque quando nós conceituávamos, ou seja, quando utilizávamos a teoria marxista para a análise de conjuntura, para a análise da história, falava assim…, isso, entendeu, não é uma coisa de negro, havia esse racha. E havia a questão da… a questão da visão cultural. Então […] passávamos a fazer crítica. Nós entendíamos que havia uma linha culturalista no movimento negro, e que essa linha simbolizava o quê? Simboliza os grupos de teatro… que chegou a fazer o Feconezu [1º Festival Comunitário Negro Zumbi, em 1978], como chegou a fazer…, mas não avançava além disso, e nós tínhamos clareza que tínhamos que atacar de frente, um ataque político na questão racial e a violência policial. Porque observamos o seguinte, que a repressão policial […] ela tem um mecanismo de desorganizar os modos de organização da população negra.

Então soltávamos um jornal que era o *Árvore das Palavras*, que era um jornal muito mais combativo do que o *Jornegro*, e o *Jornegro* estava discutindo, você vai ver que o *Jornegro* mostra os nomes africanos, ele vai estar fazendo essa discussão, que é importante, mas a desorganização da comunidade negra e a questão racial propriamente dita não era atacada, ainda estava numa postura que nós chamamos assim de muro de lamentação. Então tínhamos que ser mais agressivos. Levantar o pescoço, até a mudança de postura, Michael, e ser mais agressivos com a sociedade.

E um dado: nós tínhamos que superar o diálogo de negro pra negro e fazer o diálogo com a sociedade como um todo.

Então era esse o diálogo que a gente tinha. Então é obvio que nós pisávamos em ovos. Porque não tínhamos clareza se mobilizaríamos ou não. A partir do ato público de 7 de julho de 1978, nós criamos um divisor de águas. Porque conseguimos criar um fato político, no qual começou a colocar à mostra alguma coisa que teoricamente já tinha sido comprovado, mas não havia uma mobilização política concreta nas ruas nesse sentido. De mobilizar o movimento negro…, nós começamos a fazer passeatas nas ruas. Nós fazíamos passeata no 13 de maio, em novembro, entendeu?

Entrevista em jornal, rádio, televisão, debates em universidades, debates em tudo quanto é lugar nós começamos a fazer. Foi esse o grande salto que nós demos a partir de 1978.

Tomo a liberdade de inserir uma citação tão extensa porque ela oferece oportunidade de avaliar como setores da esquerda negra no Brasil passaram a se situar ideologicamente e na prática na nova ordem política do Brasil que emergia, transformada. Talvez a declaração mais ampla feita por Rafael Pinto tenha sido o objetivo coletivo dos militantes negros de criar novas formas de engajamento com o Estado brasileiro, a sociedade civil e política, como evidenciado no trecho "superar o diálogo de negro pra negro e fazer o diálogo com uma sociedade como um todo". Pobreza, dívida, estagflação, miséria, sofrimento e violência policial desenfreada eram preocupações de todos os ativistas pró-democracia e igualitários, não apenas da esquerda negra. A crítica deles ao racismo brasileiro fazia parte de uma crítica à sociedade como um todo.

O que eu discuto sobre o culturalismo em *Orfeu e o Poder* tem uma origem que acredito que a maioria das pessoas não conhece e que eu também nunca mencionei anteriormente: a ideia do culturalismo vem das discussões que eu tive com ativistas como Rafael Pinto em São Paulo. Foram eles que me apresentaram o conceito.

Como detalhei em *Orfeu e o Poder*, os ativistas afro-brasileiros têm sua própria configuração do que Krista Thompson chamou afrotropos: os símbolos, as palavras e as frases dos discursos afromodernos, colhidos nas lutas anticoloniais em Moçambique, Angola e Guiné-Bissau, no movimento anti-*apartheid* na África do Sul, nos movimentos Black Power no Caribe, na luta pela liberdade dos negros nos Estados Unidos e, claro, na música negra. O que ajudei a narrar no caso do Brasil não foi a razão imperial, mas a razão transnacional negra articulada no Brasil. A "Carta Aberta à Diáspora Africana", do falecido Hamilton Cardoso, publicada na revista *Versus*, exemplifica essa forma de razão, um método para fazer a política e os movimentos sociais ressoarem fora dos seus locais de origem.

Voltando à longa citação acima, a perspectiva de Rafael Pinto representava uma tendência ideológica dentro do movimento que teve consequências políticas práticas. A decisão de criar o MNU veio depois de trabalhar em diversas organizações distintas e de estar insatisfeito com a tendência de várias organizações negras de evitar questões de violência policial, da Guerra Fria e seus efeitos sobre o Brasil e a América do Sul em geral, da repressão da organização trabalhista, da exploração contínua e dos salários desiguais do trabalho negro, em particular, e do silenciamento da dissidência. Os fundadores do MNU e, é preciso dizer, muitas outras organizações afro-brasileiras de centro-esquerda também estavam insatisfeitos com a desatenção às questões de racismo entre os seus camaradas brancos no centro e na esquerda.

Segundo Rafael Pinto, ele e Milton Barbosa foram expulsos da escola de samba Vai-Vai por serem subversivos políticos e pela insistência em levantar esses mesmos temas, sem falar da discussão do racismo dentro da escola de samba. Como a maioria dos movimentos sociais, o MNU emergiu para formular preocupações e tomar medidas que as organizações existentes não tinham feito. Para muitos grupos marginalizados, a política emerge de espaços intersticiais, muitas vezes aquém do ideal. Num sentido antropológico, o culturalismo foi êmico para um segmento específico do movimento negro.

Por um lado, o MNU, como detalhou Donald Covin, representou um afastamento de muitas organizações afro-brasileiras da época em razão da sua denúncia direta e explícita do MNU ao poder racista do Estado, ao mesmo tempo que remetia a uma tradição de política de esquerda afro-brasileira, nos moldes de José Correia Leite e outros em São Paulo nas décadas de 1930 e 1940. Correia Leite, um dos fundadores da Frente Negra Brasileira (FNB), lembrou numa entrevista que foi frequentemente acusado de "importar" ideias americanas de racismo para o Brasil e, portanto, de condenar um fenômeno inexistente.

Criticismo

As conclusões a que cheguei neste livro pouco tiveram a ver com o fato de eu ser cidadão dos Estados Unidos. Como escrevi na minha resposta à crítica de Pierre Bourdieu e Loic Wacquant à minha alegada "razão imperial", a ideia de que havia – ou há – uma "perspectiva afro-americana" singular sobre a política racial é minada pelo fato de que vários estudiosos afro-americanos especializados em algum aspecto da afro-brasiliana (especialmente das disciplinas de sociologia e antropologia) discordaram de minhas conclusões. Como primogênito de jamaicanos que emigraram para os Estados Unidos na década de 1950, eu era, sim, de uma minoria dentro de uma minoria nos Estados Unidos. Com discussões em casa sobre Marcus Garvey, rastafarianismo, pan-africanismo, na Jamaica em estadias prolongadas com meu avô materno, e com o surgimento de um movimento Black Power (Poder Negro) nos Estados Unidos, eu já estava familiarizado com aquilo a que Brent Hayes Edwards se referiu há algum tempo como "a prática da diáspora", as experiências vividas e as redes de filiação envolvendo populações afrodescendentes nas Américas do Norte e do Sul, na Europa e na África.

Ser cidadão de um país nunca significou concordar com as práticas políticas do grupo que nele está no poder. Uma coisa é o Estado, outra as pessoas que vivem sob esse Estado, que têm posicionamentos, para o bem ou para o mal, sempre muito distintos do oficial. Não existe uma comunhão monolítica de ideias entre uma população e seus dirigentes. Mesmo em países sob regimes autoritários, fascistas e totalitários, basta ver a história (Vichy, por exemplo): sempre houve uma parte da sociedade marginalizada em termos políticos que se contrapunha às tendências dominantes. No Brasil, todos os brasileiros durante o regime militar eram autoritários? E todos aqueles que viveram sob o governo de Jair Bolsonaro foram caudatários do seu negacionismo? Correia Leite, Carlos Marighela, Thereza Santos, Emilia Viotti da Costa?

O Excepcionalismo Brasileiro

A partir dessa abordagem, eu desenvolvi algumas teses sobre o movimento negro e também sobre o Brasil. Uma delas era a presença do mito da democracia racial como um impeditivo para a organização política. Outra é a do mito da excepcionalidade do Brasil. Uma tese que ainda tem a ver com a abordagem gramsciana é a tese do culturalismo. Essas teses dialogam entre si, evidentemente.

Primeiro o excepcionalismo. Já havia um debate muito rico na década de 1980 sobre o tema. Afirmava-se então que o Brasil tinha características específicas, o que tem sua verdade, mas isso vale para todo mundo, e não pode significar, a meu ver, que não se possa comparar o Brasil com outros lugares, especialmente no que concerne à questão racial. Acho que a grande contribuição de Carlos Hasenbalg, entre outros, foi mostrar a desigualdade racial no Brasil com dados quantitativos. De minha parte, procurei utilizar todos os indicadores de desigualdade disponíveis – de qualquer parte do mundo, com populações diferentes – no que diz respeito à representação, à violência, à educação etc. Assim, ao meu ver, minha contribuição para a análise sobre o Brasil foi qualitativa, e a desigualdade racial no Brasil não pode ser reduzida à classe social.

E penso que minha análise ainda se sustenta, embora tenha havido grande reação a ela. O que aconteceu foi que eu sugeri que mesmo aquelas pessoas que identificam a democracia racial como uma ideologia e não realidade, de repente, podem ser acusadas de racismo. Isso faz parte do discurso de alguns até os dias de hoje, ou seja, é um discurso muito forte.

Aliás, os distúrbios nos subúrbios de Paris em 2005 e novamente em 2023, em resposta aos assassinatos extrajudiciais pelo Estado de jovens negros e pardos desarmados, servem como uma réplica às reivindicações da esquerda francesa (que inclui dois dos meus críticos, como vimos acima) de que a alienação de classe, não o racismo, estava na origem da raiva e da revolta dos jovens franceses negros e pardos que nasceram, foram criados e se socializaram na França. Conforme detalhado nos estudos de Didier Fassin e Françoise Verges sobre o racismo na França contemporânea, e nos estudos comparativos do historiador Todd Shepard, a "exceção" francesa, assim como a "exceção" brasileira, provou ser pouco mais que um disfarce para o racismo francês, com seu histórico supostamente mais "benevolente" de escravização, colonização e imperialismo.

Disputas Internas

Um dos temas que não abordei em *Orfeu e o Poder* foram os conflitos e tensões regionais e ideológicos dentro do movimento negro – que observei em vários encontros nacionais e regionais realizados em diferentes partes do país. Como observou Rafael Pinto numa conversa pessoal em 2023: "a realidade é que não existe um movimento negro, mas vários movimentos negros". E mesmo entre as organizações sólidas e nacionais, como o MNU ou a Conen, cada capítulo/representação regional evoluiu não apenas em relação a uma plataforma nacional, que apela à unidade negra e à mobilização em massa, mas também em resposta às condições locais. Mais pesquisas são necessárias para mapear o contínuo contemporâneo ideológico e partidário das organizações negras em nível regional, e em todo o país, de forma mais ampla.

Naquele momento, o que as pessoas não percebiam é que havia muitas tensões entre ativistas da Bahia, do Rio de Janeiro, do Rio Grande do Sul, de São Paulo e muitos outros lugares, todos disputando a hegemonia, mas que na verdade representavam tendências plurais dentro do movimento. Acredito que algumas dessas tensões influenciaram a recepção inicial do livro, tanto em inglês como em português. É importante levar em consideração que as tensões e conflitos entre diferentes tendências de movimento certamente não são exclusivos do movimento negro no Brasil, ou dos movimentos trabalhistas, feministas, ecológicos, LGBTQIA+. As tensões entre tendências como o SNCC, o SCLC, os Panteras Negras e outras organizações nos EUA, ou entre o ANC e o Movimento da Consciência Negra na África do Sul, exemplificam os conflitos internos e as disputas acerca de ideologia, táticas e estratégia. Como nesses outros exemplos, o movimento negro no Brasil foi – e é – um composto de múltiplas tendências, algumas conflitantes.

A Tradução

A chegada do livro em português foi muito importante. Ele gerou uma segunda onda de debates em seu entorno. Desde então, alguns consensos caíram por terra. Um deles é que existia um grande hiato a separar a experiência dos negros estadunidenses e dos negros do Brasil. Talvez ele tenha contribuído para que as fronteiras entre negros brasileiros e dos EUA fossem derrubadas e atualmente essa aproximação é ainda maior, sobretudo quando olhamos para o problema da violência policial, com as referências ao Black Lives Matter e os protestos contra o genocídio da juventude negra.

Eu percebi essa importância apenas quando Amauri Pereira finalmente leu o livro em português e declarou para mim: "Eu achava, pela fala das pessoas, que você era um inimigo do movimento negro brasileiro e agora eu entendo que você é amigo do movimento negro brasileiro". A minha crítica nunca foi a uma falta constitutiva do movimento. Pelo contrário, eu apontava que havia uma falta que era resultado dos limites impostos pelo próprio Estado brasileiro, pelo regime militar, pela elite brasileira e pelo senso comum.

Por ter sido uma análise crítica, algumas pessoas e tendências entendiam que eu estava contra o movimento como movimento.

Tento explicar aqui que, como pesquisador engajado, eu sempre estive ao lado da maioria dos movimentos subalternizados e marginalizados do mundo, para criarmos uma sociedade mais justa, com mais respeito e menos violência. Ainda assim, decidi que não posso ser um apoiador acrítico do movimento negro. Como todo movimento ou agrupamento humano, há falhas, questionamentos, lutas internas e individuais.

Gramsci tem uma frase que citei no livro e que diz que, em momentos de crescimento do autoritarismo, a relação entre cultura e política chega a ser insolúvel, porque as pessoas e os movimentos que são excluídos dos processos formais – nas câmaras, nas assembleias, nas campanhas eleitorais – têm os assuntos de seu interesse igualmente excluídos. Então, em quais espaços esses assuntos poderiam ser discutidos? A cultura tem um papel importante nisso, pois ela cria espaços alternativos que propiciam que distintos grupos façam política. Podemos observar os movimentos sociais nos quais as pessoas se organizam e por meio dos quais se mobilizam em prol de alguma causa, independentemente dos partidos políticos existentes, e isso em parte devido justamente à falta de oportunidade de representação nas plataformas partidárias. Conforme narram os estudos etnográficos de Kia Lilly Caldwell e Keisha Khan Y. Perry e detalham os estudos historiográficos e a demografia, a mobilização das mulheres negras muitas vezes ocorreu fora dos parâmetros organizacionais do feminismo branco brasileiro, particularmente o das classes média e alta, e também em resposta à relutância inicial de algumas organizações afro-brasileiras lideradas por homens de adotar posturas que focassem nas experiências delas.

Isso significa a ausência do negro na política formal. Para alguns nas ciências sociais, o poder político advém apenas do Estado, e se você não consegue obter um representante no Estado, você está fora do âmbito político. Então o desafio dos ativistas, seja na Jamaica, na África do Sul ou nos EUA, por exemplo, é o de criar um espaço na sociedade para o fazer político, ainda que este não seja considerado um espaço politizado em termos formais, para dar ensejo à participação de segmentos próprios. Penso que a problemática que Gramsci traz é: sem a presença no Estado, sem a capacidade militar, sem a dominação das instituições de socialização, como as pessoas de grupos marginalizados – e para ele o que importa é a luta de classes, o que vai incluir também o campesinato – podem criar um movimento social para levar adiante a discussão dos seus problemas, dos temas que dizem respeito a eles e não à elite? Gramsci acreditava que a cultura seria uma dessas formas, mas não a única; na verdade, essa sua posição era o reconhecimento de que outras formas estavam fechadas naquele contexto, pois à época em que escreveu vivia-se em um momento fascista. Essa questão está em todos os meus livros.

Lições Aprendidas

Depois de tantos anos de estudos e reflexão, posso afirmar que a experiência de democratização no Brasil pode levar a importantes aprendizados. Por exemplo, está fora de questão para os EUA reconhecer o papel essencial e real do comunismo e de outros setores da esquerda em apoio à classe trabalhadora. O que eu aprendi no Brasil foi que o forte discurso em defesa da classe trabalhadora durante o período da atividade clandestina, e durante o período da abertura, descortinou maiores possibilidades para que militantes dos movimentos encontrarassem uma convivência dentro dos governos no aparelho estatal, uma experiência bem mais à esquerda do que é possível em qualquer governo dos EUA. Não estou de forma alguma sugerindo que não exista uma história ativa de organização e mobilização de esquerda nos EUA. No entanto, desde Eugene Debs, não houve nenhum candidato socialista viável para presidente do país. No Brasil há ao menos a possibilidade de transformar a sociedade em uma sociedade mais justa, mais igualitária. O panorama ideológico e político do Brasil é muito mais amplo, embora não menos reacionário em alguns aspectos, do que o dos EUA.

Com sua presença em sucessivos governos nacionais, representantes do movimento negro, e agora atores estatais negros, influenciam as políticas federais e estaduais relativas à educação, aos direitos das minorias sexuais e de outros grupos marginalizados, ao ambiente, à educação, ao trabalho, bem como outros assuntos políticos do Brasil. Ao mesmo tempo, a integração institucional dos ativistas e acadêmicos do movimento negro no Governo Federal evidenciou o acesso sem precedentes do movimento negro ao poder estatal, bem como os limites dos governos sob restrições da *realpolitik* (tanto normais como extraordinárias) para satisfazer múltiplas demandas eleitorais da sociedade civil de uma só vez. A evolução das agendas políticas dos ativistas negros tem alguma semelhança com os governos de centro-esquerda em países caribenhos predominantemente negros e de língua inglesa, como Barbados e Jamaica. Os sucessos, os desafios contínuos e até mesmo os retrocessos do movimento negro nesse nível de engajamento político ampliaram o meu imaginário político.

Diálogo Com os Que Já Passaram

Cada movimento insurgente das populações marginalizadas tem suas perdas:

Hamilton Cardoso (1953-1999), com quem eu passei um longo período quando ele foi atropelado pela segunda vez, se não me engano em um 13 de maio. Ele estava no hospital se recuperando e eu brincava dizendo que ele estava preso e não podia escapar das minhas perguntas.

Vanderlei José Maria (1957-1990), formado pela USP. Ele começou a pós-graduação, mas teve de interrompê-la por ter adoecido; eu fiquei no hospital durante duas semanas quando ele estava próximo de falecer. Hamilton e Vanderlei foram duas grandes perdas para o movimento negro.

Angela Gilliam (1936-2018), pioneira negra no campo de antropologia. Ela passou o período do seu doutorado no México e escreveu artigos importantes sobre a mulher negra e as disputas pelo poder em Angola, Brasil, Estados Unidos e outros lugares.

Thereza Santos (1930-2012) e a professora Emília Viotti da Costa (1928-2017) foram grandes perdas para mim. Thereza, juntamente com Francisco Marcos Dias, me traçou um perfil das entidades negras de São Paulo. Ela preparava maravilhosas moquecas de peixe, camarão e lulas sempre que eu estava em São Paulo e fazia questão de convidar meus amigos, como Hamilton Cardoso. A última vez que eu o vi foi na casa dela. Emília foi fundamental para mim, como ativista política e acadêmica do mais alto nível. Uma das orientadoras na minha banca, ela me passou a confiança de que eu estava escrevendo uma obra e ralizando uma pesquisa de campo importantes. E me ajudou bastante também dentro da academia estadunidense. Foi uma orientadora acadêmida e de vida, uma grande amiga, mesmo sendo professora de História na Universidade de Yale. Tenho saudades dela e dos demais e às vezes entro em diálogo intelectual imaginário com essas pessoas.

Prefácio da Edição Brasileira de 2001

A publicação de *Orfeu e o Poder* em inglês, em 1994, gerou debates consideráveis entre os brasilianistas a respeito da identidade racial, da desigualdade e da política no Brasil. Como primeiro estudo aprofundado dos movimentos sociais negros contemporâneos no Brasil, era indubitável que seu referencial interpretativo, suas conclusões e suas especulações seriam questionados, debatidos e contestados. O livro, baseado em minha tese de doutorado, examina o movimento negro brasileiro no Rio de Janeiro e em São Paulo entre 1945 e 1988.

Aplicando o conceito de hegemonia à dinâmica das relações raciais no Brasil, argumento que um processo de hegemonia racial contribuiu para estruturar a desigualdade racial no país, negar sua existência dentro da complexa ideologia da democracia racial e criar as precondições de sua perpetuação. Afirmo que o movimento negro, em condições restritivas e amiúde extremamente repressivas, procurou corrigir as desigualdades raciais. Em decorrência da herança de autoritarismo, repressão política e ideologia da democracia racial, entretanto, os defensores da igualdade racial eram frequentemente considerados impatrióticos, simpatizantes comunistas e, em última análise, uma ameaça ao patrimônio nacional. As formas de repressão impostas a eles incluíram coerção física, censura pública e acusações de racismo.

Uma geração anterior de sociólogos brasileiros descobriu provas demográficas de desigualdade racial, ao analisar dados censitários e fazer o controle de indicadores de qualidade de vida como educação, emprego e variação regional. Parafraseando Nelson do Valle Silva, custa caro não ser branco no Brasil. Este livro é uma tentativa de compreender a luta do movimento negro para reduzir esse ônus de ser preto ou pardo no Brasil.

Além dos indicadores demográficos, a análise qualitativa e a etnografia revelaram estereótipos reiterados e imagens negativas que colocavam os afro-brasileiros simbolicamente em posição de relativa impotência. Somente no âmbito da religião, dos esportes, da sexualidade e da cultura – muito longe das instituições e posições de poder ou de autoridade – é que eram apresentados como figuras de renome e expressão nacional.

Os ativistas do movimento negro e de outros movimentos sociais fizeram um esforço considerável para mostrar os vínculos entre raça, desvalia social e negação dos direitos humanos. Através de debates nacionais, particularmente depois do Centenário da Abolição, em 1988, esses agentes políticos conseguiram provocar mudanças nas atitudes e no comportamento de vários setores da sociedade brasileira.

Ao contrário dos brancos de muitas outras sociedades multirraciais com populações descendentes de africanos, a maioria dos brasileiros considerava a expressiva cultura e a prática religiosa afro-brasileiras uma parte essencial da cultura nacional. Para os ativistas e não ativistas, para as elites brancas e outros setores da sociedade brasileira, essa cultura e essa prática religiosa eram o lugar de negociação e contestação da identidade nacional e da identidade afro-brasileira. Exclusiva da sociedade brasileira, essa apropriação da prática cultural afro-brasileira também dificultava a mobilização dos afro-brasileiros em prol da igualdade racial. Já na década de 1920, muitos ativistas afro-brasileiros que lutavam pelos direitos civis comentavam a falta de uma consciência claramente racial entre os afro-brasileiros, decorrente, em grande parte, da ideologia da democracia racial e da inexistência de um *apartheid* formal. Muitos brasileiros considerados fenotipicamente negros veem pouca razão para adotar uma identidade diferente da mitologia nacional.

Historicamente, as práticas culturais (religião, música, dança e outras formas) têm sido um dos poucos veículos de expressão relativamente acessíveis aos negros (não apenas ativistas ou adeptos do movimento negro) na sociedade brasileira. Durante as décadas de 1970 e 1980, os afro-brasileiros que impregnaram suas atividades expressivas de um protesto e de uma condenação explícitos da situação dos negros na sociedade brasileira foram frequentemente censurados, em termos formais ou informais, por elites que viam tais acusações como uma afronta ao caráter nacional.

Como observou Gramsci em sua análise da relação entre a política e a cultura, as práticas culturais são predominantemente usadas como modalidades de organização e dissensão políticas nas situações de autoritarismo, quando a repressão estatal torna difícil e perigosa a contestação política franca e direta. Em suma, a política cultural, como veículo primário da contestação política, é invariavelmente a política dos relativamente impotentes, e não dos mais poderosos.

Como parte de uma discussão mais ampla sobre a relação entre a cultura e a política no Brasil, afirmei que duas categorias gerais da política cultural eram assumidas pelo movimento negro: a. uma política cultural que se concentrava quase exclusivamente na identidade racial e na herança africana, excluindo todas as outras formas de consciência e mobilização coletivas; b. uma política cultural que também procurava mobilizar um regime político repressivo e a sociedade civil em torno da distribuição desigual dos bens, dos serviços e dos recursos. Embora essas duas categorias gerais não sejam tão distintas na prática quanto o são em termos analíticos, caracterizei a primeira delas como uma prática culturalista, uma prática que não é exclusiva do movimento negro no Brasil, mas pode ser encontrada na política cultural da maioria das populações da diáspora africana, bem como de algumas populações da África. Em suas respectivas análises das limitações da prática culturalista na era das lutas anticolonialistas no continente africano, Amílcar Cabral e Frantz Fanon criticaram os movimentos e fenômenos das lutas nacionalistas que se concentravam quase exclusivamente em questões de identidade e origem raciais e étnicas, que negligenciavam as questões da ascensão social e do poder. Essa compreensão do papel da consciência racial e da cultura negra foi claramente um divisor entre o movimento da consciência negra e o Congresso Nacional Africano, na África do Sul.

Em suma, situando o movimento negro no contexto dos movimentos negros nacionalistas e em prol dos direitos civis no plano global, os debates sobre a consciência negra no Brasil podem ser vistos como parte de uma história, uma teoria e uma política mais amplas a respeito dos significados da identidade e do poder "negros" no século xx, não somente no Brasil mas também no continente africano e nas populações de origem africana pelo mundo afora.

Seria bom que os leitores deste livro em português recorressem aos textos dos afro-brasileiros que identificam e criticam a tendência culturalista na cultura afro-brasileira. Estudiosos como Guerreiro Ramos, ativistas de primeira hora, como José Correia Leite, e intelectuais do movimento na década de 1970, como Hamilton Cardoso, Wanderlei José Maria, Deborah Silva Santos e outros fizeram críticas à política cultural afro-brasileira que ajudaram a fundamentar minha interpretação.

Uma das preocupações levantadas no livro foi a perspectiva de que, no regime que se seguiu ao autoritarismo, o movimento negro abraçasse uma contestação e um engajamento dependentes quase que exclusivamente das práticas culturais. Afirmei que, sem meios de contestação mais explicitamente políticos, como o desenvolvimento de uma jurisprudência antirracista, de concorrência eleitoral e de uma educação e campanhas civis antirracistas, o movimento negro não conseguiria beneficiar-se plenamente da "abertura" da sociedade brasileira após o fim do regime militar, em 1986. A sugestão de que o movimento negro, como uma das condições e consequências da hegemonia racial no Brasil, estava sujeito a tendências culturalistas gerou críticas de que eu estaria descartando inteiramente esse movimento ou simplesmente esperando que ele se assemelhasse ao movimento pelos direitos civis nos Estados Unidos – portanto, que eu estaria comprometido com uma forma de imperialismo.

Os críticos de minha tese podem ser divididos em dois campos. Os primeiros, estudiosos e indivíduos que aderem a alguma versão modificada do luso-tropicalismo de Gilberto Freyre (aquilo a que Hasenbalg se refere como neofreyrianismo), afirmaram que, a despeito dos indicadores de desigualdade racial, o Brasil continua a ser um caso excepcional de relações raciais no mundo. Por isso, certos termos e categorias que utilizei neste livro e noutros textos sobre o Brasil (branco e negro, consciência racial, identidade negra e política racial) seriam ininteligíveis no contexto brasileiro. Alguns desses críticos afirmaram que tais conceitos eram predominantemente usados por uma "elite" negra de formação universitária, ligada ao movimento negro, e não pelas massas de brasileiros pretos e mulatos. Apesar de elaborarem suas ideias a partir de visões inteiramente diferentes, Frantz Fanon e Amílcar Cabral ofereceram conclusões similares sobre diversos movimentos de conscientização racial no continente africano, os quais, na avaliação deles, eram liderados por pequeno-burgueses africanos à procura de identidade e afiliação grupais. Embora um certo reducionismo marxista impregne as conclusões de Fanon e Cabral, é mais do que irônico que os marxistas e os neofreyrianos concluam que, uma vez que a raça não é uma categoria "natural", mas um artefato da classe ou da formação cultural, seria politicamente equivocado buscar a conscientização racial como um guia para a ação coletiva. No entanto, se o racismo em si é um fenômeno "não natural", de que outra maneira podem os membros dos grupos racialmente subjugados combatê-lo? Quando muito, o Brasil representa uma prova de que a miscigenação, a despeito das afirmações freyrianas e neofreyrianas, não foi um antídoto contra o racismo. No caso das trajetórias marxistas da transformação social, a luta de classes também não erradicou o racismo.

No segundo grupo, alguns estudiosos e ativistas brasilianistas do movimento negro afirmaram que, nas palavras de Anani Dzidzienyo, preparei "um leito de Procusto, ao descartar a política cultural, único veículo político disponível para os ativistas afro-brasileiros", e ao idealizar uma luta política aberta e direta com o Estado e os setores dominantes da sociedade civil. Para os relativamente impotentes, a política ideal típica não existe. Essa crítica tem uma certa validade, na medida em que muitas organizações do movimento negro no Rio de Janeiro e em São Paulo passaram a adotar estratégias e táticas de articulação política mais direta no período que sucedeu o autoritarismo, mudança essa que não previ (nem poderia ter previsto) durante minha pesquisa de 1988 e 1989. No plano da autocrítica, eu poderia ter dado mais ênfase ao fato de o fenômeno do culturalismo se registrar não apenas no movimento negro brasileiro, mas na política da identidade da diáspora negra mais geral. Diversos críticos da formulação culturalista de minha tese empenharam-se em demonstrar que até as chamadas práticas culturalistas são, na verdade, práticas políticas, particularmente numa sociedade como o Brasil. No entanto, ao aderirem a lemas simplistas, como "o pessoal é o político" ou "tudo é política", esses críticos raramente formulam as seguintes perguntas: "Que tipo de política é a política cultural?", "Quais são seus pontos fortes?", "Quais são suas limitações?" Foi esse o tipo de perguntas que o livro que o leitor tem agora diante de si procurou abordar.

Muitas coisas se modificaram na sociedade brasileira desde a época em que foram feitas as pesquisas para este livro. Um primeiro levantamento nacional sobre as atitudes e o comportamento raciais foi realizado pelo DataFolha em 1995. Apesar de suas limitações qualitativas, essa pesquisa demonstrou a existência de atitudes racistas (um "racismo cínico") entre os brasileiros brancos. Embora já não se possa caracterizar como autoritário, o Estado brasileiro continua a valorizar mais a propriedade do que os direitos humanos. É o que se evidencia na forma como o governo de Fernando Henrique Cardoso vem lidando com o movimento dos sem-terra, na permanência de vastas diferenças entre ricos e pobres, na distribuição desigual da terra e em padrões de modernização que pouco beneficiam as massas.

As condições de contestação da ordem dominante também sofreram mudanças significativas. O movimento negro pôde passar de uma atividade política indireta e amiúde clandestina para uma contestação e uma condenação francas dos legados de violência racial, discriminação e subjugação generalizada dos negros em todos os níveis da sociedade brasileira. Embora a filiação a partidos políticos tenha aumentado nos últimos dez anos, com a eleição de negros para cargos municipais e estatais, o número de negros no Congresso Nacional não se alterou significativamente desde o fim da ditadura militar.

Creio que este livro previu algumas das tensões atuais entre os ativistas do movimento negro provenientes da base do movimento social e os agentes afro-brasileiros ligados a partidos políticos e instituições municipais e estaduais. A política de coalizão entre certos segmentos do movimento negro e os partidos políticos (de esquerda, em sua maioria) sanou as divergências iniciais produzidas pelo processo de abertura e pela formação de partidos políticos. Essa reconciliação não era evidente na década de 1980, já que muitos ativistas de ambos os lados manifestavam cinismo e desconfiança em relação uns aos outros. Num certo nível, esse é um paradoxo clássico, observado na bibliografia sobre muitos movimentos sociais, à medida que eles fazem (ou não) a transição de posturas contrárias ao sistema para formas de contestação política institucionalizadas. Num outro nível, entretanto, creio que essas tensões, desafios e contradições manifestam-se nos debates entre os ativistas mais tradicionais do movimento e uma geração posterior de atores políticos, no tocante à relação entre a cultura e a política no movimento negro.

Agradeço à Editora da Universidade do Estado do Rio de Janeiro (Eduerj) e ao Centro de Estudos Afro-Asiáticos (CEAA) da Universidade Cândido Mendes por oferecerem aos leitores brasileiros e lusófonos a oportunidade de julgar por si mesmos a eficácia de minha tese e as tensões em curso no interior do movimento negro.

ORFEU
E O PODER

Introdução

Meu primeiro contato verdadeiro com a política da diferença racial no Brasil não ocorreu em uma sala de aula nem em uma biblioteca, mas nas ruas do Rio de Janeiro, na primeira semana em que lá estive para realizar pesquisas de campo, em setembro de 1988. Depois de arranjar um apartamento e me instalar no Flamengo, um dos bairros mais antigos da cidade, andei até o bairro vizinho do Catete para fazer compras para a semana no supermercado Disco.

Passei uns quarenta minutos na loja, pegando meus mantimentos e me deslumbrando com todos os produtos conhecidos e desconhecidos cujos nomes eu sabia pronunciar, erradamente, em português. Terminadas as compras, logo depois de passar pelo caixa, dirigi-me à saída principal e fui detido por um funcionário, que me perguntou se eu havia comprado as mercadorias das sacolas que estava carregando.

Respondi-lhe que sim e já me dispunha a apresentar a nota do caixa, quando ele sussurrou alguma coisa a um gerente que estava ali por perto. O gerente ergueu rapidamente os olhos de seu trabalho e me fez um sinal de que eu podia ir. Zangado e confuso, segui para casa me perguntando se teria saído pelo lugar errado. Mas não era possível, já que várias outras pessoas a meu lado e mais à frente haviam usado a mesma saída sem, entretanto, serem incomodadas. Por que o funcionário desistira com tanta facilidade, se achava que eu havia cometido um crime? Talvez o meu sotaque é que tivesse posto fim à cena e impedido a ocorrência de uma outra, mais exaltada. "Será que fui confundido com outra pessoa?", pensei com meus botões, ao me aproximar de meu prédio. Foi então que me ocorreu quem poderia ser essa outra pessoa, o que me levou à problemática central de minha tese e, agora, a este livro.

Meu português da época, ainda hesitante, trouxe-me a dolorosa consciência do fato de que eu estava no Brasil, não nos Estados Unidos, de modo que qualquer juízo sobre o racismo no primeiro desses países não poderia basear-se, simplesmente, nas normas, experiências e práticas – na história – do segundo. Como estudante de política racial comparada, eu sabia que o Brasil não era uma democracia racial, apesar das afirmações em contrário. Mas também fora informado por afro-estadunidenses que o Brasil era bem diferente dos Estados Unidos, porque a interação entre brancos e não brancos era muito mais livre, menos carregada dos indicadores claros da discriminação racial: a violência e a discriminação enraizadas na raça e os temores da mistura racial. O resultado, como me foi assegurado por afro-americanos dos Estados Unidos e, mais tarde, do Brasil, era, na sociedade brasileira, uma forma mais sutil de racismo. "Então, como pode uma coisa tão pouco sutil ter acontecido comigo no Brasil?", pensei.

Lembrei-me então de que as pessoas de ascendência africana espalhadas pela Terra, como todos os outros povos sujeitos a uma diáspora, tinham sido submetidas a uma forma peculiar de escravidão *racial* e, nas diferentes nações onde residiam, pertenciam sempre a um grupo subalterno, mesmo quando independentes. Além disso, essa escravização fazia parte de um processo mais abrangente de dominação racial, que também tinha consequências culturais, epistemológicas e ideológicas. Uma faceta dessas consequências era a atribuição de estereótipos negativos aos descendentes de africanos, de tal sorte que a cor de sua pele (fenótipo) desencadeava um conjunto de significados, amiúde pejorativos, na cabeça de outras pessoas e, às vezes, até deles mesmos. Por sua vez, isso frequentemente levava a práticas sociais que eram (e são) consideradas racialmente discriminatórias. Para mim, o incidente mencionado captou, na vida real, algo que eu havia passado a supor a partir de meu estudo da teoria racial ao longo de vários anos: a "raça" funciona como uma ponte entre sentidos e práticas socialmente construídos, entre as interpretações subjetivas e a realidade material vivida. Ela tem uma importância paradoxal e simultânea, pois *diz* e *não diz* respeito à cor da pele. A raça, em si mesma, não tem nem poderia ter nenhum significado social. Foi então que percebi que a sociedade brasileira não poderia estar imune às formas de preconceito, discriminação e exploração de cunho racial que se acham presentes em sociedades similarmente constituídas. Como estudioso da política racial, o incidente do supermercado foi um forte indício de que eu tinha ido para o lugar certo.

É possível que o funcionário do Disco tenha confundido a minha pessoa com outra. No entanto, é ainda mais provável que me haja confundido de uma outra maneira, através de um esquema interpretativo que constantemente equaciona a cor da pele das pessoas de origem africana com as denotações mais negativas que existem numa dada sociedade, na política multirracial dentro e fora do Ocidente. Para as pessoas de ascendência africana, os casos de erro de identidade têm, quase sempre, uma conotação dupla, pessoal e impessoal. Nesse sentido, a "outra pessoa" com quem o funcionário talvez me houvesse confundido era, na verdade, eu mesmo. No entanto, eu estava no Brasil e não nos Estados Unidos ou em qualquer outra nação, de modo que, embora o incidente pudesse ter ocorrido em inúmeros outros lugares, as circunstâncias históricas e contextuais eram diferentes. Assim, não bastava afirmar que havia racismo no Brasil: era preciso esclarecer como.

Os estudiosos que investigarem o "como" da política racial brasileira encontrarão circunstâncias semelhantes e dessemelhantes das observadas em outros Estados multirraciais onde residem pessoas de ascendência africana. Para quem não está familiarizado com a bibliografia sobre as relações raciais brasileiras, isso talvez pareça um pressuposto elementaríssimo, até rudimentar. Contudo, foi somente nos últimos vinte anos, aproximadamente, que os cientistas sociais passaram a investigar as interações raciais no Brasil a partir do pressuposto de que a discriminação de fato existe nesse país.

Após anos de descaso, existe agora uma rica literatura que oferece uma avaliação quantitativa dos dados empíricos relativos à desigualdade racial. Baseando-me nessa bibliografia, mas também procurando levar o estudo da desigualdade racial brasileira para áreas mais qualitativas, eu gostaria de demonstrar as formas culturais e políticas de desigualdade que impediram o desenvolvimento de modos afro-brasileiros de conscientização e mobilização racialmente específicos. Embora eu tenha sido informado por brasileiros brancos e afro-brasileiros de que o incidente do supermercado era uma forma comum de discriminação racial no Brasil, essas mesmas pessoas disseram-me que a maioria dos brasileiros, brancos e não brancos, não a reconheceriam como tal. Com base em minhas experiências pessoais com brancos, afro-brasileiros e não brancos no Brasil, tomei a interpretação de meus amigos brasileiros como verdadeira. A problemática mais interessante para mim, entretanto, era saber por quê. Essa última pergunta foi o ponto de partida deste livro. Trata-se de uma pergunta que não pode ser respondida por nenhum livro isolado, mas foi isso o que tentei fazer, na simples esperança de que minha resposta leve a outras, assim como a novas perguntas.

Por que não existiu nenhum movimento social afro-brasileiro sistemático no Brasil, comparável ao movimento pelos direitos civis nos Estados Unidos ou às insurreições nacionalistas da África subsaariana, no período que se seguiu à Segunda Guerra Mundial? Embora tenha havido, durante esses anos, grandes e pequenas tentativas de agregar um conjunto diferente de pessoas num movimento de cunho racial em prol da mudança social, não houve, na sociedade civil brasileira, nenhum movimento nacional de oposição às desigualdades e à subordinação raciais.

De acordo com o recenseamento de 1980, os brasileiros de ascendência africana representavam quase 44% da população total de 138 milhões de pessoas. Constituíam a maior população descendente de africanos fora da Nigéria[1]. As disparidades entre brancos e não brancos no Brasil em termos de saúde, educação, bem-estar social e emprego sugerem, no mínimo, condições sociais infaustas, que se equiparam ou ultrapassam as experimentadas pelos negros dos Estados Unidos nas décadas de 1950 e 1960, ou pelas populações negras colonizadas do Caribe e de outras regiões. Em contraste com a mobilização contínua dos negros da África subsaariana e do Novo Mundo a partir de 1945, houve apenas uma atuação intermitente de um movimento social afro-brasileiro durante essa mesma época.

A partir de diversos relatos de revoltas e revoluções, sabemos que as péssimas condições de vida não bastam para explicar por que a resistência às estruturas sociais dominantes surge em certos momentos históricos e não noutros. O trabalho de Theda Skocpol, *States and Social Revolutions*, de Eric Wolf, *Peasant Wars of the 20th Century*, e outros procurou explicações para os momentos tumultuosos que englobam a dissensão, a reação, o conflito e as consequências das lutas de massa em prol de transformações sociais.

De igual importância – e, em certos aspectos, mais difíceis de caracterizar – são as situações de desigualdade que não se cristalizam em "momentos históricos", mas se arrastam com poucas mudanças aparentes ou com alterações muito sutis para serem discernidas de imediato. Nesses casos, os mecanismos de dominação e subordinação ficam embutidos no "dia a dia". São parcialmente reproduzidos pela política econômica, assim como, talvez em termos mais profundos, por processos de socialização e de orientação dos valores.

Infelizmente, quando contrapostas ao conflito plenamente articulado (rebeliões, greves, guerras ou ocupações de locais públicos), todas as formas cotidianas de resistência e aquiescência têm o encanto do diamante bruto. Por conseguinte, na ânsia de observar e explicar o espetacular, é comum os cientistas sociais negligenciarem as situações de desigualdade que não se destacam por rupturas evidentes. Nesses contextos, é a interpretação social da norma que sugere as lutas intergrupais que espreitam sob a superfície do cotidiano, exigindo um esmiuçamento igual ou maior que o do flagrante drama político da luta contra o *apartheid* na África do Sul, ou do choque entre estudantes e soldados chineses na Praça da Paz Celestial, em Pequim.

Essa contraposição do "momento histórico" espetacular às situações mais corriqueiras de desigualdade produziu a pergunta inicial que motivou este livro: por que não houve um movimento social gerado por afro-brasileiros, na fase posterior à Segunda Guerra Mundial, que correspondesse aos movimentos sociais dos Estados Unidos, da África subsaariana e do Caribe? Minha resposta é que, em larga medida, um processo de hegemonia racial neutralizou efetivamente a identificação racial entre os não brancos, fazendo dela um tema improvável de mobilização de massas entre os afro-brasileiros do Rio de Janeiro e São Paulo.

Essa forma de hegemonia, articulada através de processos de socialização que fomentam a discriminação racial, ao mesmo tempo que negam sua existência, contribui para a reprodução das desigualdades sociais entre brancos e não brancos, promovendo, simultaneamente, uma falsa premissa de igualdade racial entre eles.

As consequências disso para os negros são, como pretendo demonstrar, a total incapacidade de os ativistas afro-brasileiros mobilizarem as pessoas com base na identidade racial, graças, em grande parte, à incapacidade generalizada dos brasileiros de identificar padrões de violência e discriminação específicos da questão racial. Essas consequências levam os ativistas ao paradoxo de tentarem usar propósitos contra-hegemônicos para subverter as práticas políticas e culturais dominantes, sem se deixarem subordinar às ambiguidades e contradições produzidas pelas práticas ideológicas e sociais dominantes.

Pautando-me em materiais de arquivo e depoimentos não previamente explorados no estudo das relações raciais brasileiras, bem como na bibliografia sociológica e histórica referente a essas relações, argumentarei que a ausência do momento histórico para os ativistas afro-brasileiros juntamente com a contínua despolitização das relações raciais brasileiras pelas elites brancas evidenciam a luta permanente pela hegemonia racial na sociedade brasileira. Embora a hegemonia racial das elites brancas tenha contribuído muito para retardar a perspectiva de uma grande sublevação, sua dominação não tem sido completa. Os ativistas afro-brasileiros têm explicitado cada vez mais as implicações políticas das relações raciais no Brasil e conseguiram alguns avanços no sentido de minar os padrões racializados de dominação e subordinação.

As possíveis explicações sobre a ausência do "momento histórico" nas relações raciais brasileiras têm sido negligenciadas na análise política e comparativa, tanto por estudiosos brasileiros quanto não brasileiros (principalmente estadunidenses). Diversos estudos históricos e sociológicos examinam a marginalização estrutural dos negros na sociedade brasileira[2], mas são raras as pesquisas e teorizações sobre as implicações políticas e culturais da marginalização deles fora do mercado.

Elaboraram-se alguns trabalhos sobre candidatos e organizações políticas negras e seu lugar nos processos eleitorais municipais[3], e também sobre a situação dos negros na cultura religiosa e popular[4], mas nenhum deles tentou situar as condições materiais dos brasileiros negros nos processos políticos e culturais mais amplos de dominação e subordinação. Em termos conceituais, a inexistência de trabalhos que vinculem as relações raciais brasileiras às questões de poder e de dominação resultou numa lacuna teórica no conhecimento das relações raciais brasileiras. Isso se deve, em grande parte, à preocupação dos cientistas sociais brasileiros com o estudo e a análise das raças ou grupos étnicos na sociedade, e não com as *relações* entre eles. Essa distinção, tão brilhantemente percebida por Roberto DaMatta em sua obra *Relativizando*, teve várias repercussões no estudo das relações raciais brasileiras.

Em primeiro lugar, no nível empírico são poucos os trabalhos que situam a interação cultural e material dos brancos e negros numa totalidade política normativa, embora a literatura esteja repleta do que se poderia chamar de estudos "prefixais", isto é, trabalhos sobre temas estritamente definidos por expressões como *política negra* ou *cultura negra*. Em consequência disso, a macroteorização sobre as relações entre brasileiros brancos e negros faz-se notar por sua ausência. O resultado é a escassez de trabalhos interpretativos que procurem situar as "relações raciais" brasileiras numa perspectiva mais comparativa da política racial – as questões de poder, influência, programa de ação e estratégia que se encontram na interação de duas ou mais "raças". Dada a ausência de conhecimentos acadêmicos sobre as relações raciais brasileiras, este livro tem dois objetivos globais. Em primeiro lugar, a apresentação de um material básico acerca das relações raciais brasileiras na história e na sociedade contemporânea – material até hoje ausente dos estudos a respeito dessas relações – deverá, segundo espero, levar os leitores à conclusão de que o Brasil não deve ficar isento de um exame crítico de sua política racial. Essa fundamentação empírica levará ao segundo objetivo, que é uma análise teoricamente instrumentada que vincule os elementos históricos e contemporâneos da política racial brasileira a debates mais amplos sobre raça, classe e cultura.

Conquanto o conceito de hegemonia tenha sido aplicado, em linhas gerais, a temas da política latino-americana – desde o corporativismo no Peru[5] até considerações ainda mais amplas sobre a influência de Gramsci nas transformações políticas da América Latina[6] –, não tem sido usado para situar as tensões raciais ou étnicas nas análises das culturas políticas nacionais. Como resultado, este estudo sobre as implicações da hegemonia racial para um movimento afro-brasileiro de resistência afasta-se da aplicação restrita que os estudiosos latino-americanistas têm feito desse conceito, bem como do completo descaso para com o tema da raça nessa região, em termos mais gerais. Ironicamente, a questão da política racial no Brasil nunca é mencionada num volume inteiramente dedicado à atual fase de democratização do país[7]. Entretanto, o Brasil é uma organização sociopolítica ideal para a aplicação do conceito de hegemonia racial. A premissa da igualdade racial e a negação concomitante das contínuas práticas racistas contemporâneas na sociedade influenciam não apenas a maneira como as pessoas percebem as relações raciais, mas sua própria definição de democracia, num momento em que a crise da sociedade civil brasileira também constitui uma crise do sentido da palavra *cidadão* – de quem é e quem não é considerado cidadão. Os efeitos mais perniciosos da democracia racial nos brasileiros não brancos que não são ativistas, conforme pretendo argumentar, são as múltiplas dificuldades que eles têm para distinguir os atos racistas de outras formas de opressão, numa sociedade que diferencia os brancos dos não brancos, ao mesmo tempo que impõe padrões de repressão em todo o corpo social.

O que distingue o Brasil de qualquer outra sociedade pluralista do Novo Mundo é que nenhuma outra nação encontrou uma "solução" tão sofisticada para o "problema" do pluralismo racial e cultural. A democracia racial e sua concomitante ideologia racista do embranquecimento foram "resultado da luta da elite para conciliar as relações sociais reais do Brasil – a falta de uma clara linha demarcatória entre brancos e não brancos – com as doutrinas do racismo científico que penetraram no país, provenientes do exterior"[8], e tiveram grande influência no curso da história brasileira, das relações raciais e da identidade nacional. Cuba e Peru têm ideologias de embranquecimento que remontam ao século XIX, mas que nem de longe são tão desenvolvidas e sofisticadas[9].

O capítulo 1 fornece uma explicação dos termos, constructos teóricos e metodologia usados neste estudo. Os estudos latino-americanos não incorporaram, no exame da política racial e étnica, as recentes inovações conceituais que enriqueceram as investigações regionais do Sudeste Asiático, da Europa Ocidental e da África. Um sortimento de abordagens teóricas recentes será esboçado nesse capítulo, pela utilidade que elas podem ter para o estudo da política racial brasileira. Esse capítulo também situa as cidades do Rio de Janeiro e de São Paulo numa perspectiva comparativa, para examinar, entre elas, as diferenças socioeconômicas e demográficas que respondem por padrões distintos de relações raciais.

O capítulo 2 revisa os debates passados e presentes sobre as relações raciais brasileiras e suas implicações para o entendimento da intersecção entre raça, classe e cultura no Brasil. As explicações vigentes a respeito da política e da desigualdade raciais são então contrapostas às formulações teóricas e sintetizadas nessa abordagem alternativa da hegemonia racial.

Os antecedentes históricos da excepcionalidade racial, o mito da democracia racial e o desenvolvimento da hegemonia racial brasileira são apresentados no capítulo 3. O mito da democracia racial surgiu da ideologia da excepcionalidade racial, isto é, da crença de que o Brasil estava livre das tensões raciais que atormentam outras organizações sociopolíticas, como os Estados Unidos. Embora esse mito tenha sido seriamente abalado por diversas críticas surgidas no Brasil durante a comemoração do centenário da Abolição, em 1988, há elementos significativos dos discursos e práticas racialmente excepcionalistas – e, portanto, da hegemonia racial – que permanecem intactos. O capítulo 3 também apresenta dados quantitativos e uma análise das desigualdades raciais no mercado de trabalho, na educação e em outras instituições da sociedade civil. Isso nos permitirá elaborar um gráfico da evolução desse processo racialmente hegemônico em conjunto com a política econômica brasileira, como um meio de explicar os mecanismos entrelaçados da opressão ideológica, cultural e material que neles se alicerça.

Desde o início da década de 1930, Rio de Janeiro e São Paulo foram palco de diversas tentativas de se desenvolverem movimentos sociais afro-brasileiros que pudessem evoluir para organizações nacionais. Embora tenha havido uma expressiva intensificação da política afro-brasileira em outras partes do país, como em Salvador, na Bahia, Rio de Janeiro e São Paulo têm sido os principais centros de mobilização política afro-brasileira.

A introdução da política na identidade racial afro-brasileira foi um fenômeno significativo no movimento afro-brasileiro dos anos 1970 e repercutiu nos objetivos dos ativistas e políticos afro-brasileiros na década de 1980. O capítulo 4 fornece excertos e análises de sessenta entrevistas realizadas com ativistas afro-brasileiros no Rio de Janeiro e em São Paulo, entremeados com trechos de dezoito debates, conferências e reuniões organizacionais, de caráter local e regional, aos quais assisti, em 1988 e 1989, na condição de observador participante[10]. O material e os dados colhidos em vários eventos, durante esse período de dois anos, forjaram o elo vivencial entre o ativismo e a teoria. Também favoreceram o discernimento de possíveis mudanças e tensões emergentes no processo racialmente hegemônico.

O capítulo 5 contém as coordenadas históricas dos movimentos sociais afro-brasileiros do Rio de Janeiro e de São Paulo depois de 1945. Um dos grandes temas desse capítulo será o florescimento de fortes tendências culturalistas no movimento negro da década de 1970, com influências brasileiras e pan-africanistas. Embora o culturalismo – valorização excessiva e reificação da produção cultural – seja um tema recorrente aqui, é nesse ponto que ele será plenamente abordado.

Esse capítulo demonstrará ainda como os ativistas e as organizações do movimento negro refletiram alguns dos pressupostos culturais dominantes sobre os brasileiros negros, no momento mesmo em que tateavam à procura de melhores condições para os negros das duas cidades. Isso será confirmado pelo enfoque de jornais, discursos e ensaios redigidos por ativistas e grupos de ativistas afro-brasileiros, nos quais detectamos as preocupações e problemas dos ativistas com a política culturalista.

A maior parte do material apresentado nesse capítulo, particularmente da década de 1970, nunca foi exposta em estudos sobre as relações raciais brasileiras. Os debates internos acerca das distinções entre negros e mulatos, ideologia e práxis são três dos diversos dilemas examinados nesse capítulo.

Com frequência, as comemorações nacionais nas sociedades multirraciais revelam disjunções de raça e classe que, de outra forma, raramente seriam expostas e discutidas. As questões da identidade nacional e racial, da opressão e dos conflitos de lealdade figuram com destaque nas comemorações que tentam projetar uma imagem de união popular e coesão nacional.

A dialética entre a desigualdade racial e o mito da democracia racial evidenciou-se em 1988, nas comemorações do centenário da Abolição, e será examinada no capítulo 6. Esse evento de um ano inteiro trouxe à tona diversas contradições da política racial brasileira. No nível macropolítico, houve tensões entre as elites brancas – com seu desejo e sua estratégia de "administração" do tom e da força das comemorações – e os ativistas afro-brasileiros que a eles se opuseram. Em termos de micropolítica, também houve tensões dentro do movimento negro no Brasil, em sua tentativa de se definir em relação à sociedade brasileira como um todo e, mais fundamentalmente, em relação a si mesmo.

Por fim, o capítulo 7 encerra este estudo da hegemonia racial no Brasil com um resumo dos capítulos e um reexame do conceito de hegemonia e das tendências recorrentes do culturalismo dentro do movimento negro.

O objetivo global deste trabalho é reinserir o Brasil nos estudos de política racial comparada, reorientando os debates sobre a utilidade da hegemonia como conceito aplicável a uma análise textual da obra de Gramsci, e não da bibliografia sobre Gramsci. Esse último aspecto pode se revelar fecundo para os estudiosos da cultura política e da política racial comparada, uma vez que os recentes dados quantitativos acerca das relações raciais brasileiras sugerem, entre outras coisas, que o Brasil não mais deve ser considerado um caso "especial". Por fim, espero que este trabalho ajude a gerar novos debates e estudos a respeito das relações raciais brasileiras, estudos que possam reunir interesses teóricos e empíricos.

HEGEMONIA RACIAL

1.
A Política Racial:
Termos, Teoria, Metodologia

A Raça e a Política Racial

*Para explicar as percepções que as pessoas
têm dos padrões raciais, seria preciso investigar
fora do âmbito estreito das relações raciais.*

EMÍLIA VIOTTI DA COSTA[1]

A epígrafe deste capítulo alerta os estudiosos das relações raciais brasileiras contra a aceitação das "relações raciais" no Brasil nos termos em que elas são apresentadas, o que restringe suas investigações aos acontecimentos e à dinâmica que revelam o racismo, a desigualdade e o preconceito. Em linhas mais gerais, o comentário de Emília Viotti situa implicitamente as lacunas teóricas existentes no estudo das "relações raciais" em seu conjunto.

Em alguns aspectos cruciais, os estudos latino-americanos – diversamente da bibliografia sobre estudos regionais do Sudeste Asiático, da Europa Oriental e Ocidental e da África – não incorporaram os avanços recentes na conceituação da política racial e étnica. Ao contrário de uma geração anterior de estudiosos, que tentou fundir a raça com a etnia, a compreensão teórica mais recente da formação das identidades raciais estabelece uma distinção entre as duas, nos contextos em que o fenótipo (aquilo que definimos como raça) torna-se uma questão de maior destaque do que a língua, a cultura ou a religião. O trabalho de Paul Gilroy e Stuart Hall sobre a Grã-Bretanha, o de Michael Burleigh e Wolfgang Wipperman sobre a Alemanha, realizado em 1992, e o projeto de Estudos Subalternos sobre o Sudeste Asiático, de 1988, apontam, todos eles, para mudanças significativas nos modos como os estudiosos veem a raça e a etnia. Esses trabalhos destacam a linha divisória contínua da diferença fenotípica para alguns grupos, enquanto outros grupos "étnicos", por sua adequação "racial" ao grupo dominante, são assimilados neste último, independentemente do momento histórico.

Essas conceituações cambiantes podem ter um profundo impacto nas interpretações que os estudiosos latino-americanistas dão à diáspora africana na América Latina, bem como nas dos grupos locais. Dada a crescente "transnacionalização" dos movimentos nacionais na América Latina, da qual o Brasil e a Guatemala são apenas dois exemplos, muitos movimentos locais julgaram politicamente conveniente formar coalizões com outros grupos nacionais.

Isso também teve implicações conceituais. Grupos que hoje se referem decididamente a si mesmos como "indígenas" assumiram, pelo menos para fins políticos, uma identidade pan-étnica ou racial perante o Estado e as elites brancas ou mestiças. Entre os "índios" e os "negros", fatores externos e internos levaram a uma crescente identificação racial com outros grupos fenotipicamente semelhantes, que passaram pela escravidão racial e por outras formas de opressão nas relações com as elites *criollas*, descendentes de europeus. Essa identificação de uma comunidade fora das fronteiras dos Estados nacionais enfatiza os entrelaçamentos da identidade racial, nacional e cultural. Assim, não podemos olhar unicamente para as diferenças fenotípicas para compreender a política da diferença racial.

O termo *raça*, tal como é usado neste estudo, refere-se ao emprego de diferenças fenotípicas como símbolos de distinções sociais. Os significados e as categorias raciais são construídos em termos sociais, e não biológicos. Esses símbolos, significados e práticas materiais distinguem sujeitos dominantes e subordinados, de acordo com suas categorizações raciais. A raça, sob esse aspecto, é não apenas um marcador da diferença fenotípica, mas também do *status*, da classe e do poder político. Nesse sentido, as relações raciais são também relações de poder. Ser negro na sociedade brasileira, por exemplo, geralmente significa ter um padrão de vida inferior e menos acesso a serviços de qualidade nas áreas de saúde e educação do que os brancos, mas significa também criminalidade, licenciosidade e outros atributos negativos, considerados inerentes às pessoas de ascendência africana.

Em consequência das relações de poder entre os grupos "raciais", surgem modalidades de consciência racial. A consciência racial é aqui definida como o resultado dialético dos antagonismos entre dois ou mais grupos definidos como "raças" numa dada sociedade. Dessa dialética emerge o reconhecimento coletivo e individual das relações de poder entre os grupos "raciais" socialmente definidos. Essas relações de poder enraízam-se em processos culturais e estruturais que correlacionam e distribuem significados e práticas, que então se manifestam em relações assimétricas entre grupos e indivíduos. A consciência racial representa o pensamento e a prática dos indivíduos e grupos que reagem à sua subordinação com uma ação individual ou coletiva, destinada a contrabalançar, transpor ou transformar as situações de assimetria racial[2].

Em *There Ain't no Black in the Union Jack*, Paul Gilroy sugere que a raça funciona como um conduto entre a cultura e a estrutura social, entre os sentidos e valores que os grupos atribuem às diferenças raciais e a escolha, a imposição e o reforço desses sentidos e valores nos mercados de trabalho, no aparelho de Estado e nas instituições políticas, sociais e culturais. Nessa concepção da raça, existe uma conjunção das dimensões ideológica e material, evitando o reducionismo das chamadas explicações materialistas de raça e o posicionamento da raça como uma variável "transcendentalista", que atua independentemente das considerações materiais ou ideológicas. O termo será usado dessa maneira, a fim de dissociar a raça de qualquer sugestão de um determinismo biológico ou um reducionismo de classe que limite a raça à função ideológica de epifenômeno. Essa conceituação da raça terá suas implicações particularmente confirmadas nos capítulos 4 e 5, nos quais as práticas racialmente discriminatórias dos indivíduos e grupos se evidenciarão, estrutural e ideologicamente, como atos coercitivos e preventivos do aparelho de Estado e da sociedade civil.

Num país como o Brasil, onde a construção das identidades raciais é tão importante quanto a interação social dentro das próprias "relações raciais", qualquer abordagem que suponha automaticamente a existência de duas ou mais "raças" fenotipicamente distintas impõe uma grave limitação aos esforços do pesquisador para explicar, empírica e teoricamente, a "raça" em questão. Como atesta a volumosa bibliografia sobre a democracia racial brasileira, há muito mais confusão quanto à categoria fenotípica do negro no Brasil do que noutras sociedades multirraciais com populações africanas ou descendentes de africanos. Isso não implica que, diversamente do Brasil, sociedades como as dos Estados Unidos, Grã-Bretanha ou África do Sul tenham uma certa qualidade essencialista em suas interações raciais. Apenas demonstra que, ao contrário da ideia de "sentimentos primordiais" de Clifford Geertz, apresentado em sua obra *The Interpretation of Cultures*, não existem realidades "dadas" nas filiações étnicas ou raciais de praticamente nenhum contexto nacional. O significado e a interpretação das categorias raciais estão sempre sujeitos à revisão, à mudança e à negociação. E, o que é mais importante, os constructos raciais são dinâmicos e fluidos, na medida em que os grupos "raciais" não são categorizados no isolamento, mas em relação a outros grupos, dotados de suas próprias normas e dos valores concomitantes de classe, *status* e poder.

No Brasil, a ausência de realidades raciais ou étnicas "dadas" é mais profunda do que noutras organizações sociopolíticas, mas isso é uma questão do *grau* de instabilidade referente à identificação racial ou étnica. Não quer dizer que algumas sociedades contêm aspectos "intemporais" de desigualdades e antagonismos raciais, enquanto outras – em contraste – não têm padrões identificáveis de dominação e subordinação pautados na raça. A instabilidade das categorias raciais, aliada às limitações das abordagens das relações raciais, tem implicações teóricas e comparativas.

Teoricamente, a necessidade de ampliar os parâmetros das "relações raciais" justifica um termo alternativo, bem como uma metodologia alternativa às abordagens existentes das "relações raciais". Em sua influente avaliação comparativa de raça, política e migração nos Estados Unidos e na Grã-Bretanha, Ira Katznelson observou:

> Por si mesmos, os fatos físicos da raça são de pouco ou nenhum interesse analítico. As características raciais físicas só assumem um significado quando se transformam em critérios de estratificação. Assim, inevitavelmente, os estudos sobre raça colocam a política – que, fundamentalmente, diz respeito à desigualdade organizada – no cerne de seu interesse. [...] O tema da raça, que versa sobre questões de subalternidade e superioridade, dá ensejo a que indaguemos não apenas quem recebe o quê e como, mas também quem fica de fora e como.[3]

Além de ratificar – no nível conceitual – a crítica de Emília Viotti às abordagens das "relações raciais", Katznelson destacou o desenvolvimento do termo – e do campo – da política racial no léxico da ciência política. É importante ressaltar que o estudo de Katznelson, que se concentrou na política racial em duas sociedades com categorias raciais basicamente dicotômicas, evitou a expressão *Black*

Politics (política negra), ainda mais traiçoeira e ainda amplamente usada no jargão das ciências sociais estadunidenses[4].

O termo *política racial* dá um sentido maior da dinâmica das interações sociais entre grupos "racialmente distintos". Em vez de compartimentalizar as práticas de um grupo "racial", como se ele representasse uma espécie política à parte, o termo *política racial* fornece um sentido da dinâmica do poder, da identidade e da mobilização nos e entre os grupos raciais.

A perspectiva da política racial, portanto, implica mais do que uma simples mudança terminológica. Acarreta também uma abordagem que estabelece que, nas sociedades multirraciais, quase toda política envolve diferenças, antagonismos e desigualdades raciais. Isso não quer dizer que toda a política dessas sociedades possa ser definida em termos da raça, mas que quase todas as dimensões da vida política – no nível do Estado, da sociedade civil e das formações culturais e materiais – repercutem nas relações de poder entre e dentro dos grupos racialmente definidos de maneiras que não podem ser reduzidas às "variáveis" de classe e nação.

Diversos trabalhos inovadores no campo da teoria racial defenderam o aumento do foco na "política" – e não nas "relações" – da raça, por razões ligadas à dialética de classe e formação racial. Michael Omi e Howard Winant, em *Racial Formation in the United States*, e, posteriormente, Gilroy utilizaram uma abordagem da formação racial que "sublinha a definição de 'raça' como uma categoria política aberta, pois é sua luta que determina a definição de 'raça' que irá prevalecer e as condições em que ela se manterá ou desaparecerá"[5]. Um trabalho ainda mais antigo, que contém alguns elementos dessa perspectiva, é *Caribbean Race Relations*, de Harold Hoetink. Em sua comparação das influências do colonialismo ibérico e do noroeste da Europa nas relações raciais do Caribe, Hoetink inclui o Brasil como uma referência empírica do modelo ibérico. Ao desconstruir as supostas diferenças entre as interações raciais nas antigas colônias ibéricas e do noroeste europeu, Hoetink afirma que, ao contrário das crenças populares e acadêmicas, as imagens normativas somáticas (a raça) são um fator crucial para a distinção racial nas sociedades de influência ibérica, a despeito do caráter pretensamente mais "flexível"[6] das relações entre senhor e escravo a que se referem muitos estudiosos da escravidão e das relações raciais em termos comparativos. Hoetink sugere que o preconceito de marca *e* origem é atuante contra o "negro puro" nos Estados Unidos e no Brasil, muito embora o papel da genealogia seja diferente nesses dois países[7].

Assim, nesses dois paradigmas das relações raciais, os processos de embranquecimento e de "passar-se por branco" estão inextricavelmente ligados ao fato de que há um estigma vinculado à negritude, juntamente com as diferenças entre as categorizações multirraciais e birraciais desses dois padrões. A categoria "branco" pode conter efetivamente um conjunto mais variado de fenótipos reais e de imagens normativas somáticas nas culturas de influência ibérica (ao lado dos atributos normativos positivos que são normalmente ligados à brancura) – o que não acontece à categoria "negro".

Embora Hoetink não desenvolva essa observação, ela contém implicações poderosas para uma visão crítica do papel da diferença racial para as comunidades da diáspora africana no Novo Mundo, através das fronteiras regionais, linguísticas, nacionais e culturais. Além de deixar claro que a raça dá subsídios à estrutura social, uma vez que o tipo racial e o progresso social estão inextricavelmente ligados nas variantes ibérica e do noroeste europeu, a análise de Hoetink também sugere semelhanças globais na opressão dos afro--americanos[8]. Na passagem da nação para a raça como unidade de análise, o discurso excepcionalista concernente às relações raciais brasileiras e às latino-americanas torna-se bem menos excepcional.

A literatura histórica e a sociológica (sucintamente examinadas mais adiante) deixaram claro que os padrões de discriminação e desigualdade raciais no Brasil sofreram alterações paralelas às mudanças na estrutura social. Carlos Hasenbalg, no texto "Race and

Socioeconomic Inequalities in Brazil", observou, por exemplo, que, na transformação de uma economia escravocrata numa economia de pagamento de salários, surgiu uma nova lógica do preconceito e da exclusão raciais, em conjunto com as relações capitalistas de produção. À medida que surgiram negros alforriados em funções qualificadas e remuneradas, o Estado ajudou a criar e instaurar práticas de imigração e de mercado para, efetivamente, *desqualificar* os negros da competição franca do mercado, na "nova" ordem socioeconômica. Com isso, formas de racismo existentes na ordem socioeconômica anterior não puderam ser racionalizadas na ordem recém-surgida, dando crédito à afirmação, numa abordagem pautada na política racial, de que os próprios significados e definições da raça e do racismo são situados em termos históricos e culturais no Brasil, e não simplesmente transferidos de uma época para outra. As mudanças nas formas materiais e culturais de opressão racial exigem intervenções políticas.

Essa perspectiva permite uma análise conjuntural das identidades individuais e coletivas que se organizam em torno do eixo das diferenças raciais, com uma investigação de seus efeitos nos processos de interação socioestrutural. Quanto a isso, Gilroy sugere: "Em vez de falar de racismo no singular, os analistas deveriam, portanto, falar de racismos no plural. Estes não apenas diferem ao longo do tempo histórico, como também podem variar dentro de uma mesma formação social ou conjuntura histórica."[9]

Katznelson se concentrou nos aspectos estruturais e institucionais da política racial nos Estados Unidos e na Grã-Bretanha, prestando pouca atenção às dimensões comportamentais ou culturais da política racial[10]. A ênfase naqueles e o descaso para com estas são compreensíveis, considerando-se dois fenômenos distintos mas correlatos na época em que foi conduzida e publicada a pesquisa de Katznelson: a. a abundância das chamadas análises culturais da política da desigualdade racial, que incluíam, entre outras proposições, a tese da "cultura da pobreza", exposta por Oscar

Lewis no artigo "The Culture of Poverty", de 1966; b. os processos dicotômicos das relações raciais nas duas sociedades estudadas. Em vez de explorar aqui a "cultura da pobreza" ou outras distorções pseudoantropológicas, basta assinalar que as pesquisas sobre o papel da cultura na vida política tiveram um desenvolvimento significativo desde a década de 1970, a ponto de a "cultura", nos estudos de James Scott[11], David Laitin[12] e outros, não ser uma "variável tampão", como habilmente a descreveu Phillipe Schmitter[13], mas um *processo* que dá sustentação à vida política, moldando não apenas ideias e crenças, mas também estilos de consciência e práticas sociais e materiais. Uma visão da política racial que subestime a importância dos aspectos culturais e comportamentais corre o risco de se equivocar quanto ao contexto vivencial em que as instituições e mercados se situam em relação à própria política da raça. Podemos criticar o uso das abordagens da "variável tampão", porém sem eliminar por completo a análise cultural, pois assim conservamos uma explicação mais sofisticada dos processos culturais. Como se evidenciará nas seções que explicitam as questões metodológicas e conceituais deste estudo, procuro enfatizar a dimensão cultural da política racial no Rio de Janeiro e em São Paulo sem sucumbir às explicações baseadas na "variável tampão", da mesma forma que busco identificar e analisar os aspectos estruturais e institucionais da política racial brasileira atentando sempre para sua interação com as questões e padrões normativos.

Apesar disso, resta uma pergunta pertinente nesta etapa da investigação. Por que enfatizar a dimensão cultural da política racial nessas duas cidades? Em termos comparativos, essa pergunta nos leva à segunda justificação da predominância de fatores estrutural-institucionais no estudo comparativo de Katznelson. Na Grã-Bretanha, a segregação *de facto* impôs a criação de instituições paralelas pelos grupos minoritários, que muitas vezes eram relegados aos bairros mais pobres e recebiam menos serviços municipais e federais[14]. Nos Estados Unidos, a segregação *de facto* e *de jure* levou ao desenvolvimento de instituições paralelas e também de instituições que tinham objetivos múltiplos e frequentemente ambíguos, como a Igreja. A Igreja negra não foi um simples corolário de sua equivalente branca, mas atendeu a objetivos políticos e culturais que as Igrejas brancas raramente ofereciam a suas congregações. Os afro-brasileiros, em contraste, não criaram instituições paralelas da mesma maneira. Não existem hospitais nem instituições de ensino superior afro-brasileiros, embora haja sólidas tradições de autoajuda em comunidades do Brasil inteiro, nas quais os serviços médicos, educacionais e outros são prestados por membros da comunidade, por ativistas e por profissionais prestadores de serviços específicos. Poderíamos apontar algumas igrejas católicas isoladas e locais de culto religioso umbandista ou de candomblé como exemplos dessa atividade. Mas isso não constitui uma *rede* de política cultural afro-brasileira que provenha de uma aliança *nacional* de igrejas e instituições de culto.

Outra limitação é a ausência de eleitorados de contornos raciais na política eleitoral. Em 1992, havia apenas três governantes negros em todo o Brasil. A falta de uma consciência racial coletiva entre os afro-brasileiros tem implicações políticas, uma vez que os candidatos políticos negros com plataformas "negras" não contam com um eleitorado forte que os apoie nas cabines de votação.

Como veremos dentro em pouco, essa diferença destaca a principal peculiaridade da política racial brasileira e, a rigor, seus processos hegemônicos, quando contrapostos aos de outras sociedades muito estudadas, como as dos Estados Unidos e da Grã-Bretanha. Dito em termos simples, uma visão institucionalista-estruturalista como a de Katznelson seria incompatível com a realidade da política racial no Brasil, por conta da falta de instituições paralelas ou de redes nacionais de recursos. Uma vez que grande parte do ativismo afro-brasileiro tem girado em torno de uma política da cultura, faz sentido utilizar uma modalidade de análise apropriada a essa política.

Hegemonia

Embora esse conceito seja primordialmente associado à explicação gramsciana da hegemonia nos *Cadernos do Cárcere*, sua formulação inicial foi anterior a Gramsci. Suas origens se encontram no movimento social-democrata russo iniciado na década de 1890. A avaliação que Perry Anderson fez da genealogia desse conceito sugere que G.V. Plekhanov, o chamado pai do marxismo russo, foi o primeiro defensor da *gegemoniya* ou hegemonia, uma luta política contra o czarismo combinada a avanços econômicos e militares para combater a classe feudalista dominante[15]. A ênfase de Plekhanov e do movimento social-democrata no aprimoramento político do projeto proletário exerceu grande influência em Lênin, contemporâneo de Plekhanov, e noutros intelectuais de destaque da revolução bolchevista.

A explicação dada por Gramsci à hegemonia deriva da formulação original de uma distinção entre a dominação, isto é, o uso da força, e o domínio – a extensão disseminada do poder de um grupo dominante aos campos político, burocrático e cultural da sociedade civil. Pela discussão gramsciana da liderança piemontesa durante o *risorgimento* italiano, nas "Notas Sobre a História Italiana", fica claro que a liderança, e não a coerção, é um pré-requisito do domínio político. Quando um grupo dominante assume a liderança – isto é, o desenvolvimento de influências políticas, intelectuais e culturais que se correlacionam com seu poder econômico e coercitivo –, as tarefas principais passam a ser conciliar e intermediar, influenciar e persuadir grupos recalcitrantes ou mesmo de oposição a aceitarem uma nova rubrica política. Desse modo, o grupo dominante pode realizar uma "revolução passiva" na sociedade civil, universalizar seu programa de ação e seus interesses, sem necessitar apelar para o uso constante da força física ou econômica[16]. O grupo social dominante pode transigir em algumas dimensões da luta entre os grupos subordinados, a fim de manter o domínio total, ou enfatizar certas facetas de sua interação com grupos subalternos, para manter situações de desigualdade em outros. Para Gramsci, as classes proletárias representavam um paradoxo para os comunistas italianos e para a teoria marxista em geral. Elas não se sentiam atraídas pela convocação do partido comunista a uma solidariedade internacional dos trabalhadores, mas pelos apelos da identidade nacional e do chauvinismo, do corporativismo e do racismo, que caracterizaram o movimento fascista na Itália e noutros lugares. A "filosofia da práxis" foi a tentativa gramsciana de desenvolver uma estratégia ético-política que pudesse criticar, reformar e, por fim, transformar a sociedade e a cultura italianas por dentro. Muitos teóricos marxistas haviam apenas *presumido* a inevitabilidade da revolução proletária, que brotaria da suposta derrocada do capitalismo, e desprezaram a evidente necessidade de desenvolvimento de uma cultura política emergente, que daria forma a uma consciência revolucionária coletiva nas populações subalternas.

Apesar de manter uma postura marxista com respeito à primazia das condições materiais, Gramsci reconheceu que a simples análise das economias capitalistas não explicaria suficientemente a força propulsora do domínio burguês. Como ele esclareceu persuasivamente em suas inovações no conceito de hegemonia, não é o arranjo econômico do capitalismo, mas sim seus adornos – culturais, políticos e ideológicos – que estabelecem as legitimações do domínio e da liderança burgueses. Para Gramsci, as explicações econômicas simplesmente não tinham como fornecer pistas para a apropriação do poder político e o processamento posterior do domínio proletário, caso os trabalhadores pretendessem, de fato ou na teoria, tomar as alavancas da liderança social.

Portanto, a questão global para as duas situações que Gramsci pretendeu abordar era a seguinte: como os indivíduos (grupos) subalternos forjam valores contra-hegemônicos a partir dos valores reacionários existentes sem reproduzi-los sob novas formas?

Essa questão se encontra na maioria das lutas pela dominação em escala nacional e prevalece nas lutas entre os ativistas afro-brasileiros e uma sociedade racista que, historicamente, tem negado a existência da discriminação racial em seu seio. Como veremos mais adiante, no exame da bibliografia existente sobre as relações raciais brasileiras, essa questão e as situações onde ela emergiu não foram formuladas nem teorizadas pelos estudiosos das relações raciais brasileiras.

Uma questão semelhante persistiu em toda a história moderna dos movimentos sociais afro-brasileiros: como poderiam os brasileiros negros lutar pela igualdade racial numa nação que não tem um compromisso democrático com seus cidadãos como um todo, e, ao mesmo tempo, lutar contra uma ideologia que, para começo de conversa, afirma não haver nenhuma necessidade dessa luta? Essa tem sido a dificuldade crucial e singular dos ativistas afro-brasileiros desde a década de 1930.

No processo da hegemonia racial brasileira, os ativistas tentaram, com graus variáveis de sucesso, minar as práticas racistas nas estruturas sociais brasileiras e empreender a tarefa de educação política dos brasileiros brancos e não brancos sobre as desigualdades raciais do país. As práticas culturais, tanto para Gramsci quanto para os ativistas afro-brasileiros engajados na crítica das relações raciais brasileiras, foram o *locus* principal da mobilização política. No entanto, como será demonstrado, para os ativistas afro-brasileiros as práticas culturalistas (em contraste com as culturais) também têm sido um empecilho a certos tipos de atividade política contra-hegemônica, por sua reprodução de tendências culturalistas encontradas na ideologia da democracia racial da sociedade brasileira em geral. O culturalismo é definido como a equação entre as práticas culturais e os componentes materiais, expressivos e artefatuais da produção cultural, e como o desprezo pelos aspectos normativos e políticos do processo cultural. Na política culturalista, as práticas culturais funcionam como fins em si, e não como meios para se chegar a um conjunto mais abrangente e heterogêneo de atividades ético-políticas. Nas práticas culturalistas, os símbolos e artefatos afro-brasileiros e afro-diaspóricos são reificados e transformados em mercadoria; a cultura se transforma em coisa, não em processo profundamente político[17].

O culturalismo cristaliza ou hipostasia as práticas culturais, separando-as de sua história e dos estilos de consciência concomitantes que lhes deram existência. Obviamente, isso limita o alcance da articulação e do movimento alternativos por parte das populações afro-brasileiras. Em *Para Inglês Ver*, Peter Fry observou que os artefatos e as práticas culturais afro-brasileiros têm sido sistematicamente transformados em símbolos da cultura nacional. Nesse processo, eles são isolados dos contextos culturais e políticos em que se originaram. Esse, como pretendo argumentar, é um processo em que os brasileiros brancos e não brancos, tanto ativistas quanto defensores do *status quo*, têm-se engajado. Também pretendo demonstrar, no entanto, que os ativistas afro-brasileiros que tentaram subverter esse processo foram ignorados e submetidos a sanções, como parte dos esforços de manutenção da "harmonia" racial do Brasil.

Isso, contudo, não equivale a sugerir que os mencionados paradoxos e contradições do movimento negro sejam representativos de uma falsa consciência. Tampouco se deve interpretar a falsa premissa da igualdade racial como uma variação da falsa consciência. As consequências da ideologia da democracia racial são muito reais: a inexistência de qualquer programa afirmativo de ação dos não brancos, a franca ridicularização dos ativistas e políticos nacionais que defendem causas específicas da raça, além da falta de autoestima demonstrada por muitos negros, ligada à negação de sua identidade. Não há nada de falso nisso.

Tampouco basta dizer, como faz Gramsci, que esses aspectos de uma identidade proletária particular tipificam a "consciência contraditória". Pretendo demonstrar, através da apresentação de dados de entrevista e de uma análise neogramsciana da hegemonia racial, que *a maioria* das formas de consciência de uma dada totalidade social é contraditória, por ser complicada por múltiplos compromissos de fidelidade e formas de identificação baseadas na raça, no sexo, na região e em outras variáveis que não são determinadas, em última instância, pela materialidade.

Em contrapartida, muitas interpretações de inspiração gramsciana sobre a ideologia, a política e a práxis cultural compuseram o que se denominou de "tese da ideologia dominante"[18]. Embora haja diversas formas dessa tese, desde as mais cruas até as mais sutis, sua articulação se parece com o seguinte: para obter o efeito desejado de adequação ideológica e subsequente aquiescência política, a classe dominante simplesmente atira uma pedra ideológica no palco da sociedade civil. Surge uma névoa impenetrável que envolve a classe dominante e obscurece seus movimentos diante de uma plateia cativa (as massas), que se reclina em suas poltronas coletivas, imóvel e enfeitiçada.

A influência dessa tendência é encontrada até mesmo nos textos mais sofisticados sobre a hegemonia. As improvisações de Stuart Hall a respeito da hegemonia em estudos acerca de raça e etnia sugerem que ela pode vir a ser o pano de fundo conceitual para o exame dos "aspectos mais comuns e menos entendidos do 'racismo': a 'submissão' das vítimas do racismo às mistificações das próprias ideologias racistas que as aprisionam e as definem"[19].

Porém, se as ideologias racistas são "mistificações", devemos inferir que, através da mera retirada do véu da ideologia, as circunstâncias mais "objetivas" de um proletariado racializado se tornariam claras para essa classe? Esse é apenas um dos vários problemas de qualquer formulação baseada na "ideologia dominante" que decorre da ideia de falsa consciência – até mesmo de formulações sutis, como as de Stuart Hall. Se as ideologias racistas da experiência cotidiana e as formas materiais que elas assumem são falsas (isto é, não reais), os grupos raciais subordinados provavelmente não podem usar a compreensão da experiência cotidiana que provém do senso comum para subverter essa experiência e torná-la "real" ou mais "objetiva".

Isso negaria e contradiria por completo as afirmações mais gerais de Gramsci sobre as formas contra-hegemônicas de práxis que brotam do dia a dia[20]. A principal consequência dessas distorções da posição gramsciana foi o equacionamento adverso de todo o conceito de hegemonia com a posição singular da "falsa consciência", ou da "mistificação", como assinalado acima. James Scott, em *Domination and the Arts of Resistance*, utiliza uma interpretação totalizadora da falsa consciência como base para descartar todo o conceito de hegemonia.

Ao contrário dos que sugerem que existe uma *única* ideologia dominante ou subordinada, que se repete na interação grupal, veremos que a ideologia dominante, se é que existe tal entidade isolada, é polivalente e contraditória em si mesma. Isso se evidenciará na distinção, feita no capítulo 3, entre a excepcionalidade racial e a democracia racial.

Não existe ideologia dominante isolada, e sim ideologias que se complementam em certas situações, compondo um aglomerado de crenças que poderia ser caracterizado como dominante, ao passo que, noutros momentos, produzem tensões, como visões rivais da vida social. Como resultado, os grupos e indivíduos não são totalmente dominantes nem totalmente subordinados nos níveis da ideologia e da prática. Representam uma variedade de suposições normativas a respeito do mundo cotidiano em que vivem, e suas práticas sociais podem refletir sua aceitação do entendimento das relações raciais pautado no "senso comum", sua resistência a ele e seu próprio posicionamento nesse modo de entender.

Tomando a raça e a etnia como dimensões de um processo hegemônico, existe a possibilidade de haver elementos contraditórios dentro de uma só consciência. As configurações que isso assume são: uma crença declarada na igualdade social, ao mesmo tempo abrigando e manifestando sentimentos racistas; uma situação de conforto material propiciada pelo *status* profissional associada à insegurança pessoal nas esferas sociais em que esse *status* é subjetivamente diminuído por causa da cor; a crença declarada, por parte de membros de um grupo subalterno, na superioridade de um grupo, mais poderoso.

Essas são apenas algumas das possibilidades de consciência contraditória encontradas em sociedades multirraciais como o Brasil, onde a raça e a cor são variáveis que se destacam. Somente nessas condições é que as perspectivas de uma contra-hegemonia são possíveis, através da subversão dos instrumentos políticos, culturais e econômicos de dominação que estruturam e impregnam o *senso comum*. A contra-hegemonia, sob esse aspecto, é o processo pelo qual os significados dominantes são minados a ponto de perderem seu valor de senso comum, e surgem novos significados (nesse caso, interpretações das relações raciais brasileiras), com valores que lhes são próprios. Contudo, as tentativas de subversão contêm novas contradições, visto que aqueles que estão em busca da mudança podem reconstituir certos subconjuntos ideológicos do grupo dominante, no momento mesmo em que contestam um todo social.

Como será demonstrado nos próximos capítulos, muitos grupos e indivíduos ativistas têm consciência das contradições intencionais e não intencionais dentro do movimento negro e vêm tentando reverter sua influência. Suas lutas, debates e preocupações expõem a existência, dentro do movimento, de um discurso em dois patamares raramente reconhecido: o discurso da crítica interna do movimento negro e a crítica à sociedade e à política brasileiras em geral. As tensões entre a inércia e a resistência e entre os níveis macropolítico e micropolítico serão abordadas no capítulo 5, dedicado à história dos movimentos carioca e paulista.

Uma mistura de "dominação" e "liderança", isto é, o uso intermitente da coerção e da persuasão pelos brancos brasileiros em suas relações com os não brancos, possibilitou sua hegemonia, a tal ponto que, embora se constate uma violência estatal contra os afro-brasileiros, as práticas coercitivas sistemáticas são desnecessárias. Essa é, como pretendo mostrar, a melhor utilização do conceito de hegemonia, conotando o vaivém da interação grupal, e não a mera imposição dos ideais, crenças e valores de um grupo a outro.

Os Afro-Brasileiros

O termo *afro-brasileiro*, usado neste estudo, reflete dois fenômenos surgidos do movimento negro na década de 1970. O primeiro espelha o aumento dos níveis de consciência racial entre os negros e, portanto, a formulação de uma identidade afro-brasileira ligada à identificação racial com os negros de outros lugares. Embora já existisse antes, foi durante a década de 1970 que essa identificação entre os afro-brasileiros se tornou mais intensamente politizada e internacionalizada.

A dimensão internacional da consciência racial afro-brasileira, analisada no capítulo 4, é evidenciada na identificação afro-brasileira com as práticas culturais e políticas da diáspora africana. As diásporas existem na história há muito mais tempo do que os Estados nacionais, porém confundem a maioria dos cientistas sociais, porque não têm uma fixidez espacial nem temporal. Para os ativistas afro-brasileiros que desenvolveram uma consciência da raça, a África e sua diáspora formam uma base crucial para a identificação racial em escala nacional, internacional e transnacional – o que possibilita a utilização de formas de protesto e comunhão exercidas pelas populações "negras" de outros lugares, no Velho e no Novo Mundo.

Como reflexo dessa intensificação da consciência racial, o termo *afro-brasileiro* e, em menor grau, o termo *negro* marcaram uma nova fase na luta social do movimento negro. A maioria dos ativistas do Rio de Janeiro e de São Paulo, desde os tipos mulatos de pele mais clara até os que são efetivamente considerados negros, referem-se a si mesmos usando um dos termos ou ambos.

A utilização desses termos como pontos de autorreferência justificou o emprego deles neste estudo. Além dos dois fenômenos assinalados acima, o emprego desses termos específicos também sugere um reconhecimento da crescente bipolaridade da política racial brasileira, que, a despeito do folclore da harmonia racial do país, passou a se assemelhar à política racial de nações como os Estados Unidos ou África do Sul.

Ativistas

Os ativistas são definidos como aqueles que dedicam pelo menos dez horas semanais, sistematicamente, ao movimento negro[21]. Suas atividades incluem a liderança/participação em organizações comunitárias, instituições de pesquisa dedicadas a questões afro-brasileiras, partidos políticos, sindicatos e centros educacionais. Embora seu grau de responsabilidade como líderes seja variável, o critério de inclusão foi seu engajamento em questões de impacto desproporcionalmente grande para os afro-brasileiros (violência relacionada com a raça, discriminação no emprego, educação comunitária, menores abandonados).

No processo de entrevistar e de me reunir com muitos ativistas e estudiosos da política racial brasileira, várias pessoas foram identificadas como importantes para este estudo. Confirmei pessoalmente seu papel no movimento ao comparecer a reuniões, conferências, debates e discussões internas (ver o Apêndice), assim como em conversas com jornalistas e autoridades públicas brasileiras que tinham conhecimento do movimento negro. Em alguns casos, os entrevistados são facilmente identificáveis por sua experiência comprovada com o aparelho de Estado (interrogatórios, vigilância, tortura). A experiência de vida de Thereza Santos, Abdias Nascimento e Joel Rufino dos Santos, todos entrevistados, exemplifica esse tipo de identificação.

Métodos

Uma combinação de abordagens da ciência política e da antropologia foi empregada neste estudo, uma vez que grande parte da política racial brasileira ocorre fora dos canais da democracia representativa e que muito da política racial afro-brasileira se dá no terreno da cultura. O conceito de cultura, tal como utilizado aqui, refere-se às crenças, valores e artefatos de uma coletividade social distinta. Uma vez que a cultura afro-brasileira é um componente distinto da sociedade brasileira e um aspecto da cultura nacional, há uma dinâmica intrínseca entre as formas locais e gerais, raciais e nacionais de identificação e representação.

Georges Balandier, na obra *Political Anthropology*, em sua discussão a respeito das metodologias na antropologia política, postula que a abordagem mais abrangente nesse campo é dinamicista, em contraste com a funcionalista ou a estruturalista. Para Balandier, trata-se de uma abordagem que emprega a dialética a fim de examinar como os costumes e o conflito, a rebeldia e a ordem são ritualizados em formas simbólicas e nas práticas políticas – formação do Estado, articulação da oposição e outras contestações do poder.

Para Balandier, as relações de poder geram assimetrias na interação grupal. Os rituais e símbolos, como expressões da política, encarnam as assimetrias entre os grupos. Os rituais encarnam não apenas o conflito, mas, quando gerados por grupos dominantes ou dominados, funcionam no sentido de apresentar uma imagem transcendentalista da união social. A falsa premissa de igualdade racial que se conhece como democracia racial brasileira é paradigmática da imagem transcendentalista da união social.

A articulação da dissidência pelos afro-brasileiros sugere rituais de dominação e subordinação que os ativistas procuram romper. Desse modo, forja-se uma dialética entre os rituais conflitantes da política racial brasileira e as tentativas, por parte das elites civis e estatais, de apresentar e manter imagens de harmonia racial.

Os jornais populares, os livros didáticos e outros meios de comunicação de massa foram fontes óbvias de exame dessa dialética no plano macrossocial. Foram também fonte de um enfoque mais microssocial das tensões internas dos grupos de ambos os lados da dinâmica racial.

A metodologia de Gramsci era muito semelhante, como se pode verificar por sua preocupação com os meios de comunicação de massa, a retórica política e o sistema de ensino italiano, enquanto instrumentos e mecanismos da socialização burguesa e fascista[22]. Além disso, a participação e a observação de conflitos, coalizões, eventos e ausência de eventos da política racial brasileira proporcionaram a oportunidade de uma "descrição densa" (Geertz, 1973) das implicações simbólicas dos gestos, movimentos, ideias e artefatos dessa política. Os artefatos do próprio movimento negro – artes plásticas, jornais, periódicos políticos e quase acadêmicos – também forneceram bastante material.

Essa abordagem implica não apenas uma tentativa de compreender as motivações políticas, as crenças e os valores dos ativistas – em sua maneira de se relacionarem entre si e com outros ativistas –, mas também sua interação com o todo social. Essa última parte implica uma interação predominantemente pública com diversos grupos e instituições, bem como com instituições "privadas" dentro e entre as comunidades ativistas.

Entrevistas

Os ativistas e outros participantes foram entrevistados (duas vezes, em alguns casos) por períodos de 45 minutos a duas horas. As entrevistas em si foram divididas em duas partes: pessoal e política. Conquanto essa não seja uma distinção clara nem inteiramente precisa, serviu para destacar as interferências da experiência privada, pessoal, na vida política pública. As experiências pessoais de discriminação racial motivaram os entrevistados para a ação política ou o desprendimento. Sem relatos pormenorizados de suas experiências pessoais, seria impossível examinar a confluência dos momentos pessoais e políticos, tampouco distinguir, na vida cotidiana, os indivíduos de mentalidade ativista dos outros afro-brasileiros.

Posto que cada sujeito individual – em virtude de variáveis socioeconômicas, regionais, cronológicas, sexuais ou até baseadas na cor – foi apresentado a formas do racismo brasileiro em pontos diferentes de um *continuum* social, houve uma diversidade de respostas, paralelamente à persistência e à repetição de alguns traços endêmicos nas relações entre brancos e afro-brasileiros. Um método de entrevista mais qualitativo revelou-se útil nesse aspecto, uma vez que, posteriormente, foi possível distinguir os pontos comuns das justificativas mais pessoais da heterogeneidade política entre os ativistas.

Ao contrário disso, a maioria dos estudos de levantamento do comportamento político que têm um componente de entrevista interessa-se pelas preferências políticas em momentos bem caracterizados (eleições, plebiscitos etc.), e não pela tarefa mais crítica de procurar situar as *atitudes* conscientes acerca da política, pautadas na experiência pessoal. Este é um pré-requisito fundamental para uma compreensão abrangente da política racial e das culturas políticas das sociedades multiétnicas[23].

A combinação de abordagens das disciplinas da ciência política e da antropologia me permitirá demonstrar a centralidade e as frustrações da política cultural para os ativistas afro-brasileiros, bem como as barreiras constantes que se erguem diante deles e de seus adeptos na interação societária cotidiana. No próximo capítulo, essa abordagem político-antropológica também demonstrará sua utilidade como forma de investigação ao ser contraposta às abordagens e métodos de outros estudiosos das relações raciais brasileiras.

Rio de Janeiro e São Paulo
Numa Perspectiva Comparativa

Embora as comparações transnacionais sejam úteis para destacar padrões gerais de similaridade e diferença na interação racial, também podem obscurecer as variações internas da política racial nas nações. Um país como o Brasil, com uma grande variação demográfica de uma região para outra, tem múltiplos padrões de interação racial. A urbanização crescente e o desenvolvimento industrial levaram a deslocamentos migratórios de diferentes grupos raciais e classes sociais, particularmente trabalhadores pobres, nos últimos vinte anos. Já não se pode afirmar (se é que algum dia isso foi possível) que os estudos sobre a raça e o racismo, numa determinada parte do país, sejam capazes de explicar todas as variações das relações raciais no plano nacional, como supunham Florestan Fernandes e Gilberto Freyre, cujas pesquisas restringiram-se aos estados de São Paulo e Pernambuco, respectivamente.

Rio de Janeiro e São Paulo exemplificam as mudanças ocorridas na demografia brasileira e, por conseguinte, a transformação da dinâmica racial em diferentes partes do país. Sob muitos aspectos, ambas as cidades são bem diferentes do resto do país. De acordo com as estatísticas do recenseamento de 1980, feito pelo Instituto Brasileiro de Geografia e Estatística (IBGE), o estado de São Paulo tem aproximadamente 30% de não brancos (*negros* e *pardos*) numa população de quase 28 milhões de pessoas. O estado do Rio de Janeiro tem 40% de não brancos em pouco mais de 12 milhões de habitantes.

Historicamente, as cidades de São Paulo e Rio de Janeiro têm sido as capitais industriais do Brasil. Ao contrário do estado da Bahia, onde os afro-brasileiros são majoritários, os negros cariocas e paulistanos encontram-se em minoria numérica. Há nas duas cidades indícios da ação do processo de embranquecimento, visto que a percentagem de mulatos na população aumentou nos últimos trinta anos, em proporção direta ao decréscimo da população negra no mesmo período. Não é que a população negra tenha desaparecido, porém mais e mais negros passaram a se definir como mulatos[24]. São raros os estudos da segregação residencial no Brasil, mas existem alguns. Pautando-se nos dados do censo de 1980, Edward Telles, no artigo "Residential Segregation by Skin Color in Brazil" mostra que São Paulo é a terceira área de maior segregação do país, depois, surpreendentemente, do Nordeste e do Sudeste. Num dos poucos estudos comparativos sobre a segregação e a demarcação raciais nas duas cidades, Raquel Rolnik observou que, embora as áreas "negras" de ambas nunca tenham sido inteiramente negras (os negros moravam junto com italianos em São Paulo e portugueses no Rio de Janeiro), existem nas duas cidades espaços que foram e são claramente demarcados de acordo com fronteiras raciais e culturais. Essa autora afirma que a "história do Rio e de São Paulo é marcada pela marginalização e estigmatização do território negro"[25]. As escolas de samba, os times de futebol, as quadras de dança e os espaços de culto religioso são coordenadas arquitetônicas e espaciais da existência física de comunidades negras. Ao mesmo tempo, em consonância com a negação da exclusão racial no Brasil, há uma falta geral de reconhecimento de que existem áreas racialmente específicas nessas cidades. Raquel Rolnik faz uma crônica dos espaços distintos dos escravos, dos negros alforriados e, mais tarde, dos negros de classe média, em resposta às condições específicas da exclusão racial no Brasil urbano, e da utilização desses espaços como locais de comunhão e resistência. Nas duas cidades, os projetos de aprimoramento e urbanização de bairros de classe média alta executados na virada do século XIX para o XX retiraram à força os negros e mulatos do centro das cidades. Seu impacto mais visível deu-se no Rio de Janeiro, onde, na década de 1940, os negros mudaram-se para a Zona Norte e para as favelas que hoje circundam os imóveis mais seletos da Zona Sul da cidade – Copacabana, Leblon e Ipanema[26].

A cidade de São Paulo foi, historicamente, o ponto principal da mobilização afro-brasileira. Embora outras cidades, como

Salvador e Recife, tenham se tornado focos de ativismo a partir da década de 1970, São Paulo foi o foco de gestação de diversas organizações fundamentais, que acabaram tendo um impacto nacional no movimento negro desde a década de 1920, dentre elas a Frente Negra Brasileira (FNB) e o Movimento Negro Unificado (MNU). Florestan Fernandes, em *The Negro in Brazilian Society*, cita os efeitos da proletarização nos trabalhadores negros qualificados, o anonimato das cidades e a intensidade do racismo no âmbito da competição de mercado como razões dos primeiros esforços de aglutinação política na cidade de São Paulo, aspectos esses que são corroborados por Clóvis Moura, em *Sociologia do Negro Brasileiro*, e Roger Bastide, no texto "The Development of Race Relations in Brazil". Os núcleos residenciais negros emergiram em vilas como Barra Funda, Bexiga, Lava-Pés e Saracura, em São Paulo, em resposta à exclusão racial mencionada por Raquel Rolnik e em consequência dela. Também surgiram conjuntos habitacionais e enclaves semirrurais na periferia da cidade, além de igrejas e terreiros predominantemente afro-brasileiros.

Diversamente de São Paulo, o Rio de Janeiro não teve uma afluência maciça e subsidiada de imigrantes europeus depois da Abolição. O Rio, até o período da expansão capitalista no Brasil, era uma cidade muito mais importante do que São Paulo. Em 1872, os negros compunham quase metade de sua população. Em 1887, correspondiam a 37%, decréscimo esse que Raquel Rolnik atribui ao declínio da produção cafeeira durante o período. Isso levou a uma intensa migração de negros alforriados da periferia para a cidade do Rio de Janeiro à procura de trabalho.

Nos anos 1940, o aumento da urbanização no Brasil levou à migração, quase toda não branca, de estados de produção mais agrícola e artesanal, como Bahia, Pernambuco e Minas Gerais, para os dois maiores centros urbanos do país, Rio de Janeiro e São Paulo. Em São Paulo, a imigração de populações oriundas dos estados nordestinos levou a um intenso sentimento antinordestino na região.

Esse sentimento também é racializado, uma vez que a população imigrante, como já foi dito, é predominantemente não branca[27], ao passo que os que criticam os imigrantes são paulistas brancos[28]. Essa questão evoca a intensa superposição da raça, da economia e do regionalismo no Brasil, que tem sido um aspecto constante da vida afro-brasileira. Chama a atenção também para a existência de um discurso racista que afeta não apenas os afro-brasileiros, mas também os judeus, os asiáticos e outros grupos. Como será examinado no capítulo 3, boa parte da linguagem da pureza racial e do sangue impuro, que se repete na crítica aos nordestinos, é idêntica ao discurso negrófobo e antissemita, que prevalece na cultura brasileira pelo menos desde o século XVIII, como parte do sedimento filosófico dos preconceitos raciais dos espanhóis e portugueses que foi transplantado para o Brasil[29].

As reações ao embranquecimento, o mito da democracia racial e as formas mais brutas de racismo no Rio de Janeiro e em São Paulo foram alimentados pelas diferenças e semelhanças da opressão racial nesses dois locais. Se comparamos o Rio de Janeiro a São Paulo, vemos que, nesta última cidade, a intensidade da competição racial e de mercado parece ter tido grande influência na formação, no passado, de uma consciência racial e de algumas instituições específicas da raça (capítulo 5). Levou também ao desenvolvimento de mais projetos ligados ao trabalho no eixo da raça e da classe, por parte dos ativistas afro-brasileiros, do que no Rio, onde, historicamente, há menos articulação entre a mão de obra branca e os grupos afro-brasileiros. Nos dois lugares, entretanto, a aliança entre a esquerda e os afro-brasileiros tem sido desconfortável, já que só recentemente os ativistas afro-brasileiros abordaram as dimensões de classe da opressão racial, ao passo que muitos militantes brancos dos sindicatos e partidos trabalhistas têm considerado as questões raciais como preocupações "particularistas" (ver também o capítulo 5).

2.
A Política Racial Brasileira: Visão Geral e Reconceituação

Para entender a política racial contemporânea no Brasil, no tocante a seus debates acadêmicos e políticos, é importante situar as circunstâncias atuais num contexto histórico. Este capítulo se propõe a alertar o leitor para a importância de se ter uma visão da política racial à luz da bibliografia empírica existente sobre as relações raciais brasileiras. Procura também fornecer uma interpretação diferente da história das relações raciais brasileiras e uma crítica do paradigma da raça *versus* classe, que prevalece na abordagem acadêmica e ativista da problemática da raça.

Os debates acerca da importância relativa da classe ou da raça na estruturação da opressão têm gerado abordagens inovadoras no estudo dos vínculos entre raça, modos de produção e desigualdade social. O trabalho de Oliver Cox, *Caste, Class and Race*, Stanley Greenberg, *Race, State, and Capitalist Development*, e de outros, no período subsequente à Segunda Guerra Mundial, deram amplas indicações de que, no mínimo, a raça realmente desempenha um papel na estruturação da desigualdade social. Determinar se esse papel é de epifenômeno (superestrutura) ou está no cerne das relações de produção (estrutural) tem sido uma grande fonte de tensão entre as visões do papel da raça nas sociedades pluralistas, conforme elas se baseiem na classe ou na raça.

No Brasil, houve e continua a haver debates dentro desses moldes, como atestará o resumo que se segue. O que está em jogo nesses debates é não apenas o reconhecimento do papel do preconceito racial, da discriminação e da exploração na sociedade brasileira, mas também a adequação da análise inspirada em Marx para estudá-los.

A bibliografia existente a respeito das relações raciais brasileiras pode ser dividida em duas áreas: a que se baseia na classe e a estruturalista. Embora haja diferenças entre essas duas categorias gerais e também distinções no próprio interior delas, ambas obscureceram todas as demais abordagens do estudo das relações raciais brasileiras. Fizeram-no, em grande parte, porque a maioria dos trabalhos sobre as relações raciais brasileiras concentrou-se na escravidão e na passagem do trabalho escravo para o trabalho assalariado – duas épocas da história brasileira que destacaram a intersecção entre raça e classe. Em vez de tentar fazer uma síntese completa dos textos referentes a essas duas abordagens, avaliarei os escritos principais e sua relação com o presente estudo.

Embora essas duas escolas tenham feito progredir significativamente o estudo e o debate sobre o racismo na sociedade brasileira, quero demonstrar suas limitações conceituais para uma teorização mais aprofundada a respeito da política racial no Brasil. O expoente mais conhecido e indiscutivelmente mais importante da escola determinista é Florestan Fernandes.

Determinismo Econômico: A Escola de Sociologia de São Paulo

Em *O Negro na Sociedade Brasileira*, um estudo clássico sobre as relações raciais brasileiras, Florestan Fernandes caracteriza sucintamente a posição hegemônica das elites brancas na sociedade brasileira, que se limitam a "tratar o negro com tolerância, mantendo a velha polidez cerimoniosa nas relações inter-raciais e excluindo dessa tolerância qualquer sentimento ou conteúdo realmente igualitário"[1]. Ele estava aludindo à ideologia da democracia racial, à premissa da igualdade racial numa sociedade em que ela não existia. Originalmente escrito em português, há quase trinta anos, esse livro constituiu a primeira crítica sistemática de uma ideologia muito destoante das relações sociais que a geraram.

Fernandes baseou sua análise das relações raciais brasileiras nos padrões desiguais de interação racial surgidos no estado de São Paulo durante um período crucial do desenvolvimento econômico brasileiro: os anos de 1880-1920. O estado de São Paulo continua a ser o coração industrial do Brasil e foi a sede do primeiro movimento afro-brasileiro organizado da era moderna, a Frente Negra Brasileira. Apenas essas duas razões já fazem com que o trabalho de Fernandes tenha uma importância decisiva, uma vez que foi o primeiro de sua categoria a analisar o vínculo entre raça e classe no processo de desenvolvimento socioeconômico brasileiro.

Sua desconstrução da *democracia racial* – através de entrevistas com ativistas afro-brasileiros, "elites" e pessoas comuns, brancas, não brancas e negras – representou um autêntico avanço no estudo das relações raciais brasileiras, particularmente quando cotejado com o pano de fundo das explicações indulgentes de Gilberto Freyre, Charles Wagley, em *Race and Class in Rural Brazil*, e Donald Pierson, em *Negroes in Brazil*. Foi o primeiro estudo sociológico das relações raciais brasileiras a questionar abertamente a condição de "caso singular" do Brasil nos estudos comparados sobre raça, classe e mobilidade social. Fernandes apresentou os negros brasileiros como explorados, durante e depois da escravidão, por brancos indiferentes que, vez ou outra, estendiam uma mão paternalista a seus compatriotas de pele mais escura, tornando a retirá-la quando negros como os membros da FNB faziam declarações acerca da necessidade de uma *verdadeira* democracia racial e de organizações de autoajuda nas comunidades afro-brasileiras.

Ironicamente, Fernandes, com outros estudiosos, foi incumbido de estudar as relações raciais brasileiras pela Unesco, que acreditava que o Brasil era, de fato, uma anomalia entre as sociedades multirraciais. Fernandes, todavia, foi mais longe. Traçou um retrato sociológico dos afro-brasileiros que se assemelhou à avaliação da família africano-americana feita por Daniel Patrick Moynihan na década de 1960: disfuncional e sofrendo de anomia, desesperança e imoralidade.

Embora tenha destacado os processos de discriminação racial, Fernandes reproduziu alguns dos pressupostos vigentes sobre o despreparo dos afro-brasileiros para o mercado capitalista emergente. Baseando sua análise em entrevistas, observações feitas em primeira mão e também em fontes secundárias, afirmou que os afro-brasileiros recém-libertados, especialmente os de ocupações rurais e/ou agrícolas, "não tinham a autodisciplina e o senso de responsabilidade do trabalhador livre, que eram os únicos atributos capazes de dotar o trabalhador, espontaneamente, de regularidade e eficiência na nova ordem jurídico-econômica"[2].

Assim, por falta de uma proletarização gradativa e de preparo para a nova ordem socioeconômica, os afro-brasileiros não ficavam à altura dos imigrantes italianos e de outros assalariados que competiam pelo emprego remunerado no estado de São Paulo. Mas, à parte os pressupostos normativos sobre a inexistência, nos segmentos socioeconômicos inferiores das comunidades afro-brasileiras, de famílias paternocêntricas e dos "valores familiares" que as acompanham, a avaliação de Fernandes despreza uma dimensão importante da estruturação das relações raciais: o papel do Estado na promoção do desenvolvimento capitalista e da formação racial/social.

Embora assinale que os senhores de escravos não deram praticamente nenhuma assistência aos afro-brasileiros para que estes fizessem uma transição bem-sucedida da escravidão para a liberdade, Fernandes desconhece a intervenção dos grandes latifundiários e das autoridades governamentais no sentido de o novo mercado favorecer os imigrantes europeus. Historiadores que se concentraram nesse mesmo período destacaram os esforços dos fazendeiros de São Paulo para impedir os negros de ingressarem na força de trabalho assalariada, subsidiando a imigração europeia nos últimos anos da escravidão[3], a fim de garantir que o novo proletariado não se compusesse de ex-escravos.

Mas é o livro de George Reid Andrews, *Blacks and Whites in São Paulo, Brazil, 1888-1988*, que refuta sistematicamente a explicação de Fernandes sobre a marginalização dos afro-brasileiros depois de 1888. Usando um livro de Stanley Greenberg, *Race, State and Capitalist Development*, como modelo para analisar o vínculo entre o racismo institucionalizado e a política estatal, Andrews frisou o conluio entre o governo estadual e os proprietários rurais de terras para fomentar o desenvolvimento econômico, subsidiar a imigração europeia e impedir ainda mais a diversificação ocupacional entre os afro-brasileiros recém-libertados. Para Andrews, a escravidão é somente uma das diversas variáveis explicativas a serem consideradas para determinar por que em 1889 – ou seja, apenas um ano depois da Abolição – os trabalhadores afro-brasileiros foram afastados da competição "objetiva" de mercado em São Paulo. Ao fazer sua avaliação do resultado da imigração subsidiada de europeus meridionais e do tratamento diferencial concedido a esses novos imigrantes, em comparação aos afro-brasileiros, Andrews afirma que o mercado de trabalho paulista, nos anos imediatamente posteriores à abolição da escravatura, foi moldado por um grau incomum de dirigismo e intervenção estatal. "Foi uma intervenção aparentemente desprovida de qualquer conteúdo racial, mas, na verdade, ao optarem por investir verbas em trabalhadores europeus e a se recusarem a fazer investimentos equiparáveis nos brasileiros, os fazendeiros da província e o aparelho de Estado que controlavam deixaram claras as suas preferências étnicas e raciais em matéria de trabalhadores."[4]

Andrews também analisa o impacto da ideologia elitista e do "senso comum" racial nos brancos e nos afro-brasileiros, em todo o *continuum* das posições de classe. Ele contrapõe as suposições acerca da preguiça e incompetência dos afro-brasileiros, inerentes à perspectiva de Fernandes, a uma análise de dois grandes empregadores de São Paulo na década de 1920: a Indústria Têxtil Jafet e a Companhia Paulista de Bondes, Luz e Força.

Comparando os registros de pessoal das duas empresas – admissões, demissões, promoções e suspensões –, Andrews observa que os homens negros tinham mais probabilidade de ser suspensos do que os brancos, e que os *pretos* e *pardos* eram despedidos, sem razão justificada, para reduzir a força de trabalho, ao passo que os homens brancos eram promovidos com mais rapidez. Assim, os brasileiros *pretos* e *pardos* eram não apenas discriminados antes de ingressar na força de trabalho industrial como, durante e depois de seu ingresso, eram sistematicamente desqualificados da competição objetiva no mercado.

A análise de Andrews leva em conta também o sexo, examinando o surgimento da diferenciação ocupacional entre mulheres e homens afro-brasileiros. Ele enfatiza que as afro-brasileiras tinham oportunidades de emprego relativamente maiores do que os homens, o que ajuda a explicar as taxas mais elevadas de desemprego dos homens afro-brasileiros durante o período. Além disso, a pesquisa que ele fez em jornais populares e em outros registros das classes proletárias do início do século xx fornece um argumento contrário às afirmações de Fernandes, de que se registrava um peculiar relaxamento moral entre os afro-brasileiros mais pobres: havia caracterizações e estereótipos similares dos italianos e de outros imigrantes[5].

A refutação da tese de Fernandes por Andrews, no que concerne ao despreparo dos afro-brasileiros naquele período, faz eco a algumas tensões conceituais no debate sobre raça e classe. Os fazendeiros, tanto em suas discussões quanto em suas práticas materiais, expressavam seus interesses raciais e econômicos *simultaneamente* através da implementação estatal de políticas racial e economicamente específicas.

Nesse sentido, a subordinação e a marginalização dos escravos recém-libertos foram impostas ao novo mercado de trabalho, onde os mesmos viram restringidas suas perspectivas independentemente da diferenciação ocupacional registrada no seio das comunidades afro-brasileiras, onde, na época da Abolição, muitos eram trabalhadores qualificados. Nesse período, na verdade, havia mais mulatos e negros livres em São Paulo do que escravos[6]. A raça teve uma clara dimensão material: estruturou as alternativas e as possibilidades de vida dos afro-brasileiros e dos imigrantes italianos, assim como as diferenças e desigualdades profissionais no seio da classe proletária.

Considerada essa realidade histórica, deve ficar claro que são problemáticas as distinções entre estrutura e superestrutura supostas pelos que argumentam com base na classe, não só por sua formulação teórica, mas também por sua utilidade limitada para ajudar a compreender até que ponto, muitas vezes, a raça e a classe são inseparáveis nos processos históricos. Esse problema, patente em muitas interpretações do racismo e da escravidão racial baseadas na classe, é consequência de uma problemática mais geral do pensamento marxista, no qual a "base" e a "superestrutura" são tratadas como categorias abstratas e sequenciais, e não como produtos de relações históricas que envolvem pessoas reais[7]. Como observou Williams, muitos "marxistas reais" passaram a "pensar na 'base' e na 'superestrutura' como se elas fossem entidades concretas e separáveis. Ao fazê-lo, perderam de vista os próprios processos – não as relações abstratas, mas os processos constitutivos – que o materialismo histórico devia ter a função de enfatizar"[8]. Essa limitação não é um apanágio de Fernandes, nem meramente dos debates acadêmicos sobre raça e classe. Ela teve repercussões nas considerações da desigualdade e da política raciais da esquerda brasileira branca, como veremos no capítulo 5.

Em parte alguma essa limitação fica mais clara do que na crítica de Fernandes à FNB. Para ele, a Frente era um projeto condenado ao fracasso, em virtude de sua preocupação com a elevação e a integração raciais e com o progresso social afro-brasileiro dentro dos parâmetros do desenvolvimento capitalista, em vez de fazer uma crítica ao próprio capitalismo. Ao discutir os movimentos sociais dos negros em geral em São Paulo nos anos 1920, Fernandes declarou que esses movimentos não "lutavam contra a ordem econômica, social e política estabelecida, mas contra uma espécie de espoliação da raça que ela abrigava em si, graças às relações vigentes entre negros e brancos"[9].

Embora a FNB não estivesse tentando derrubar o sistema social como um todo, sua crítica à democracia racial e sua promoção da autoajuda dos negros configuraram uma contestação, ainda que limitada, da hegemonia branca. Elas estabeleceram um precedente histórico para a atividade política negra no Brasil do século XX. Michael Mitchell, em *Racial Consciousness and the Political Attitudes and Behavior of Blacks in São Paulo, Brazil*, e George Reid Andrews, em *Blacks and Whites in São Paulo, Brazil, 1888-1988*, detalharam os esforços empreendidos pela Frente Negra Brasileira durante seus seis anos de existência – de 1931 a 1937, quando foi fechada pelo Estado Novo de Getúlio Vargas (1937-1945) –, no sentido de desenvolver campanhas do tipo "compre com os negros", e de criar oportunidades de emprego, escolas e organizações políticas e até paramilitares nas comunidades afro-brasileiras. Considerados esses esforços e a reconceituação de "raça" feita no capítulo 1, cabe indagar se as atividades da Frente, em seus sucessos e limitações, podem ser percebidas como uma "[luta] contra a ordem econômica, social e política estabelecida". Como não o seriam, se a própria "espoliação da raça" a que a Frente estava reagindo nascera da sociedade brasileira, da ordem econômica, social e política em questão? No mínimo, a Frente Negra Brasileira sintetizou a possibilidade de os afro-brasileiros se referirem à sua identidade racial e cultural como um princípio organizador positivo, no contexto do desenvolvimento capitalista. Essa formulação alternativa, entretanto, estava além do âmbito estreitamente economicista da escola de Fernandes e de São Paulo. Embora fosse sensível ao papel da raça como uma variável relativamente autônoma, Fernandes a categorizou como contingente ao conflito de classes, sem um papel independente na construção e reprodução das desigualdades sociais e, em termos mais genéricos, das relações de poder. Conquanto seu trabalho tenha representado uma explicação mais sofisticada da sociologia das relações raciais, a raça só lhe pareceu uma questão central na medida em que ajudava a explicar os mecanismos de exploração do desenvolvimento capitalista dependente.

Howard Winant proferiu uma análise e uma refutação convincentes dos pressupostos teóricos de Fernandes e do grupo de São Paulo:

> Em consequência de séculos de inserção na ordem social, a dinâmica racial adquire inevitavelmente sua própria lógica autônoma e penetra em todos os níveis do tecido da vida social e do sistema cultural. Assim, não pode ser plenamente compreendida, à maneira de Fernandes, como remanescente de uma escravocracia de fazendas na qual ainda não se haviam desenvolvido relações sociais capitalistas. Tal visão acaba negando o vínculo entre os fenômenos raciais e a sociedade pós-escravidão.[10]

Similarmente, Carlos Hasenbalg, no texto "Race and Socioeconomic Inequalities in Brazil", afirma que Fernandes dá poucas explicações sobre a persistência de práticas racialmente discriminatórias no processo de desenvolvimento capitalista dependente, o que é uma evidente fraqueza na argumentação de Fernandes, dado que ele considera o racismo do século XX no Brasil como um remanescente arcaico do século anterior. Nesse aspecto, faz eco às afirmações mais genéricas de Marx sobre a eventual dissolução do racismo e do chauvinismo nacional, com o advento do capitalismo mundial.

Andrews conclui que nem o marxismo de Florestan Fernandes nem a democracia racial de Gilberto Freyre podem explicar a persistência da discriminação racial no mercado de trabalho e na política de Estado, muito depois da extinção da escravatura. Para sublinhar sua colocação, ele afirma que, a despeito de suas diferenças políticas e intelectuais, Gilberto Freyre e Florestan Fernandes atribuem a desigualdade racial contemporânea à herança da escravidão e à incapacidade de os afro-brasileiros se adaptarem à passagem da escravidão ao trabalho remunerado. Freyre e Florestan desconhecem a persistência e a mudança da estrutura e do processo de discriminação racial e tratam a escravatura como um mundo independente. Essas críticas nos permitem perceber duas razões para se realizar uma reavaliação do papel da raça e da classe no Brasil. Primeiro, o racismo no Brasil assumiu novas formas no século xx, em conjunto com a passagem do trabalho escravo para o trabalho remunerado. Tal como na evolução das leis segregacionistas registrada nos Estados Unidos depois da Reconstrução, novas leis e práticas sociais foram concebidas em meio ao processo de industrialização, para manter os padrões de desigualdade racial, que, no entanto, diferiam daqueles do período anterior, de escravidão. As construções ideológicas e materiais da raça modificaram-se[II].

Em segundo lugar, tanto Fernandes quanto Freyre, embora em lados diferentes da disputa raça/classe, apresentaram análises da discriminação racial no Brasil limitadas por uma visão paternalista e um reducionismo econômico: a economia de mercado, no caso de Fernandes, e a economia nacional, no caso de Freyre. Ironicamente, os papéis da raça e do sexo são pouco desenvolvidos em seus respectivos quadros de referência analíticos e, em decorrência disso, pouco estudados.

Estruturalistas

Na década de 1970, surgiu no Brasil a terceira geração da bibliografia voltada às relações raciais. Produzida principalmente por estudiosos brasileiros que trabalhavam a partir de dados censitários e estudos quantitativos, essa tendência mais recente representou o desejo de desbancar o mito da democracia racial – perpetrado pela primeira leva de analistas das relações raciais brasileiras – e também a conceituação reducionista do racismo como uma "patologia" residual a ser resolvida pela integração.

Os dois autores mais importantes dessa tendência são Carlos Hasenbalg e Nelson do Valle Silva. Através de pesquisas conjuntas e independentes, os dois apresentaram as críticas mais abalizadas da bibliografia reducionista, alterando para sempre os pressupostos metodológicos acerca das fontes da desigualdade racial no Brasil.

Em vez de tratarem a raça e a classe como categorias opostas, Hasenbalg e Silva situam a desigualdade racial no cerne das relações econômicas no Brasil. Ela cumpre uma função necessária para o capitalismo brasileiro[12]. Usando dados demográficos dos recenseamentos brasileiros de 1976 e 1980 para respaldar suas afirmações, esses autores oferecem interpretações ao enigma da raça/classe no Brasil que representam um avanço significativo em relação ao trabalho de Marvin Harris, *Patterns of Race in the Americas*, e de Thales de Azevedo, *Cultura e Situação Racial no Brasil*, que também trataram a raça como um epifenômeno.

Nesse sentido, Hasenbalg e Silva não devem ser vistos como estruturalistas em virtude de seu reducionismo ou determinismo econômicos, mas de sua preocupação com o que é comumente designado de condições "socioestruturais" ou materiais da dinâmica racial. Hasenbalg sustenta que a discriminação racial não só desempenha um papel central na perpetuação das desigualdades socioeconômicas entre brancos e negros, mas também complementa funcionalmente os mercados de trabalho da economia capitalista brasileira[13]. O racismo, portanto, não foi uma ideologia "arcaica", invocada por ocasião de conflitos intergrupais, como sugere Fernandes, mas uma realidade sempre presente na sociedade brasileira, um indicador significativo para a avaliação dos níveis de educação, das oportunidades de emprego, da saúde e até das escolhas matrimoniais.

Inversamente, através de sua análise dos dados censitários de 1960 e 1976, Nelson do Valle Silva refuta um pressuposto-chave da bibliografia sobre as relações raciais: a pretensa existência de uma "saída de emergência" dos mulatos: "Os mulatos não se portam de maneira diferente dos negros, nem a raça desempenha um papel insignificante no processo de obtenção da renda. Na verdade, constatou-se que negros e mulatos são quase igualmente discriminados. [...] Isso é uma clara contradição da ideia de que a 'saída de emergência dos mulatos' seja a essência das relações raciais brasileiras."[14]

Nelson se refere à célebre tese de Carl N. Degler, *Neither Black nor White*, sobre a "saída de emergência" dos mulatos: como estes resultam da miscigenação, escapam ao estigma da diferença racial e se saem melhor, em termos sociológicos, do que seus companheiros de tez mais escura. Ao afirmar que a tese de Degler não se confirmava nas relações sociais reais, Nelson forneceu provas "concretas" de um aspecto enfatizado por Thomas Skidmore: o de que, embora a tese da saída de emergência seja teoricamente plausível, não há provas sugestivas de que o processo de "embranquecimento" tenha trazido benefícios materiais para os mulatos, "de que as pessoas de sangue mestiço tenham recebido um tratamento preferencial"[15].

Como resultado, Nelson utiliza as categorias "branco" e "não branco" em sua metodologia quantitativa para avaliar a desigualdade racial brasileira, em vez das categorias "negro", "branco" e "mulato", comumente empregadas.

Além disso, mesmo que a tese da saída de emergência dos mulatos tenha tido alguma validade no período colonial ou pós-Abolição, pelo menos desde a década de 1960 ela não mais distinguiria o Brasil de outras sociedades multirraciais. Em primeiro lugar porque, nas comunidades afro-estadunidenses, sempre existiram debates e controvérsias em torno dos negros de tez mais clara, cuja existência deixava transparecer pelo menos um momento de miscigenação na comunidade negra. A crítica cinematográfica tem uma bibliografia muito mais desenvolvida sobre o papel dos mulatos na comunidade afro-estadunidense em resposta a um conjunto de filmes que usaram o mulato e o fenômeno do "fazer-se passar por branco" como seu tema central[16].

Mudanças demográficas mais gerais registradas nos Estados Unidos também problematizam a categorização birracial estadunidense. Como observou Skidmore, o crescimento da população latina dos Estados Unidos a partir dos anos 1960 resultou na existência de setores demograficamente significativos da população que não se enquadram nas categorias de branco ou negro, o que reduziu a validade, dentro das fronteiras estadunidenses, da definição birracial da classificação das raças[17]. Como observou Sidney Mintz, no texto "Currency Problems in Eighteenth Century Jamaica and Gresham's Law", as leis destinadas a proibir certas atividades às populações afro-americanas e entre as populações afro-americanas e brancas no Novo Mundo também confirmam que essas atividades já eram praticadas. A miscigenação é uma delas, e ocorreu em todas as sociedades em que convivem brancos e negros.

Há, nas conclusões de Nelson, entretanto, amplas implicações políticas que continuam inexploradas. Em qualquer sociedade, há sempre questões cujas conjecturas não correspondem à realidade, de modo que a disjunção entre a ideologia e a realidade, no processo de embranquecimento, não é particularmente surpreendente. A inexistência de benefícios materiais para os brasileiros mulatos em relação aos negros não explica por que, no Brasil, muitas pessoas, inclusive negras e mulatas, acreditam que eles existem. Em segundo lugar, se os brasileiros negros e mulatos percebem diferenças em suas respectivas posições na sociedade brasileira, isso poderia explicar parcialmente as dificuldades da mobilização política e social conjunta dos negros e *pardos*. Inversamente, também destacaria a difícil tarefa que têm pela frente os ativistas negros e pardos que se consideram afro-brasileiros: convencerem sua coorte fenotípica de uma causa comum. Da mesma forma, esclareceria as circunstâncias peculiares que levam os afro-brasileiros de tez mais clara a se considerarem... afro-brasileiros.

Esses problemas da desigualdade racial, da identidade afro-brasileira e da mobilização social enraízam-se tanto na política quanto na economia. Conquanto Nelson do Valle Silva e Carlos Hasenbalg forneçam fartos dados sobre a base socioeconômica da desigualdade racial, são relativamente poucas as discussões a respeito de como é politicamente construída ou contestada a desigualdade racial.

Isso é exemplificado pela breve menção que faz Hasenbalg à "tranquila manutenção das desigualdades raciais"[18] pelas elites brancas que dominam o Estado e a sociedade civil, e pela inexistência de uma oposição política sistemática por parte dos afro-brasileiros. A ideia de manutenção tranquila de Hasenbalg obscurece aquilo que, na verdade, foi minimizado e encoberto – as tentativas dos ativistas brasileiros de politizar as discussões sobre a desigualdade racial no Brasil. Por mais limitadas que sejam, as tentativas dos afro-brasileiros de perturbar a "manutenção tranquila" da desigualdade racial têm que ser explicadas, caso os observadores da política racial brasileira pretendam ter alguma indicação do grau em que as elites brancas, no aparelho de Estado e na sociedade civil, reprimem a dissidência afro-brasileira.

A bem da justiça, a enigmática ideia de uma "manutenção tranquila", que Hasenbalg usa para caracterizar a dominação branca e a subordinação afro-brasileira, pode ser parcialmente justificada pela relativa inexistência de sublevações raciais na história brasileira. Similarmente, Anani Dzidzienyo, em *The Position of Blacks in Brazilian Society*, referiu-se à manutenção relativamente serena das estruturas de dominação racial no Brasil, se contrastadas com outras organizações sociopolíticas multirraciais, como os Estados Unidos. Em sua crítica aos alicerces da ideologia da democracia racial – alicerces estes perpassados pela questão do poder –, Dzidzienyo afirmou que sua influência na cultura brasileira foi "difusa", funcionando como "a pedra angular da 'etiqueta', rigorosamente observada, das relações raciais no Brasil"[19]. Curiosamente, a etiqueta a que ele se refere nos leva de volta às observações de Florestan Fernandes sobre a "polidez cerimoniosa" dos paulistas brancos, citadas no início deste capítulo.

Do ponto de vista da política racial, entretanto, a "tranquilidade" ou o caráter "difuso" da subordinação afro-brasileira é apenas uma descrição, e não uma explicação, de um dos resultados da dominação branca. Ao que parece, parte do problema provém da suposição de que a ideologia da democracia racial e suas práticas sociopolíticas correlatas são fenômenos "dados", configurações ideológicas e materiais não sujeitas à mudança ou à contestação. Uma outra dimensão do problema pode ser disciplinar: a maioria dos estudiosos que investigam os problemas ligados à raça são sociólogos, historiadores e antropólogos, não cientistas políticos.

Sejam quais forem as razões, a "polidez cerimoniosa" sugerida por Florestan Fernandes, a "manutenção tranquila" caracterizada por Carlos Hasenbalg e a "etiqueta das relações raciais" discutido por Anani Dzidzienyo não são apresentadas como elementos de um campo contestável ou contestado, e sim como a consequência da "vitória" da dominação branca no decorrer de uma luta "resolvida" tempos atrás.

As formas de protesto dos grupos subalternos, por mínimas que sejam, dão uma indicação dos limites da dominação. Se a dominação das elites brancas brasileiras não é completa, quais são – e onde ficam – seus limites? Conquanto haja discussões consideráveis acerca de como foi conseguida essa dominação da elite branca, praticamente não existe nenhum estudo a respeito de como tal ascendência é mantida ou questionada. Pierre-Michel Fontaine, em *Race, Class and Power in Brazil*, faz um breve exame do papel do poder na interação de brancos e negros no Brasil, mas trata o poder e a falta dele basicamente como campos separados. Sugere que os afro-brasileiros têm um poder "intersticial" e "residual", isto é, o poder de afetar as relações protetor-cliente entre os líderes locais e os políticos brancos, através da obtenção de promessas de bens e serviços para seu eleitorado. Embora Fontaine desenvolva sua posição anterior, as relações entre brancos e negros são tratadas como esferas bem distintas, e não como parte de um processo dinâmico[20].

Howard Winant oferece comentários úteis sobre as abordagens estruturalistas: "Elas não procuraram explicar como sobreviveu o racismo numa suposta 'democracia racial', nem como se poderia chegar a uma verdadeira integração. Antes, examinaram o modo como a ordem social brasileira manteve as desigualdades raciais sem enfrentar uma oposição e um conflito significativos."[21]

Embora não tenha caracterizado a discriminação racial apenas como um epifenômeno, a abordagem estruturalista sugeriu que a "tranquila manutenção das desigualdades raciais" baseou-se na manipulação dos conflitos de classe pela elite. Sua ideia de manipulação pela elite não diferiu das teorias do mercado de trabalho dual ou segmentado que tentam tornar a teoria marxista aplicável aos estudos das interfaces entre a raça e a classe[22]. Embora haja relatos dessa manipulação pelas elites na história brasileira, também é verdade que até os movimentos trabalhistas que formularam questionamentos claros do capitalismo e do Estado negligenciaram, na melhor das hipóteses, os problemas da diversidade étnica em suas fileiras[23]. Na pior das hipóteses, reproduziram-nos sob novas formas, como será demonstrado no capítulo 5.

Assim, para os estudiosos da política racial contemporânea no Brasil, persistem várias indagações: quais são as reações dos afro-brasileiros à "tolerância" e à "polidez cerimoniosa" dos brasileiros brancos? Como reagem às "condições normais" de sua realidade política e social os afro-brasileiros que percebem um conjunto de práticas discriminatórias por trás do simulacro de democracia racial? Além disso, com as contestações feitas por ativistas e estudiosos à ideia de uma democracia racial no Brasil ocorreu alguma mudança nas relações entre brancos e não brancos no Brasil ao longo do tempo?

Nas descrições da dominação racial relativamente tranquila exercida pelas elites brancas, faltam outros dois elementos fundamentais da política racial: o poder e a cultura. Como protagonistas dos dois lados da divisão entre raça e classe, as formas de poder predominantemente reconhecidas e investigadas são as econômicas e as formais/institucionais. A cultura – como campo no qual são patentes as tensões da dominação e da subordinação, da apropriação e da resistência – tem sido basicamente ignorada. Aparentemente, isso se deve, em parte, ao papel onipresente que a cultura expressiva desempenha na vida nacional e na afro-brasileira: de unificadora de identidades culturais e raciais diferentes sob a bandeira da nação, assim como de supressora de uma identidade nitidamente afro-brasileira.

A despeito das distinções conceituais entre reducionistas e estruturalistas, as duas tendências parecem haver concordado no que tange a uma dimensão crucial das relações raciais brasileiras, uma dimensão que parece diferenciar os afro-brasileiros de seus equivalentes estadunidenses: a falta de uma consciência coletiva deles mesmos como grupo racial subalterno, graças ao mito da democracia racial e às vicissitudes do capitalismo dependente[24]. Entretanto, exceatuadas ambíguas interpretações de Fernandes sobre o comportamento individual e coletivo dos negros de São Paulo, os textos de ambas as correntes têm pouca coisa relativa às questões concernentes à formação das identidades e comportamentos políticos, a respeito de indivíduos e organizações racialmente conscientes que, mesmo desencorajados ou negados, tenham existido ao longo da história do Brasil. Como observou Pierre-Michel Fontaine numa das poucas resenhas sobre as pesquisas referentes à Afro-América Latina, o *corpus* dos estudos afro-brasileiros não "discorre sobre instituições, comportamentos ou atitudes políticas, nem sobre eleições, comportamento eleitoral ou partidos políticos, tampouco sobre política de governo"[25].

O que se faz dolorosamente necessário é um quadro de referência conceitual que permita aos estudiosos saírem das questões de enfoque microssocial, como a identidade e as formas de resistência individuais e coletivas, para entrar em questões de orientação macrossocial, como as desigualdades socioeconômicas e o discurso político nacional referente à raça. Se aceitarmos a afirmação de Winant de que a dinâmica do poder racial se difunde por todas as práticas culturais, políticas e materiais do Brasil reconheceremos que qualquer análise estrutural das relações raciais que despreze os fatores culturais e ideológicos, ou que os trate como secundários, dará uma explicação incompleta sobre as ramificações plenas da desigualdade racial que se expressa na interação social. Só assim será possível delinear os vínculos para frente e para trás entre as esferas endógenas e exógenas da dinâmica racial no Brasil. O conceito de hegemonia racial, sucintamente exposto acima, é uma tentativa de gerar análises e debates a respeito desses vínculos. Tais vínculos, que estão inseridos na política racial contemporânea no Brasil, serão delineados no próximo capítulo.

3.
Democracia Racial:
Hegemonia à Moda Brasileira

O que um dia se chamou tempo de paz foi apenas o momento que antecedeu o grito da vítima.

JAY CANTOR,
The Death of Che Guevara, p. 10.

> Certamente, a distância social entre senhores e escravos era enorme, sendo os brancos, real ou oficialmente, os senhores, e os negros, real ou oficialmente, os escravos. Os portugueses, contudo, eram um povo que havia passado pela dominação dos mouros, uma raça de tez escura, mas que era superior à raça branca em vários aspectos de sua cultura moral e material; por conseguinte, embora eles mesmos pudessem ser brancos e até de tipo pronunciadamente alourado, fazia muito tempo que haviam criado o hábito de descobrir nos povos de cor [...] pessoas, seres humanos, que eram irmãos, criaturas e filhos de Deus com quem se podia confraternizar, e tudo isso, desde os primeiros anos da colonização, tendeu a abrandar o sistema.[1]

A longa citação acima, extraída do clássico *Casa-Grande & Senzala*, de Gilberto Freyre, destaca a variante brasileira do modelo ibérico da excepcionalidade racial[2], que durante muito tempo foi ignorada pelos brasilianistas e latino-americanistas. A variante brasileira, pontuada pelo mito da democracia racial, aparece em sua forma mais elaborada em *Casa-Grande & Senzala*, em *Sobrados e Mocambos* e em outros trabalhos de Freyre.

A visão de Freyre foi decisiva para o desenvolvimento do mito da democracia racial. No entanto, a excepcionalidade racial, enquanto constructo ideológico mais amplo das elites escravocratas e republicanas, sobreviveu à democracia racial como forma ideológica. A formação de uma ideologia da excepcionalidade racial é um pré-requisito para a compreensão da política racial no Brasil. Minha conceituação da excepcionalidade racial reflete uma tentativa de explicar a sutil transição ideológica da crença corriqueira de que o Brasil é um país sem antagonismos raciais para um reconhecimento limitado do preconceito racial, da discriminação e da subordinação como traços da vida brasileira, embora mantendo a crença de que, comparado a outras organizações sociopolíticas multirraciais, o Brasil é, de fato, uma sociedade mais tolerante em termos raciais e culturais. A importância dessa transição se evidenciará no capítulo 6, numa análise das comemorações do centenário da Abolição, em 1988, quando houve uma franca refutação do mito da democracia racial, aliada à repressão governamental da oposição afro-brasileira nos eventos comemorativos.

Este capítulo tem quatro objetivos gerais. O primeiro é realçar a excepcionalidade racial brasileira como precursora e fundamento da democracia racial. Em segundo lugar, os antecedentes históricos da democracia racial brasileira serão avaliados em sua influência na historiografia das relações raciais brasileiras. A terceira tarefa é uma leitura crítica da elaboração do mito da democracia racial por Gilberto Freyre, para demonstrar a legitimação e o enraizamento do credo excepcionalista na cultura "superior" e "inferior" do Brasil na década de 1930, a despeito da dinâmica racial assimétrica que vinha evoluindo simultaneamente.

O último objetivo deste capítulo é mostrar o elo entre o mito da democracia racial, a lógica da excepcionalidade racial e as consequências sociais disso para os brasileiros negros: a disjunção entre a ideologia do liberalismo conservador e a realidade de opressão simbólica e material dos negros pelos brancos. A excepcionalidade racial e a democracia racial serão então situadas no contexto da desigualdade racial no Rio de Janeiro e em São Paulo. Embora muito se tenha escrito a respeito da democracia racial enquanto barreira peculiar que se ergue contra a discussão e a resolução da discriminação racial no Brasil, praticamente não houve nenhuma elaboração teórica das implicações dessa democracia racial sobre a política racial mais contemporânea, na qual o próprio mito de tal democracia foi refutado até pelas elites brancas, no nível do Estado e da sociedade civil (ver capítulo 6).

Essa última tarefa é uma tentativa de sublinhar o caráter inter-relacionado e interdependente das formas culturais e estruturais da desigualdade. As ideologias raciais do Brasil em geral, e do Rio de Janeiro e São Paulo em particular, não são mero reflexo das relações desiguais entre assalariados e patrões, mas um parafuso das engrenagens de um processo hegemônico que distribui privilégios econômicos, políticos e culturais de acordo com a raça. Embora a classe social e o sexo sejam fatores decisivos na distribuição dos privilégios, as diferenças raciais serão enfatizadas, a fim de que seja ressaltado seu papel, anteriormente desprezado, como árbitro das formas culturais e materiais de marginalização.

A Excepcionalidade Ibérica: Racialismo e Racismo Com Outro Nome

Um dos mitos mais duradouros acerca do colonialismo ibérico na América Latina é o suposto reconhecimento da humanidade dos povos de origem africana então sob domínio espanhol e português, que teria contribuído para reduzir o rigor dos padrões de interação racial nas nações que um dia fizeram parte desses impérios. Comparada à dos Estados Unidos, a dinâmica racial de outras partes do Novo Mundo afigura-se branda. Em muitas regiões da América Latina, da América Central e do Caribe, existem mitos sobre relações raciais harmoniosas entre populações europeias e populações de origem africana e nativas.

Em boa parte da bibliografia relativa às relações raciais nessas regiões, o colonialismo ibérico[3] tem sido citado como um fator preponderante no abrandamento da aspereza das relações entre senhores e escravos durante os séculos xviii e xix. Carl N. Degler, em *Neither Black Nor White*, e outros estudiosos latino-americanistas de uma geração anterior citaram as tendências incorporadoras do catolicismo, a presença dos mouros na história e na cultura ibéricas e os índices mais altos de alforria de africanos escravizados como fatores que contribuíram para a relativa inexistência de uma animosidade racial entre brancos e não brancos, ou, mais especificamente, para a inexistência de um ódio racial pelos ex-escravos.

Por sua vez, muitos intelectuais e estadistas latino-americanos afirmaram que os padrões estadunidenses de relações raciais eram exclusivos da cultura do norte, com sua dominação inglesa. Os nacionalismos latino-americanos, em contraste, teriam fundido com sucesso as identidades raciais e nacionais, a ponto de o nacionalismo haver suplantado o racialismo ou o racismo. Isso praticamente eliminou a possibilidade de que as pretensas diferenças raciais servissem de base para a discriminação ou a organização, o casamento ou qualquer mecanismo social em que a raça pudesse ser usada como princípio organizador.

Por essas razões, os Estados Unidos foram vistos como a exceção aos processos de amalgamação e assimilação raciais do resto da América. Essa duvidosa exceção foi fonte de orgulho nacional para muitos intelectuais importantes da América Latina, como José Martí em Cuba, José Vasconcelos no México, e Gilberto Freyre no Brasil, que vislumbraram a possibilidade de uma terceira via entre o feudalismo europeu e a segregação racial estadunidense: sociedades que utilizassem a miscigenação racial como base biológica da harmonia social entre as raças.

No fim do século xix e início do século xx, muitos intelectuais latino-americanos viram-se às voltas com o profundo impacto do pensamento positivista nos discursos acadêmico e político de seus países, numa tentativa de desacreditar as teorias concernentes à inferioridade das raças negra e parda, as quais, se fossem verdadeiras, relegariam todas as nações latino-americanas à condição de países de segunda categoria, como nações de raças mestiças e indiscriminadas. Vasconcelos e Freyre empenharam-se no que Nancy Stepan, em *The Hour of Eugenics*, caracterizou como "miscigenação construtiva": a tentativa de subverter a imagem negativa da mistura racial, no pensamento positivista, transformando-a em atributo da construção nacional. Freyre imaginou uma meta-raça (*além-raça*), surgida da mistura racial, que seria superior às produzidas no Velho Mundo. Vasconcelos expôs a visão de uma raça cósmica (*raza cósmica*), com um resultado semelhante: a criação de uma raça de pessoas que combinariam o intelecto dos europeus com a sensualidade e a adaptabilidade dos africanos e dos indígenas americanos.

Na década de 1940, o México havia se tornado um modelo para o restante da América Latina, em matéria de "resolução" das tensões e preconceitos referentes às populações nativas[4]. Nenhuma outra nação foi tão bem-sucedida na celebração e integração do indigenismo na cultura popular nacional, ainda que outras, como o Peru, houvessem tentado. Inversamente, Martí enfatizou o papel da luta revolucionária, durante a Guerra da Independência (1868-1878), na fusão de brancos e negros numa raça superior: a raça "cubana"[5].

No entanto, existem em todos esses países provas históricas de intensos sentimentos racistas e de práticas discriminatórias, não apenas contra as pessoas de ascendência africana, mas também contra índios, asiáticos, judeus e outros povos. No México, essas práticas incluíram desde a manutenção de certos padrões de beleza e estética até a política de imigração antichinesa[6]. Em Cuba, a guerra racial de 1912, na província de Oriente, evidenciou as tensões raciais fervilhantes que acabariam irrompendo num conflito violento, a despeito da "unidade nacional"[7]. No Brasil, como veremos adiante, o abismo entre a retórica e a realidade da interação racial era igualmente profundo.

Em suma, os discursos da excepcionalidade racial têm pouca semelhança com as realidades das desigualdades raciais na região, mas essa disjunção não é o que eles têm de mais importante. Sua importância reside em sua repercussão no senso comum e nos debates, na retórica e na política social das elites. Eles são repletos de preconceitos, tendenciosidade e ideias preconcebidas a respeito da situação e do papel dos diversos grupos raciais e étnicos.

Uma olhadela na escassa bibliografia sobre as pessoas de ascendência africana na América Latina possibilita a visualização dos discursos da excepcionalidade racial vigentes na Venezuela[8], na Argentina[9] e em outras nações. Dado o foco do presente estudo, as implicações mais amplas da excepcionalidade racial para a América Latina não serão examinadas aqui. Já as implicações conceituais para o estudo da evolução da excepcionalidade racial no Brasil são exemplificadas na suposição corriqueira, tanto de brasileiros quanto de não brasileiros, de que, mesmo já não podendo ser considerada uma democracia racial, o Brasil não é um país racista, porque seus problemas raciais diferem daqueles dos Estados Unidos. A forma supostamente mais benigna da escravidão brasileira, aliada à pretensa familiaridade psicológica entre os colonizadores portugueses e seus escravos africanos, contribuiu para a relativa ausência de discriminação e conflito raciais. Essa ausência relativa foi algo que Gilberto Freyre e outros brasileiros viram com orgulho.

Em consequência disso, as múltiplas formas assumidas pelo racismo no Brasil foram negadas ou consideradas idiossincráticas. Ainda que a acentuada celebração da "africanidade" do Brasil distinga esse país de todos os outros da América Latina, o tratamento que ele deu à sua população de origem africana foi semelhante ao dos demais em vários aspectos. Primeiro, houve a institucionalização de práticas de discriminação racial nas políticas de imigração e de educação nacional, a disseminação de imagens negativas das pessoas de ascendência africana e a imposição de uma estética e uma cultura popular latino-americanas que idealizavam as tradições intelectuais e culturais da Europa. Explícita e implicitamente, essas práticas discursivas e não discursivas denegriram os afro-brasileiros e se concentraram em seus traços essenciais. O discurso da elite e o do povo difundiram uma ideologia de harmonia e excepcionalidade raciais como dados integrantes da identidade nacional. No nível do Estado, a política social procurou mascarar ou minimizar as diferenças raciais. A consequência mais nociva disso, entretanto, é a incapacidade de muitos cidadãos brasileiros de identificar quaisquer problemas raciais, bem como o não reconhecimento de que de fato existem no Brasil problemas específicos de discriminação, violência e desigualdade raciais.

Antecedentes Históricos: Escravidão, Democracia e Lógica Cultural

A ideologia da democracia racial brasileira, surgida da versão da excepcionalidade racial do Brasil, foi gerada na primeira parte do século XIX, em resposta à onda abolicionista que aos poucos se avolumou em todas as sociedades escravocratas do Novo Mundo. O Brasil, como colônia e como república, teve o mais longo sistema escravagista do Novo Mundo, desde o século XVI até o ano de 1888. Foi duramente criticado pela Grã-Bretanha, Estados Unidos e outras repúblicas por seu término relutante da instituição da escravatura e do comércio relacionado a ela, o tráfico de escravos.

As elites brasileiras, embora ansiosas por responder às críticas, não queriam desfazer-se tão facilmente dessa instituição peculiar, pois, ainda em meados do século XIX, não se havia instaurado com firmeza um novo modo de produção. Conrad, em sua valiosa história documental da escravidão negra no Brasil, observa:

> À medida que os movimentos antiescravagistas dos Estados Unidos e da Grã-Bretanha começaram a chamar a atenção do

mundo para os horrores de seus sistemas escravocratas nacionais e coloniais, nas décadas que se seguiram à Revolução Americana [...] o mundo luso-brasileiro começou a fazer sua campanha sistemática, interna e no exterior, para defender e desculpar a escravidão e o comércio negreiro.[10]

As elites antiabolicionistas brasileiras, que incluíam o representante da Igreja Católica, começaram a fabricar imagens favoráveis da escravatura no país para consumo externo, especialmente para o público britânico, "para inglês ver". Internamente, essa tática foi empregada por historiadores e literatos brasileiros influentes que sugeriram, num ou noutro momento, que a escravidão era menos dura no Brasil do que noutras sociedades escravagistas. Alguns chegaram a sugerir que as condições de vida dos escravos brasileiros eram superiores às do operariado em alguns países europeus.

As imagens elitistas da escravidão como benéfica e da abolição como desnecessária tiveram grande sucesso fora do Brasil. Já em 1850, o ministro britânico no Brasil, um certo William Christie, observou que "os *agentes brasileiros* têm conseguido, creio eu, causar a impressão de que os escravos são muito bem tratados no Brasil. Durante muitos anos, o público inglês em geral teve diante de si pouco ou nada além de *imagens lisonjeiras dos agentes brasileiros*"[11].

À parte o tom conspiratório de Christie (agentes!), essa citação dá uma indicação dos primeiros esforços das elites brasileiras no sentido de promover uma imagem do Brasil mais benigna do que aquela que se depreenderia de suas relações sociais reais. Com isso, a difusão da imagem de um paraíso racial no país internacionalizou o mito da democracia racial, dando ao Brasil uma "cláusula de retratação" da crítica às relações raciais até a década de 1950.

Para os defensores do tráfico de escravos no Brasil, essa lógica foi atraente por causa de suas contradições, e não apesar delas. Proporcionou uma confluência da penúria com o paternalismo, uma fundamentação cultural para seus interesses materiais, que manteve afastada a abolição até que um novo modo de produção, inclusive com uma nova classe subalterna, pudesse substituir a escravatura. Assim, apesar de suas afirmações acerca da sociedade escravagista brasileira, as elites que lançaram originalmente a ideia de que o Brasil era uma exceção à terrível pobreza absoluta da sociedade escravocrata criaram um precedente importante que, até a década de 1950, iria caracterizar os discursos acadêmico e social sobre a desigualdade racial no Brasil. As elites favoráveis à escravidão disseminaram com sucesso uma imagem da sociedade e da cultura brasileiras que, apesar de inverídica, havia se tornado parte do folclore nacional e internacional. Naturalmente que isso era propaganda, sobretudo quando contraposto à historiografia revisionista de Robert Edgar Conrad, em *Children of God's Fire* e *The Destruction of Brazilian Slavery, 1850-1888*, Carl N. Degler, em *Neither Black Nor White*, Richard Graham, em *The Idea of Race in Latin America*, Clóvis Moura, em *Quilombos, Resistência ao Escravismo*, e outros. Esses estudiosos refutaram, de maneira convincente, os estudos anteriores que afirmavam haver no Brasil uma sociedade escravocrata menos perversa e uma afinidade natural com os povos de tez mais escura. A "confraternização" a que Freyre aludiu pode ser explicada pela escassez de mulheres portuguesas na colônia[12]. O adiamento da abolição por parte da elite pode ser atribuído não às condições idílicas em que labutavam os escravos brasileiros, mas ao começo relativamente tardio do desenvolvimento capitalista liberal-democrata no Brasil, em comparação aos Estados Unidos ou à Grã-Bretanha.

Através da avaliação comparativa dos sistemas escravagistas dos Estados Unidos e do Brasil, Degler, Davis e Emília Viotti afirmaram que, na verdade, a escravidão brasileira foi mais dura do que o sistema estadunidense. Os índices de mortalidade dos escravos eram mais elevados no Brasil do que nos Estados Unidos. Os senhores de escravos achavam menos dispendioso importar mais africanos do que dar à população escrava os meios necessários para que ela se reproduzisse, donde era menor o incentivo a que se cuidasse dos escravos no Brasil. As medidas tomadas com vistas à abolição, por exemplo, foram, na melhor das hipóteses, ambíguas. Embora a Lei do Ventre Livre, por exemplo, assinada em 1871, tenha libertado os filhos de escravos nascidos no Império a partir daquela data, permitiu que os senhores de escravos conservassem essas crianças até os 21 anos de idade, a título de pagamento pelo custo de sua manutenção. E todos os nascidos antes dessa data continuaram a ser escravos[13].

Houve outras ambiguidades na escravidão racial no Brasil. Em 1871, dezessete anos antes da Abolição, o estado de São Paulo tinha mais negros alforriados do que escravos[14]. Os escravos brasileiros eram alforriados em número maior do que nos Estados Unidos. No entanto, mesmo durante o período colonial brasileiro, os negros libertos qualificados (homens de ganho) eram desestimulados a estabelecer rotas de comércio regulares e relações comerciais, por leis e práticas informais concebidas pelos portugueses para desencorajá-los a ter uma participação efetiva na competição com os brancos no comércio e mão de obra[15].

Além disso, as preocupações com a "pureza do sangue" desmentem as suposições de que os portugueses eram desprovidos de sentimentos racistas, como levaram a crer os estadistas e intelectuais brasileiros. O estudo de Tucci Carneiro sobre os judeus convertidos ao catolicismo no Brasil documenta a existência de preconceitos antissemitas e antimouros, na Espanha e em Portugal, já no século XV. Esses sentimentos, que se transformaram em editos e pactos contra judeus, africanos e outros povos de "sangue impuro", foram posteriormente estendidos ao Novo Mundo, como parte do processo da expansão colonial espanhola e portuguesa. Tucci Carneiro observa que as leis discriminatórias contra os mouros e os judeus existiram na legislação portuguesa até 1774[16], enquanto a legislação especificamente discriminatória contra negros e mulatos surgiu em 1671 e durou até o século XIX. Curiosamente, Tucci Carneiro encontra a primeira manifestação de sentimentos antissemitas em Portugal por ocasião da adoção portuguesa de uma política de conversão forçada dos judeus em "cristãos-novos", não muito depois da Inquisição espanhola. Esses preconceitos – e, consequentemente, a legislação colonial que os institucionalizou – foram transferidos para o Brasil com a chegada dos portugueses.

Sob esse aspecto, nem Portugal nem a Espanha foram fundamentalmente diferentes de seus equivalentes da Europa central e setentrional, na disseminação de sentimentos e práticas racistas em suas colônias do Novo Mundo. E, o que é mais importante, Tucci Carneiro afirma que os judeus, os cristãos-novos, os mouros, os mulatos, os índios e outros grupos raciais e étnicos

> enfrentaram uma série de barreiras que impediam a ascensão social, fazendo-os serem considerados verdadeiros párias [...] A separação social entre os de "sangue puro" e os "contaminados" deu ao sistema político recursos para criar um vocabulário que, quando aplicado ao discurso, conferiu à legislação portuguesa um caráter racista[17].

Isso oferece fartas indicações de que a experiência cultural ibérica não foi muito diferente da de outras civilizações europeias, no que concerne à tolerância para com as diferenças religiosas, raciais e étnicas. O que distinguiu a Espanha e Portugal foi a incapacidade de se manterem nas grandes alianças da sofisticação e da competição imperialistas, ao lado da França e da Grã-Bretanha, e sua resposta culturalmente conservadora ao Iluminismo. Nenhum dos dois conseguiu fazer com sucesso a transição do mercantilismo para o capitalismo industrial, empecilho este que iria relegá-los, juntamente com a Itália, ao papel de coadjuvantes secundários no processo de expansão industrial global.

A história do colonialismo português, no Brasil e na África lusitana, sugere que seu subdesenvolvimento, o atraso de seu setor privado e "a impossibilidade de arcar com os custos da infraestrutura administrativa e militar da expansão colonial"[18] impuseram a necessidade de uma interação mais direta entre colonizadores e colonizados. Como observou Perry Anderson, os portugueses, ao contrário das outras grandes potências coloniais, não possuíam empresas de navegação que executassem suas ordens fora da metrópole e precisavam apoiar-se maciçamente no poderio militar para manter sua dominação.

Em consequência desse colonialismo aberrante, os países da África lusitana situaram-se entre os últimos a ser descolonizados, pois Portugal lutou com afinco por sua condição de império, muito depois de as outras nações imperialistas haverem fomentado a independência ou terem sido obrigadas a concedê-la. Como observou McCulloch (1983), Portugal simplesmente não podia *arcar* com a perda de suas colônias africanas. O custo da descolonização era maior do que os lucros marginais trazidos pelo colonialismo. Dada a situação periférica do país na economia política internacional, não havia nenhum esquema lucrativo, em plano nacional ou internacional, que pudesse substituir as relações coloniais.

Unindo essas duas épocas e estilos de dominação distintos, entretanto, predominaram as explicações "culturais" para justificar o adiamento da abolição e da independência nacional. A relativa falta de poderio econômico e geopolítico exigiu um aumento da interação humana entre colonizadores e colonizados. A forma assumida por essa interação dependeu das circunstâncias históricas. No caso de Angola, Guiné-Bissau e Moçambique, as teses relativas à natureza mais cordata dos portugueses explodiram na brutalidade das guerras de independência[19]. No Brasil, a passagem da monarquia para a república não foi nem de longe tão tumultuada, permanecendo o poder nas mãos dos grandes senhores de terras que, na verdade, transformaram-se na "nova" elite[20].

A razão da apresentação desse retrato contraditório do colonialismo português é sugerir que existem fatores *estruturais* capazes de ajudar a explicar as peculiaridades do colonialismo português e de seus resíduos culturais no Brasil, peculiaridades essas que assumiram formas mais pessoais e menos mediadas do que noutros contextos coloniais, durante a era da expansão ocidental para a África e a América Latina. Embora as modalidades características da interação racial nas sociedades lusófonas possam ser explicadas em termos da cultura, esses padrões de interação racial nasceram de certas limitações materiais.

As refutações acadêmicas contemporâneas da democracia e da excepcionalidade raciais são uma coisa; outra, bem diferente, no entanto, é a popularidade do mito da democracia racial. A internacionalização desse mito da democracia racial atingiu, já no início da década de 1920, outros povos descendentes de africanos em outras partes do hemisfério. Para os afro-americanos com uma visão hemisférica, o Brasil representava o ponto ideal de comparação para os estudiosos das relações raciais – um grande país do Novo Mundo, com uma expressiva população de ascendência africana, que tinha melhores relações raciais do que os Estados Unidos. Os historiadores negros estadunidenses que tentavam descrever a experiência de outros negros no Novo Mundo observaram essa pretensa diferença no tratamento dos afro-brasileiros. Numa análise comparativa da escravidão racial brasileira e estadunidense, Mary Wilhelmine Williams escreveu, em 1930, que

> a farta hospitalidade dos brasileiros, que melhorou a situação dos negros durante a escravatura e os poupou de se transformarem numa ameaça ao serem libertados, também permitiu que o Brasil escapasse de um problema permanente com os negros – com seus ódios e discriminações, seus tumultos e linchamentos –, como o que perturba seu vizinho do norte. No Brasil, o sangue de negros e brancos mistura-se livremente e não há nenhuma tentativa de impedir essa fusão. Enquanto isso, os dois povos em miscigenação cooperam pacificamente no sentido de construir o destino da República, com cada indivíduo dando a contribuição que suas aptidões lhe permitem, sem ser cerceado pelo acidente da raça[21].

Os afro-americanos dos Estados Unidos que tiveram a oportunidade de visitar o Brasil (e que o fizeram com base na reputação do país) ajudaram a propagar o mito de um paraíso racial. Num estudo sobre as "visões afro-estadunidenses das relações raciais no Brasil"[22], David J. Hellwig assinalou a predominância de críticas favoráveis ao Brasil nesse segmento da população afro-estadunidense. As pessoas viajavam ao Brasil e voltavam com elogios arrebatados, que eram devidamente registrados na imprensa negra. Desde a virada do século XIX até a década de 1940, eminentes líderes negros, como Booker T. Washington e W.E.B. DuBois, escreveram em termos positivos sobre a experiência negra no Brasil, em contraste com os Estados Unidos. O nacionalista negro Henry McNeal Turner e o jornalista radical Cyril Biggs, dos Estados Unidos, defenderam a emigração para o Brasil como um refúgio da opressão em sua terra natal[23].

Essas imagens positivas das relações raciais brasileiras exerceram grande influência em estudiosos estadunidenses como Frank Tannenbaum, que mais tarde ampliaria a tese do paraíso racial em seu livro clássico, *Slave and Citizen*. Não é exagero sugerir que toda uma geração de estudiosos, bem como aqueles que leram seus textos, aderiu a alguma variação do tema da democracia racial, a tal ponto que as visões contraditórias sobre esse nirvana racial eram comumente recebidas com ceticismo e refutações ferozes, tanto no meio acadêmico quanto no discurso mais popular[24].

Gilberto Freyre foi muito influenciado por esse discurso popular, que emergiu com vigor durante os anos da Primeira República (1889-1930), e procurou enfatizar as variações regionais da cultura brasileira, especialmente no Nordeste. Essa ênfase contrastou com os esforços de modernistas brasileiros como Mário de Andrade, que via o modernismo brasileiro como uma tentativa de desregionalizar o Brasil através de uma língua comum – um português coloquial, com uma inflexão de barroco. Ele também rejeitou as explicações eugenistas de Nina Rodrigues e, em lugar delas, buscou uma trajetória cultural da possível evolução de uma sociedade brasileira composta de povos indígenas, africanos e europeus brancos. Freyre tomou as "realidades da vida social brasileira", isto é, a escassez de mulheres brancas e a abundância controlada das nascidas na África, e as recompôs num cenário que sugeria que a "casa grande" do senhor de escravos foi palco de uma sociedade racialmente igualitária, desconhecida do Novo Mundo:

> A escassez de mulheres brancas criou zonas de confraternização entre conquistadores e conquistados, senhores e escravos. Embora essas relações entre homens brancos e mulheres de cor não deixassem de ser relações de "superiores" com "inferiores", e, na maioria dos casos, de fidalgos desiludidos e sádicos com escravas passivas, elas foram mitigadas pela necessidade que muitos colonos sentiam de criar família [...] A miscigenação, largamente praticada, tendeu a modificar a enorme distância social que se haveria preservado, não fosse por isso, entre a casa grande e a senzala. O que a monocultura latifundiária baseada na escravidão conseguiu fazer pela criação de uma aristocracia, dividindo a sociedade brasileira nos extremos opostos de pessoas bem nascidas e escravos, com um remanescente exíguo e insignificante de homens alforriados espremido entre os dois, foi anulado, em grande parte, pelos efeitos sociais da miscigenação [...]; a índia [...] ou a negra. e depois a mulata, a neta e a bisneta de negros que se tornaram criadas, concubinas e até esposas legítimas de senhores brancos, exerceram uma poderosa influência em prol da democracia social no Brasil.[25]

Se é que existiram, essas "zonas de confraternização" foram demarcadas no campo do erotismo, especificamente nos desejos dos homens brancos que eram senhores de escravos. Os homens negros ou de tez escura e as mulheres brancas ficam fora desse cenário. Também ausente dele fica qualquer possibilidade de que as chamadas zonas fraternas deixassem de ser espaços de uma intimidade bruta, nos quais as relações entre senhor e serva estruturavam-se numa relativa liberdade de escolha por parte do dono das terras e numa relativa falta de escolha por parte da escrava. Serva, nesse caso, tem uma conotação dupla, que tanto se relaciona com o trabalho quanto com a função sexual[26].

Seja na voz do antropólogo influenciado por Boas, seja na do privilegiado filho varão de fazendeiros pernambucanos, a mistura racial de Freyre não é um acidente histórico espontâneo, mas uma mescla orquestrada pelos varões do grupo social dominante. Na reconstrução freyriana do Brasil pré-industrial, a miscigenação ocorre, a princípio, apenas entre homens brancos possuidores de terras e mulheres de grupos sociais indígenas e escravizados, e nunca entre homens escravizados e mulheres brancas. Portanto, seja qual for o grau de humanidade que Freyre infira dessas relações, elas eram, objetivamente, relações de dominação e subordinação entre possuidores e possuídos, nas quais os papéis raciais e sexuais eram transformados em mercadoria, conforme as preferências e escolhas dos senhores de escravos.

No entanto, Freyre leva ainda mais longe sua miscigenação seletiva, ligando-a, no fim do trecho citado, ao surgimento da democracia social no Brasil. Isso dá uma nova ressonância à ideia de um "efeito em cascata" do liberalismo econômico e filosófico, pois é exatamente isso que Freyre sugere no fim da citação: a união sexual entre homens brancos e mulheres não brancas teve um efeito socializador na composição das famílias, na transmissão dos bens e na própria redistribuição da terra, da propriedade e do capital no Brasil. Enquanto, normalmente, os negros e outros povos eram excluídos dessa interação e desse compartilhamento com os proprietários brancos em outras sociedades escravocratas, no Brasil eles foram *integrados* na economia nacional, constituindo um componente realmente vital do padrão das relações humanas na colônia.

Na verdade, a composição racial do Brasil trouxe consternação para muitas elites brasileiras. Thomas Skidmore, em *Black Into White*, Robert M. Levine, em *The Vargas Regime: The Critical Years, 1934-1938*, e Emília Viotti da Costa, em *The Brazilian Empire*, observaram que os positivistas comtianos e os eugenistas, parceiros na alquimia social, confrontaram as elites brasileiras com suas próprias formulações racistas. Se o Brasil pretendia ser moderno, não conseguiria, com a coloração não branca de seu povo, ser como a Europa. Alguns intelectuais do país, como Nina Rodrigues, viam a presença africana no Brasil como um obstáculo ao desenvolvimento nacional, e advertiram os brasileiros sobre os perigos que a mistura racial representava para o progresso da nação[27].

Os políticos e legisladores brasileiros deram uma resposta a essa preocupação. O decreto de imigração nacional de 1890 incluiu uma cláusula que impedia os africanos e asiáticos de entrarem livremente no país, para garantir que o Brasil, com sua economia impulsionada pela produção cafeeira, não viesse a atrair não brancos[28]. Essa cláusula vigorou até 1902. O barão do Rio Branco, ministro do exterior do Brasil de 1902 a 1912, procurou promover uma imagem mais branca do país no exterior, enchendo seu corpo diplomático "de homens brancos a quem os estrangeiros considerassem civilizados e sofisticados – para reforçar a imagem de um país europeizado, que ia ficando cada vez mais branco"[29].

Esses atos políticos foram manifestações do que se denominou de "ideal de embranquecimento", encontrado em diversos países da América Latina e do Caribe, mas em parte alguma de maneira tão explícita quanto no Brasil. Uma nova raça de pessoas mulatas seria criada pela conjunção de descendentes de africanos e europeus, combinando os melhores atributos de ambos para criar uma raça intelectualmente sofisticada, mas sensual, de pessoas não negras nem brancas, porém brasileiras. Os atributos intelectuais viriam, é claro, dos de sangue europeu; os sensuais seriam africanos, naturalmente. A população indígena serviria para aprimorar esse processo.

Ao mesmo tempo, houve um reconhecimento de que as pessoas de ascendência africana não desapareceriam por completo. A correlação normativa entre a ascensão social e a brancura foi o reconhecimento da impossibilidade de uma exclusão integral dos negros e mulatos das posições de poder e *status*. Também os negros poderiam ser brancos, se tivessem riqueza ou posição social suficientes. Os exemplos dessa atitude, ao lado do desprezo pelas pessoas não brancas, são abundantes nos relatos históricos da vida do Brasil colonial, monárquico e republicano[30].

A despeito da realidade histórica, o cenário idílico de Freyre tornou-se a base do autorretrato do Brasil na segunda metade do século XX[31]. Nesse aspecto, a visão de Freyre não deve ser entendida meramente como uma visão da raça e da diferença racial, mas como um subconjunto de um projeto nacional de liberalismo conservador, complementado pelo paternalismo e pelas relações de clientelismo que têm marcado a sociedade e a cultura brasileiras, desde os tempos coloniais até hoje.

Segundo o luso-tropicalismo de Freyre, o Brasil não seria enfraquecido por sua pluralidade racial, mas fortalecido por ela. Como observou Emília Viotti da Costa, os defensores do luso-tropicalismo "descartaram dois dos principais pressupostos das teorias racistas europeias: o inatismo das diferenças raciais e a degeneração dos sangues misturados"[32]. Nesse aspecto, Freyre deve ser considerado revolucionário; em vez de sentir repulsa pela perspectiva de um país de mestiços, celebrou essa possibilidade. Ao mesmo tempo, a rigorosa crítica freyriana à raça "africana" monolítica, que fora depreciada por Rodrigues e outros, desencadeou toda uma geração de estudos e de interesse popular pela diversidade das práticas e dos resíduos culturais africanos no Brasil. As investigações genealógicas sobre os angolanos, nagôs, bantos e outras populações africanas do Brasil comprovaram que os africanos não eram uma "raça" única. A África era um continente com algumas civilizações mais avançadas que a dos portugueses em matéria, por exemplo, de mineração e metalurgia – duas áreas que permitiram que os portugueses acumulassem fortunas no Brasil à custa de seus escravos.

Sempre houve, entretanto, uma aceitação implícita dos termos do debate proposto pelos eugenistas e positivistas brasileiros. Como foi observado no capítulo 1, a preocupação dos eugenistas com os tipos e categorias raciais, e não com os grupos raciais e suas interações, foi transposta para a democracia racial de Freyre.

A maneira como ele catalogou as diversas misturas raciais no Brasil, em particular os mulatos, tem implicações mais fenotípicas do que sociais. Mulatos, caboclos, cafuzos, zambos e outros fenótipos raciais aparecem como descendentes isolados, e não como membros de grupos em interação com outros.

Entretanto, isso também se enquadra no esquema da excepcionalidade racial. Sem uma análise das interações grupais, não se pode fazer nenhuma afirmação a respeito das desigualdades entre os grupos. A discriminação de uma mulher de tez escura com base em sua cor, por exemplo, só pode ser concebida no nível dos fenômenos individuais ou isolados. Inversamente, a ascensão social de um punhado de negros, mulatos e pardos a posições de elevado *status* social é vista pelos adeptos da doutrina da excepcionalidade racial como uma confirmação da democracia racial brasileira. Até um historiador sagaz da escravização racial, como Eugene Genovese, aceitou largamente essa tese, como se evidencia em sua análise comparativa das sociedades escravocratas do Novo Mundo[33].

Da primeira para a segunda dessas posições, há uma inversão da lógica; quando o racismo aparece, ele é tratado como uma aberração que não compromete a premissa social mais ampla. Essa lógica se inverte quando se consideram os exemplos de mobilidade social: a elevação do *status* de alguns indivíduos é um bom augúrio para a democracia racial como um todo.

Em seus próprios termos, a democracia racial mostrou-se repleta de contradições. A mulata passou a ser um ideal sexual; o mulato ou negro, não. Os brancos, é claro, em particular os varões, sim. Tal como os movimentos surrealista e fauvista, na Europa do início do século xx, o luso-tropicalismo de Freyre recolocou os brancos de classe média, alienados pelo eurocentrismo, no centro de um panteão cultural alternativo. Ainda que Freyre tenha visto o luso-tropicalismo como uma resposta regionalista e tradicionalista à modernização e à industrialização, seu movimento continuou a refletir a angústia histórica das elites brasileiras diante de seus ideais europeus e suas realidades afro-brasileiras.

A visão de Freyre, assim como a rearticulação dela na sociedade brasileira por seus cidadãos, representa o segundo antecedente da excepcionalidade racial. Tal como o primeiro momento, que envolveu os defensores da escravidão, o segundo fornece uma explicação altamente normativa dos padrões de desigualdade social, explicação esta que se baseia nos interesses e desejos específicos dos grupos. O que distingue a segunda postura, entretanto, é a elevação de uma lógica cultural ao plano da ciência social e, em última instância, sua reinserção nos contraditórios sistemas de crenças e práticas sociais da vida cotidiana, numa época e num modo de produção diferentes. A nova intelectualidade brasileira, na condição de intelectuais da classe dominante, soube apoderar-se dos termos do discurso racial de modo que suas interpretações e preocupações de grupo fossem tomadas pelas da sociedade brasileira como um todo. Essa transformação do específico no geral é o que Gramsci chamou de "universalidade" – o processo pelo qual a *intelligentsia*, como vanguarda política e ideológica das classes dominantes, garante sua legitimidade político-cultural na sociedade civil.

Desde a publicação original de *Casa-Grande & Senzala* até quase o fim da década de 1970, a excepcionalidade racial e a democracia racial enraizaram-se no discurso da ciência social e nas visões leigas das relações raciais no Brasil. Isso se deu apesar das provas que sugeriam padrões de dominação e subordinação irredutíveis ao "problema social", ou seja, às consequências da pobreza.

Do Mito à Consequência: O Surgimento da Hegemonia Racial

O caminho que vai da excepcionalidade racial e da democracia racial até as consequências sociais foi aberto pelo surgimento do discurso da democracia racial na vida cotidiana. Ele se tornou, nas palavras de Gramsci, o sedimento filosófico das interpretações coloquiais das relações raciais brasileiras. Em "O Estudo da Filosofia", que faz parte dos *Cadernos do Cárcere*, Gramsci declarou:

> Toda corrente filosófica deixa um sedimento de "senso comum"; essa é a prova de sua eficácia histórica. O senso comum não é uma coisa rígida e imóvel, mas está em contínua transformação, enriquecendo-se com ideias científicas e opiniões filosóficas que penetram na vida do dia a dia. O "senso comum" é o folclore da filosofia [...] O senso comum cria o folclore do futuro, ou seja, uma fase relativamente rígida do saber popular num determinado tempo e lugar.[34]

A excepcionalidade racial, como principal explicação do senso comum sobre a realidade racial brasileira, tornou-se a prova da eficácia histórica da intelectualidade brasileira, na passagem do século XIX para o XX, em seu trabalho de impedir que a diferença racial se transformasse numa questão de grande peso político e, mais especificamente, de adiar a abolição da escravatura até que se houvesse instaurado um novo modo de produção lucrativo. A democracia racial representa uma fase no desenvolvimento histórico da excepcionalidade racial. Hoje superada, a formulação inicial da excepcionalidade racial foi reinterpretada, negociada e, por fim, alterada ao longo do tempo social, de modo que já não concerne à ausência irrestrita de racismo no Brasil da Monarquia ou do início da República, mas a uma aceitação *restrita* do racismo no Brasil contemporâneo, ainda que em termos individuais e não sistêmicos.

O que resta do sistema de crenças anterior, da democracia racial e das antigas ideias de excepcionalidade racial, é a negação da existência de uma opressão racial *permanente* dos afro-brasileiros. Embora o tempo da escravidão racial e das ideologias e discursos que lhe eram concomitantes tenha-se tornado obsoleto, seu sedimento filosófico foi rearticulado em formas novas e diferentes de opressão racial. E, o que é mais importante, a discussão sobre a raça ainda está por entrar plenamente no campo da política institucional formal, e tem se mantido, predominantemente, nas esferas da cultura expressiva de brancos e não brancos.

Essa, como pretendo argumentar, é a consequência mais profunda da democracia racial. Combinada com as práticas racialmente discriminatórias na educação, no mercado de trabalho e na cultura popular, ela mostra que os negros brasileiros têm estado encerrados num padrão elíptico de opressão racial, no qual as queixas contra as práticas discriminatórias raramente se fazem ouvir e rarissimamente são abordadas pelas elites brasileiras.

Os principais componentes da não politização da raça e do desestímulo à identificação grupal entre os negros são os seguintes: a. a suposição – sobretudo por parte das elites brancas – de que, em virtude da democracia racial, a discriminação racial não existe no Brasil, ou, pelo menos, não no mesmo nível que se observa em países como a África do Sul e os Estados Unidos; b. a reprodução e a disseminação contínuas de estereótipos que subestimam os negros e valorizam os brancos, o que resulta, entre os primeiros, em autoimagens rebaixadas e distorcidas e numa aversão à ação coletiva; c. as sanções coercitivas e a prevenção da dissidência, impostas pelos brancos aos negros que questionam ou ameaçam os padrões fundamentalmente assimétricos da interação racial.

Com o correr do tempo, a interação desses elementos, como sistemas de crença e práticas sociais, passou a situar a diferença racial num campo de não contestação, no qual os papéis sociais dominantes e subordinados de negros e brancos são tomados como a ordem natural das relações sociais. Nas poucas situações em que o conflito racial é claro e inequívoco, os debates sobre a existência de racismo no Brasil superam qualquer discussão sobre atos racistas específicos. Os atos em si ficam sem solução.

Há duas importantes advertências a serem levadas em conta, à luz dessa disjunção entre a crença e a prática social e de sua importância para a discussão da hegemonia racial no Brasil. Primeiro, embora a excepcionalidade racial e a democracia racial tenham sido originalmente geradas pelas elites brancas do Brasil, estas não foram suas únicas propagadoras. Uma vez geradas, essas crenças e práticas assumiram formas radicalmente distintas do enunciado original da excepcionalidade racial como manobra pró-escravagista.

Existe a tentação, que se faz presente nos estudos acerca do poder na interação humana, de demonstrar uma relação causal entre esses aspectos mais normativos da discriminação racial e sua extensão para o local de trabalho, onde as crenças do comerciante ou industrial branco têm um impacto direto naqueles que ele resolve contratar. Esse tipo de investigação do papel da causação nas relações humanas é, invariavelmente, uma busca de determinantes isolados. Neste estudo, as intenções conscientes das elites brancas não bastariam como uma explicação abrangente da dominação e da subordinação. Para começar, essas intenções não explicariam os atos, o conflito intragrupal ou a diversidade de opiniões dos brasileiros negros. As consequências, portanto, e não as intenções, são o foco deste estudo.

Segundo, com os sedimentos de um discurso a respeito da democracia racial inseridos nas relações concretas dos brasileiros, as pessoas trocam, respondem e reagem a essas suposições sobre as relações raciais no país. Em tese, isso poderia ser caracterizado como um processo de "fricção social" (*social rubbing*), no qual as pessoas, como indivíduos representativos, entram em contato com outros indivíduos e grupos da sociedade brasileira. Quando situados nas relações de poder entre brancos e negros, esses sedimentos podem ser descritos como os arranhões causados por choques leves entre brancos relativamente móveis e negros relativamente imóveis, cada qual deixando sua marca no outro. Como numa colisão entre dois automóveis, um estacionado e um em movimento, é o veículo em movimento que inflige maior dano, mas não sem guardar uma impressão externa ou interna do impacto.

Essa é uma metáfora útil para a discussão da hegemonia racial. Ela capta a relativa mobilidade dos brancos em relação aos negros, a influência inegável na cultura afro-brasileira tanto nuns quanto noutros, e as extensas desigualdades entre brancos e negros, que têm manifestações simbólicas, materiais e culturais. As tentativas de explicar e analisar os processos hegemônicos através de termos como *instilação de crenças* e *falsa consciência* são enganosas, não somente por deixarem implícito que as crenças expressas ou o comportamento observável, isoladamente estudados, representam *toda* a consciência de um grupo social, mas também por serem abstrações do campo do social, uma vez que retiram os grupos das raspadelas ou colisões que ocorrem nos contextos sociais.

Agora podemos operacionalizar os três componentes normativos fundamentais da hegemonia racial no Brasil anteriormente indicados, a fim de demonstrar as circunstâncias socialmente forjadas que possibilitam as condições da hegemonia racial.

A Discriminação Racial Não Existe no Brasil, ou, Pelo Menos, Não no Nível em Que Ocorre nos Estados Unidos

Por falta de dados, existem poucos indicadores científicos dos efeitos da raça no comportamento político e social. A maioria das informações disponíveis é de caráter anedótico ou etnográfico, as quais são fontes úteis, mas fornecem apenas uma imagem fragmentada das atitudes, opiniões e inclinações dos brancos e não brancos, uns em relação aos outros.

O estudo que Pierre Van der Berghe e Roger Bastide fizeram da classe média branca em São Paulo, na década de 1970, fornece uma imagem de elites brancas que subscrevem o credo da democracia racial sem, entretanto, praticá-lo. Noventa e dois por cento das pessoas pesquisadas acreditavam na igualdade de oportunidades para mulatos e negros; os sujeitos da pesquisa admitiram pelo menos 75% (23) dos 41 estereótipos apresentados no questionário contra os negros e mulatos. Os estereótipos concerniam, entre outras coisas, à promiscuidade sexual intrínseca dos negros e mulatos, assim como a sua aversão à parcimônia, ao trabalho e à fidelidade. De modo geral, os mulatos se saíram melhor do que os negros, mas com pequenas diferenças percentuais. Por exemplo: 95% dos brancos pesquisados não se casariam com negros, enquanto 87% não se casariam com mulatos. Dos 580 sujeitos da pesquisa, 269 consideraram negros e mulatos igualmente inferiores, 268 manifestaram uma visão mais favorável dos mulatos, enquanto 43 afirmaram que os negros eram superiores a estes[35].

Mesmo admitindo que sua amostra não tinha sido aleatória nem proporcional, Van der Berghe e Bastide afirmaram, em linhas mais gerais, que atitudes como as levantadas permitiam inferir "uma forma extrema de preconceito racial, e não uma preferência estética mais branda pela 'aparência física', como tem sido proposto por alguns estudiosos das relações raciais brasileiras"[36]. Tal como em contextos mais dicotômicos das relações raciais, como a África do Sul, a Grã-Bretanha ou os Estados Unidos, a pesquisa revelou em seus sujeitos uma associação entre preconceito racial e sexualidade que seria "incompreensível, se houvesse apenas um preconceito de classe"[37]. Suas conclusões proporcionam um vislumbre do paradoxo fundamental da excepcionalidade racial: a negação simultânea do preconceito e da discriminação raciais no Brasil e a contribuição para eles.

Na negação e na promoção da discriminação racial no Brasil, é central a fuga da menção à negritude em seu nível mais básico – o fenótipo. Numa análise das construções normativas da cor no discurso cotidiano, a antropóloga Yvonne Maggie, em "O Que Se Cala Quando Se Fala do Negro no Brasil", constatou que os brancos e não brancos raramente se referem aos pretos ou pardos como negros, por medo de insultar alguém. Seu estudo examinou exatamente quem são as pessoas apontadas como negras. De acordo com Maggie, os brasileiros preferem usar descrições que enfatizam as gradações, numerosas e frequentemente arbitrárias, do *continuum* brasileiro da cor, como *escurinho* (negro de tez muito escura) ou *clarinho* (de pele clara), em vez de categorias opostas, como *branco* e *preto* ou *negro* e *branco*. Estas últimas categorias ficam reservadas aos estrangeiros, pessoas mais distantes no contexto social. Nunca são usadas em referência aos amigos ou àqueles com quem se interage diretamente[38].

As constatações de Maggie coadunam-se com a interpretação antropológica mais geral do extenso uso dos diminutivos, no Brasil, como meio de mitigar a distância hierárquica entre as pessoas de *status* social diferente[39]. Esse recurso discursivo, no entanto, não apaga a distinção social *real*. Em vez disso, atenua o impacto potencialmente negativo dos contatos entre membros dos grupos dominantes e subalternos, a "colisão leve" a que nos referimos antes. As distinções hierárquicas, entretanto, estão sempre presentes. O silêncio quanto ao uso de *negro* ou *preto* previne as conotações negativas ligadas a esses termos, além do incômodo vivido pelos afro-brasileiros ao se referirem a si mesmos dessa maneira[40].

Reprodução e Disseminação Contínuas de Estereótipos Que Subestimam os Negros e Valorizam os Brancos, e Que Resultam em Autoimagens Inferiores e Negativas e Numa Aversão à Ação Coletiva Entre os Afro-Brasileiros

A socialização negativa dos brasileiros negros começa nos primeiros estágios do desenvolvimento educacional e persiste por toda a vida adulta. Desde os primeiros anos do ensino formal, os negros confrontam-se com um sortimento de imagens e representações deles mesmos que só podem ser caracterizadas como negativas. Numerosos estudos dos livros didáticos do ensino primário revelam que eles retratam os negros como mais promíscuos no plano sexual e mais agressivos do que os brancos, intelectualmente inferiores a estes e raramente em posições de poder. Os homens negros são comumente representados como tipos musculosos, cheios de energia e força física e com um intelecto reduzido. As negras são retratadas como uma espécie de "supermulher", uma imagem encontrada nas evocações das mulheres de ascendência africana em toda a literatura ocidental[41].

Numa análise do conteúdo de 48 livros didáticos usados pela Secretaria de Educação do Estado de São Paulo entre 1941 e 1975, Regina Pahim Pinto, em sua dissertação *O Livro Didático e a Democratização da Escola*, examinou o modo como uma "sociedade desigual e dividida, mas que profere um discurso de igualdade"[42], reproduz simbolicamente as desigualdades através dos livros didáticos. Levantando a distribuição percentual, Pinto constatou que 34,9% dos brancos representados nesses livros apareciam nas posições profissionais mais elevadas, em contraste com 6,9% dos negros e 22,2% dos mulatos[43]. Inversamente, os negros lideram na representação do trabalho manual não especializado, com 82,9% em contraste com 8,7% e 27,8% de brancos e mulatos, respectivamente.

Além do simbolismo racialista dos livros didáticos e de suas ilustrações, os alunos negros são negativamente socializados por formas sutis de discriminação nas escolas primárias. O estudo de Henrique Cunha Jr., "A Indecisão dos Pais Face à Percepção da Discriminação Racial na Escola Pela Criança", sobre os velhos negros da cidade de São Carlos, a 230 quilômetros da capital do estado de São Paulo, mostra as práticas de exclusão sofridas pelas crianças negras. Elas ficam fora das peças escolares que não precisam de atores negros, são verbalmente insultadas com epítetos racistas por seus colegas de classe brancos e enfrentam outras formas de diferenciação e segregação raciais. Intrigadas com essa reação, e não tendo nenhum conhecimento prévio do preconceito e da discriminação raciais, essas crianças voltam-se para os pais em busca de ajuda. De acordo com Cunha, os pais do proletariado, que têm pouca instrução formal, ficam indecisos, pois creem na ideologia da democracia racial e presumem que as escolas sejam instituições isentas de valores. Em consequência disso, desconfiam das percepções e observações dos filhos. Em contraste, Cunha também observou a tendência de as crianças afro-brasileiras de famílias mais instruídas e economicamente estáveis preverem as formas de discriminação racial na escola e estarem mais preparadas para lidar com elas[44]. Segundo Cunha, os pais que conhecem por experiência a discriminação racial nas escolas são não apenas cognitivamente cônscios de seus problemas e sua dinâmica, como ficam estrategicamente aptos a transmitir esse conhecimento aos filhos.

Os resultados do estudo de Vera Figueira sobre crianças e adolescentes em idade escolar no Rio de Janeiro, negras em sua maioria, desmentiram a premissa que havia gerado a pesquisa: a de que a classe, e não a raça, distinguiria os pobres dos ricos. Dos 309 alunos entrevistados, 82,9% responderam identificando as figuras negras como obtusas, enquanto apenas 17,1% ligaram as brancas à estupidez. Somente 14,3% consideraram feios os brancos, enquanto 85% deram esse rótulo aos negros; 5,8% identificaram as personagens negras como pessoas ricas, ao passo que 94,2% das personagens brancas foram assim identificadas[45]. O estudo forneceu provas adicionais do caráter abrangente das práticas de discriminação racial nas instituições de ensino do Rio de Janeiro. Para começar, o repisamento de situações de socialização negativa nos alunos negros pode resultar na internalização das autoimagens negativas projetadas na sala de aula. O processo de repisamento torna-se ainda mais agudo quando se considera a reprodução dessas autoimagens negativas nas casas e nas comunidades afro-brasileiras. Isso ressalta o fato de que os afro-brasileiros, nas áreas de comunicação de massa, educação e tecnologia, ocupam invariavelmente o papel de consumidores nas relações de produção. Faltam-lhes os meios e a tecnologia para criar livros e materiais didáticos, assim como cargos e profissões (professores, catedráticos etc.) que supervisionem a disseminação e a distribuição dos manuais e livros de ensino. Em consequência disso, eles ficam sujeitos àqueles cujos produtos reificam os estereótipos afro-brasileiros captados na imaginação dos brasileiros brancos.

O estudo mais recente de Figueira a respeito da discriminação racial nas escolas municipais do Rio de Janeiro ilustra os paradoxos da democracia racial num meio racialmente discriminatório. Os professores brancos entrevistados reconheceram não ter nenhuma formação pedagógica no que concerne às questões raciais. Quando confrontados com conflitos raciais na sala de aula ou na escola, contam com "o bom senso na prática do dia a dia, independentemente de qualquer base pedagógica"[46].

Os professores também admitiram que a maioria das escolas não tem nenhum projeto ou programa especial para as salas de aula sobre a história afro-brasileira. As poucas iniciativas dentro desse espírito são as de escolas que têm projetos sobre os negros no candomblé, nos ritmos e na arte culinária[47], o que é mais um exemplo da tendência culturalista observada no Brasil. Essa identificação da falta de uma pedagogia e de material didático referentes às diferenças raciais e étnicas no Brasil é particularmente reveladora, à luz do fato de que a pesquisa para esse estudo foi realizada durante a comemoração do centenário da Abolição, em 1988.

Outra forma de subordinação racial no campo da educação é a "orientação", vivida por muitos dos ativistas entrevistados para o presente estudo. É frequente os professores desestimularem os negros a seguirem vocações de poder e de *status*, isto é, profissões liberais e carreiras militares, incentivando-os, em vez disso, a buscarem profissões modestas ou formas de trabalho braçal[48].

Somadas às circunstâncias lastimáveis em que é educada a população pobre brasileira, as oportunidades de uma educação plena e significativa para os brasileiros negros, a maioria dos quais é pobre, revelam-se ainda piores. Além da análise dos dados censitários de 1980 feita por Nelson do Valle Silva, à qual nos referimos no capítulo 1, outras estatísticas provenientes desse recenseamento fornecem-nos uma comprovação quantitativa das disparidades educacionais. Apenas 21% dos negros têm nove ou mais anos de instrução. Em contraste, isso se verifica em 79% dos brancos; 50%

da população negra brasileira compõem-se de analfabetos, comparados a 25% dos brancos[49]. Somente 1,9% da população parda frequenta as universidades, cifra esta que cai para apenas 1% da população negra. Isso contrasta com 10% da população asiática (os *amarelos*) e 6,4% dos brancos[50].

Suas desvantagens educacionais também têm consequências econômicas. Enquanto os pretos constituem pouco mais de 40% da população, respondem por 60% dos que recebem salário mínimo no país. Entre as mulheres negras na força de trabalho, 69% ganham salário mínimo, em comparação com 43% de suas equivalentes brancas. Inversamente, em igualdade de padrões profissionais, os médicos negros recebem salários mais baixos. Uma secretária negra ganha 40% menos do que uma secretária branca[51]. Esses dados censitários fornecem provas quantitativas do que alguns afro-brasileiros vêm afirmando há anos: a desigualdade racial existe em todos os níveis socioeconômicos da sociedade brasileira.

O desestímulo ativo e a exclusão das situações de competição objetiva nas salas de aula e no mercado de trabalho estão diretamente ligados à inexistência de brasileiros negros em setores atraentes da força de trabalho, nas organizações e instituições formais e informais. O estudo demográfico de Peggy Lovell (1991/1992) sobre as intersecções entre a desigualdade racial e o "milagre" econômico brasileiro da década de 1970 assinala que os profissionais negros não se beneficiaram, no plano econômico, do aumento da taxa de expansão e de acumulação de capital ocorrido durante o período do chamado milagre. Segundo os dados do recenseamento de 1987 do Instituto Brasileiro de Geografia e Estatística (IBGE), o salário médio mensal dos brancos é quase 2,5 vezes maior que o dos negros e bem mais de 100% superior ao dos pardos[52].

Quando se somam as consequências do desenvolvimento dependente e do autoritarismo à análise da exclusão econômica e educacional dos negros no Brasil, evidenciam-se as condições que ajudam a explicar a ausência de brasileiros negros em posições de poder e autoridade. Além disso, tais condições talvez estruturem também a relutância de muitos brasileiros negros em "concorrer" nas instituições formais de ensino e nas instituições voltadas para o mercado.

Uma das dificuldades de avaliar os níveis de apatia, indecisão ou resistência entre os negros brasileiros é a escassez de dados de pesquisa relativos à sua autocaracterização e a suas reações às situações de desigualdade. Em estudo feito em 1987 nos municípios pobres e predominantemente negros de Volta Redonda e Nova Iguaçu, no estado do Rio de Janeiro, 88,9% das pessoas consultadas afirmaram que existe racismo no Brasil. Entre os respondentes, 32,7% reconheceram ter tido alguma experiência de discriminação racial, enquanto 63,7% afirmaram nunca haver experimentado o racismo. Entre os que disseram haver passado por essa experiência, 57,9% informaram não ter feito nada em resposta; 20,2% declararam ter reagido verbalmente ou denunciado esse ato na imprensa; 18,9% afirmaram ter deixado seus empregos em consequência de atos de discriminação no trabalho[53].

Embora, sob certos aspectos, essas estatísticas sejam reveladoras, não parece haver nos dados nenhum controle da possibilidade de que a maioria dos respondentes houvesse optado pelo silêncio, nas situações de discriminação, para se agarrar a seus salários ou por medo da simples coerção. Isso poderia ser a escrita nem tão oculta a que James Scott se refere em *Weapons of the Weak* (Armas dos Fracos), que talvez não tenha nada a ver com uma apatia ou indecisão por parte dos brasileiros negros, mas com uma perseverança deliberada, a fim de conservarem sua quota já precária de oportunidades de emprego.

Outro exemplo de dados úteis, mas inconcludentes, provém do Conselho Estadual da Comunidade Negra, em São Paulo: o subcomitê de discriminação racial e violência racial registrou aproximadamente 230 casos de violência relacionada com raça, entre outubro de 1986 e dezembro de 1988. Apenas uma das 230 vítimas prestou queixa e procurou, efetivamente, processar seus agressores num tribunal militar (ver adiante). O coordenador do programa declarou, numa entrevista realizada em 1988, que a esmagadora maioria dos casos nunca era levada adiante, não por medo diretamente identificável ou reconhecível da polícia, dos militares ou dos servidores públicos, mas por uma poderosa aversão aos confrontos com instituições e agentes do poder[54].

Mesmo que pareça plausível, a explicação não identifica a raça como o fator decisivo no cálculo de tal aversão. A maioria dos casos de violência racial envolveu a polícia civil ou militar, o que, pela lei brasileira da época, exigia audiências com juízes militares em tribunais militares. É bem possível que se tratasse da "sombra da caserna"[55], nas palavras de Rouquie: o fantasma dos militares na sociedade civil e em seus tribunais. As torturas e interrogatórios da ditadura, como hoje sabemos, foram empregados de maneira indiscriminada, sem maior consideração pela cor da pele.

Ao mesmo tempo, entretanto, isso é paradigmático da política racial brasileira. Seu traço mais singularmente "brasileiro" é, talvez, a relativa falta de referenciais cognitivos e práticos para o reconhecimento das situações de desigualdade racial – e para a reação a elas. No caso dos pais e filhos negros paulistas, o estudo de Henrique Cunha Jr. (1987) sugeriu que, para muitos negros, não existem precedentes de utilização pública dos conhecimentos adquiridos pela experiência de atos discriminatórios do passado para abordar situações de racismo institucionalizado no presente. A seguir, examinaremos como o movimento negro e os ativistas individuais, no que concerne a prestarem queixa, são prejudicados pelos valores inculcados da democracia racial e pelas medidas coercitivas das elites brancas.

Há Sanções Coercitivas ou Preventivas à Espera de Quem Questiona ou Procura Derrubar os Padrões, Fundamentalmente Assimétricos, da Interação Entre Brancos e Negros

Antonio Arruda, advogado negro que assistia a um jogo de futebol com dois amigos brancos (também advogados) num estádio de São Paulo, em 1988, foi surrado por policiais militares por não responder com rapidez suficiente à ordem de que se identificasse. O que provocou essa demora e o espancamento subsequente foi uma simples pergunta: por quê? Arruda perguntou aos policiais por que estavam pedindo a ele, e não a seus dois amigos, que apresentasse seus documentos. Ele declarou que havia três policiais, um negro e dois brancos, havendo o primeiro desferido a maior parte dos golpes. O espancamento em si não era incomum, afirmou Arruda. Incomum foi sua decisão posterior de instaurar um processo judicial contra os policiais militares em questão: "Para a polícia militar, quase toda branca, é normal praticar atos de violência contra a comunidade negra [...], eles aceitam o estereótipo de que os negros são marginais. Pouquíssimas pessoas, infelizmente, dispõem de conhecimentos para reagir aos atos de violência. A possibilidade de os negros reagirem à polícia militar, como eu fiz, é uma em um milhão."[56]

No entanto, Arruda não atribuiu seu gesto a seu *status* profissional, pois se recordou de casos de outros profissionais liberais negros que não protestavam ao se verem diante de situações de desigualdade racial: "Apesar de serem formados, esses profissionais negros não frequentaram as melhores escolas, por isso têm um sentimento de inferioridade. São submetidos a atos de violência ou testemunham a prática desses atos contra a comunidade negra, portanto, quando são confrontados pela polícia e solicitados a se identificar, também acham que isso é normal e apresentam seus documentos."[57]

Esse incidente contém um paradoxo fundamental para os ativistas afro-brasileiros pela seguinte razão: embora o espancamento de Arruda tenha se inspirado na política de desigualdade racial brasileira, os afro-brasileiros não detêm o monopólio da violência perpetrada pelo Estado. Para os afro-brasileiros sem consciência racial, isto é, que não percebem o papel que sua "raça" desempenha na estruturação da desigualdade racial, é impossível distinguir um ato de opressão de cunho racial de outro que não tenha essa especificidade. Isso é exemplificado pelos incidentes analisados no fim deste capítulo. Nesse sentido, a consciência racial não é um "modo de ver" ideologicamente específico, sob a forma de uma resposta coerente à opressão racial, porém um reconhecimento cognitivo mais simples da existência dela. Os ativistas do Rio de Janeiro e São Paulo identificaram a relativa falta de consciência racial dos afro-brasileiros como o principal obstáculo à organização sociopolítica em torno das questões raciais. Por isso, o despertar dessa consciência é um objetivo primordial da maioria das organizações negras brasileiras que pretendem ter alcance popular.

Para os ativistas e outras pessoas com consciência racial, existe a tríplice tarefa de expor a existência da opressão racial, fazer outros brasileiros negros se conscientizarem dos problemas inerentes à luta contra essa opressão e apontar vias de resistência. Muitas vezes, essas atividades são prejudicadas pelas medidas coercitivas e preventivas das elites brancas.

Munido de sua formação jurídica e de sua indignação, Arruda resolveu levar adiante o processo num tribunal que, como já foi assinalado, era militar. Aproximadamente seis meses depois de expor suas alegações perante as autoridades militares, fornecendo os nomes dos policiais envolvidos, recebeu uma carta do juiz militar, informando-o da condução de uma investigação minuciosa sobre o incidente no estádio de futebol. Com base nessa investigação, o juiz concluiu que Arruda tinha inventado a história toda, pois nenhum registro do incidente fora feito pelos policiais no estádio.

Avulta uma política da raça nas fronteiras desse incidente. É possível que a participação desproporcional do policial negro tenha sido uma expressão de poder em relação àquele advogado que, em termos sociológicos, teria atingido um *status* superior ao dele. Os policiais brancos, respondendo a seus próprios preconceitos raciais ou à lealdade para com seu colega de farda, reagiram da mesma maneira[58].

Mas a raça, pelo menos nesse caso específico, não ficou clara. Enredou-se num emaranhado de fios políticos que incluem o autoritarismo, a brutalidade sistemática da polícia e o terror indiscriminado de origem estatal. Na teoria e na prática, um espancamento pela polícia poderia atingir brasileiros de qualquer cor, dada a natureza do regime político do Brasil na época em que ocorreu o incidente.

Essa conclusão, todavia, é demasiadamente simplista. Com base nos "fatos" desse incidente, sabemos com certeza que Arruda foi espancado, assim como sabemos da distribuição desigual dos recursos educacionais, institucionais e profissionalizantes num eixo racial, sem que exista uma legislação destinada a regular legalmente a discriminação racial.

O ato de negação jurídico-burocrática é um golpe preventivo contra a dissidência, evidenciado na conclusão do juiz de que Arruda havia imaginado coisas. Nessas circunstâncias, as tentativas de reparar os casos de violência racial talvez pareçam inúteis, se tais resultados se perpetuam ao longo do tempo. O gesto preventivo serve não apenas para sufocar a dissidência, mas também para transformar as queixas de desigualdade racial no Brasil em incidentes isolados da imaginação, nos quais os negros são forçados a provar sua legitimidade, e não a legitimidade de sua queixa contra a sociedade. Esse, como pretendo argumentar, é um aspecto mais importante da hegemonia racial brasileira do que a violência, pois é através dos atos preventivos que a coerção se torna uma necessidade pouco frequente, mais exercida para defender a legitimidade ideológica da democracia racial do que para confirmá-la. Uma vez presumida a existência da democracia racial, a necessidade de definir seus termos se torna supérflua.

Outros exemplos de prevenção da dissidência que os ativistas experimentam no Rio de Janeiro e em São Paulo concernem ao descaso burocrático, ao mau funcionamento deliberado dos procedimentos burocráticos aos quais, em tese, as pessoas têm direito, para dar vazão a suas queixas. Os ativistas das duas cidades narraram dificuldades de conseguir reunir-se com autoridades públicas e outros representantes institucionais para abordar casos específicos de discriminação racial. No Rio de Janeiro, os militantes da organização sos Racismo falaram de inúmeras ocasiões em que foram obrigados a esperar por três ou quatro horas seguidas para falar com autoridades públicas ou com dirigentes escolares que deveriam discutir algum incidente de discriminação racial, ou de situações em que essas pessoas simplesmente não apareceram.

Esses exemplos fazem eco às descrições de Lukes e Gaventa sobre a terceira face do poder, aquele *locus* de intrigas mais sutis da dominação e da subordinação, veiculadas fora dos foros convencionais da política brasileira – o Congresso, as eleições e a política pública. Todavia, o estratagema mais comum das elites brancas para adiar a abordagem ou a resolução da desigualdade racial consiste em negar a própria existência do racismo. Há exemplos abundantes, no período pós-guerra, de negação da discriminação racial no Brasil, muito embora as práticas racialmente discriminatórias sejam contínuas e reiteradas.

O adágio de Florestan Fernandes – de que os brasileiros têm o preconceito de não ter preconceito[59] – caracteriza, sucintamente, a base ideológica desse estratagema. A ideologia da negação funciona em dois níveis. No nível cognitivo, o preconceito *contra* o preconceito serve para negar a existência possível do racismo como mecanismo social, suas normas e as "regras do jogo" – a possibilidade de que, como a própria construção social da raça, a discriminação racial se modifique não apenas de um contexto para outro, mas dentro de contextos singulares, nos níveis local e individual. É altamente improvável, assim, que um indivíduo ou um grupo social desprovido de uma compreensão cognitiva da discriminação racial esteja apto a identificar os ganhadores e os perdedores no próprio "jogo" cuja existência os mesmos negam. Essa prática serve para transformar uma denúncia contra a sociedade numa denúncia contra os próprios grupos ou indivíduos que fazem reivindicações sociais.

Steven Lukes e John Gaventa afirmaram que a tendenciosidade intrínseca dos sistemas políticos e culturais serve, no correr do tempo, para emudecer as vozes dissidentes e produzir uma certa apatia entre os subordinados, com isso tornando raros os momentos de violência do Estado ou das elites contra os grupos subalternos[60]. Concordamos aqui, com algumas ressalvas, quanto ao papel subsidiário da violência nessas situações de desigualdade contínua e institucionalizada, embora o grau de apatia produzido por tais situações seja discutível e, em última instância, nunca absoluto. Algumas formas "brechtianas" individuais de resistência[61] (Scott, 1985), assim como de ação coletiva, foram testemunhadas e registradas durante a pesquisa de campo feita para este estudo. Embora elas representem um pequeno segmento da comunidade afro-brasileira de São Paulo e um segmento ainda menor da sociedade brasileira como um todo, há provas suficientes de que a apatia ou a baixa propensão à resistência entre os negros talvez seja predominante (como é reconhecido pelos próprios ativistas), mas não total. Os ativistas e as pessoas comuns praticam atos de desafio, apesar ou mesmo por conta de suas limitações. Ao mesmo tempo, é a relativa falta de poder dos afro-brasileiros que determina as formas assumidas por sua resistência. A maneira como eles resistem define-os como um grupo subalterno, um grupo cujos movimentos são necessariamente "fragmentados e episódicos"[62].

Formas Cotidianas de Hegemonia Racial

Não existe problema racial no Brasil.
Veja eu, por exemplo: minha mulher é loura!

MOTORISTA DE TÁXI DE SÃO PAULO,
mulato, em 1988.

Em parte alguma as manifestações da hegemonia racial brasileira são mais evidentes do que na vida cotidiana; seus rituais, proclamações e silêncios contêm formas de expressão e prática políticas que permanecem inexplicadas nos campos formalmente estabelecidos do debate político. A dimensão simbólica[63] das relações sociais pode funcionar como um prisma de refração das trocas entre os grupos dominantes e subordinados. Pode expor conflitos que não são expressos nos debates das campanhas eleitorais ou do Congresso, na política de governo ou noutros processos de orientação estatal que assumam formas institucionais.

Os incidentes que se seguem revelam a mescla de atividade política inconsciente e consciente que há no eixo, sempre giratório, das relações entre brasileiros brancos e afro-brasileiros. Pelo menos um desses incidentes mostrará como os brancos e os afro-brasileiros frequentemente se engajam numa atividade racialmente inconsciente, isto é, participam de formas de interação social racialmente prejudiciais, subordinadoras e/ou discriminatórias, sem identificarem a significação racial das situações em que estão engajados.

O Incidente da Smuggler: Realidades Opostas

Em 2 de outubro de 1988, um anúncio de roupas infantis no *Jornal do Brasil* gerou controvérsia na comunidade ativista negra do Rio de Janeiro. O anúncio, ligado à chegada do Dia da Criança, em

12 de outubro, mostrava seis crianças, todas brancas, amarrando e amordaçando uma babá sentada, que era negra. Todos sorriam na propaganda, inclusive a babá. A legenda logo abaixo dizia: "Conforme-se: 12 de outubro é o nosso dia" – uma referência óbvia, ou assim pretendiam os anunciantes, ao dia da libertação das crianças[64].

A propaganda gerou uma grita considerável em diversas organizações ativistas negras da cidade do Rio de Janeiro, que enviaram abaixo-assinados e cartas de protesto ao *Jornal do Brasil*. Para os membros da organização vigilante sos Racismo, de base comunitária, assim como para as quase cem pessoas que telefonaram para a instituição ligada a ela, o Instituto de Pesquisa das Culturas Negras (IPCN), o anúncio continha uma dupla mensagem. Não apenas o fato de a babá ser amarrada e amordaçada fazia eco a imagens de escravização, subjugação e aprisionamento de afro-brasileiros, como a legenda sugeria a muitas pessoas que os negros deveriam voltar a padrões comportamentais compatíveis com sua experiência histórica anterior como escravos. Os seguintes comentários, extraídos da denúncia apresentada pelo IPCN ao Conselho de Autorregulamentação da Propaganda, em São Paulo, e ao 13º Distrito Policial, em Copacabana, dão uma ideia do escândalo criado pelo anúncio: "Em inglês, *Smuggler* [a marca do fabricante de roupas] significa contrabando e também a imagem de bandido, o que deixa implícito que as crianças brancas e as mulheres negras são as primeiras a cometer atos ilegais de racismo e tortura."[65]

O presidente do IPCN comentou ainda que a imagem confirmava que "a propaganda tem sido um dos veículos de sustentação do racismo como ideologia de dominação"[66]. Ao apresentar uma queixa formal à polícia civil, o IPCN invocou o Artigo 5 da então recém-promulgada Constituição brasileira, que declara que a prática de racismo constitui um crime "inafiançável e imprescritível, sujeito à pena de prisão"[67].

Em contraste, os criadores do anúncio, assim como o fabricante de roupas, negaram qualquer má intenção de cunho racista na propaganda: "Essa foto tem um sentimento de amor e emoção, não de ódio. É dedicada às babás, 90% das quais são mulheres de cor. Todas as crianças aparecem sorrindo e brincando na foto, inclusive a babá. É uma mensagem de afeição, não de racismo. Se erramos, pedimos desculpas. A intenção foi pura."[68] Ampliando essa resposta, uma das donas da Smuggler declarou que "a ideia de colocar uma pessoa de cor no anúncio não foi por sermos racistas, mas porque a maioria das babás é de cor. Se puséssemos uma loura, isso não expressaria nossa realidade e não evocaria *a ideia de babá*"[69].

Para os criadores e os promotores do anúncio, a "realidade" estava simbolicamente configurada dentro da moldura do anúncio; para seus detratores, a realidade estava nas bordas da imagem, fundamentando e minando o cenário pretensamente neutro e não racial. Dito de outra maneira, os promotores do comercial pareciam estar sugerindo que ele estava meramente *reproduzindo* a "realidade" das relações sociais entre brancos e não brancos, e não sua própria interpretação dessa "realidade". Os ativistas procuraram problematizar as relações sociais contemporâneas que o anúncio afirmava representar, tentaram ampliar suficientemente sua "moldura" para nela incluir as imagens da opressão racial e da exploração econômica. Nesse sentido, os grupos e indivíduos envolvidos na controvérsia elaboraram quadros de referência interpretativos, para as ordenações simbólicas da realidade social, que se baseavam predominantemente em sua posição na dinâmica de poder das disjunções raciais e econômicas do Brasil.

A "ideia de babá" a que se referiu a empresária desmente sua afirmação de uma base "objetiva" da categorização socioeconômica dessa profissional. Sugere uma correlação normativa entre raça, sexo e função no trabalho (mulher, negra = babá), em contraste com uma correlação mais ocupacional entre a função e as tarefas do trabalho (babá = babá, cozinheira, terapeuta familiar). Portanto, "a ideia de babá" expressa a conjunção da diferença racial com a materialidade que constitui a base das relações de produção entre babá e patroa e, em termos mais gerais, entre brancos e negros. Além disso, essa expressão é um constructo ideológico hegemônico, uma vez que a "ideia de babá" não foi apresentada como uma entre várias alternativas, e sim como a única representação "correta" da realidade social. Pierre Bourdieu sugere que essas explosões do poder simbólico refletem a capacidade do grupo dominante de apresentar "a ordem cosmológica e política estabelecida [...] como não arbitrária, isto é, como uma ordem possível entre outras, mas como a ordem evidente e natural que não é preciso explicitar e que, portanto, não é questionada"[70].

A identificação da opressão racial no anúncio, por parte dos ativistas, questionou a base intrinsecamente *consensual* do poder simbólico que ele disseminava. A despeito das diferentes posições sociais da babá, do publicitário, da empresária de roupas e do consumidor, havia a pressuposição de um consenso quanto ao sentido e à disposição dos símbolos no anúncio. Caso contrário, não teria havido surpresa quando ele foi mal recebido. Uma vez desgastada a congruência ideativa, o sentido da propaganda da Smuggler perdeu-se e teve que ser reconstituído através da explicação.

Roland Barthes entende os arranjos simbólicos do tipo apresentado na propaganda da Smuggler como mitos sociais, "feitos de um material já elaborado para se adequar à comunicação: é em virtude de todos os materiais do mito (sejam eles pictóricos ou escritos) *pressuporem uma consciência significante* que é possível pensar neles sem levar em conta sua substância"[71]. Nesse sentido, o mito é uma versão editada e aerodinâmica da realidade que abstrai os indivíduos ou grupos de seus contextos sociais. A etapa final do processo de produção do mito é a fusão entre ele e uma ordem social "natural", derrubando as distinções entre a história fictícia e a experiência vivida e retirando dos grupos e indivíduos seu conteúdo histórico. Barthes desenvolve esse ponto: "Na passagem da história para a natureza, o mito age economicamente; abole a complexidade dos atos humanos, confere-lhes a simplicidade das essências [...], as coisas parecem significar alguma coisa em si."[72]

As observações de Barthes são pertinentes por duas razões. A primeira é seu reconhecimento da necessidade de uma congruência ideológica entre diversas formas de consciência, a fim de que os símbolos contenham ou sejam despojados de sentidos sociais. No exemplo considerado, a classe social tomou-se o *locus* da congruência ideológica entre a babá e seu publicitário/empresário, com a raça funcionando como um aspecto inconsciente ou negligenciado da relação entre eles. Assim, podemos dizer que se chegou a uma solução conciliatória implícita com respeito a excluir a diferença racial de qualquer consideração sobre a posição da babá no anúncio.

Consideremos a seguinte resposta da própria babá aos debates que cercaram o comercial, pelo qual ela ganhou aproximadamente cem dólares, ou o equivalente ao salário de meses da média das babás: "Ganhei 20 mil cruzados [...], essa gente é maluca de ficar discutindo racismo. Ninguém estava sendo racista. Eles estavam amarrando a babá para pichar as paredes. Era o Dia da Criança, e eu estava deixando e adorando [...]. Eles [os que protestaram] acham um absurdo e um exagero que uma negra apareça toda amarrada num anúncio. Isso está na cabeça deles, ficar vendo o lado ruim das coisas."[73]

Depois de concordar com os que pagaram por seus serviços no comercial, a babá sugeriu que o racismo estava na cabeça dos detratores, daqueles que "ficam vendo o lado ruim das coisas". Ela identificou os que discordavam da interpretação predominante do anúncio como sendo a origem do problema, e não o complexo de práticas e padrões de discriminação nele reproduzidos.

A satisfação material de ganhar 20 mil cruzados por uma sessão de fotografias realmente representa uma grande oportunidade para uma pessoa pobre e não pode ser banalizada em termos de uma "falsa" consciência. A declaração da babá sobre as vantagens de ganhar 20 mil cruzados por seus serviços foi um reconhecimento óbvio da necessidade material e das vantagens de posar para um anúncio, se comparadas ao trabalho braçal. No entanto, a congruência entre babá e empresária, no nível da semiótica, fundamenta-se nas contradições de seu relacionamento dentro de uma economia doméstica supostamente privada e também dentro da economia pública. A babá fez um acordo de relações desiguais no emprego doméstico e no anúncio, com uma vantagem desproporcional para a patroa em ambos os casos.

É nesse ponto que a relação hegemônica se torna mais corrente, uma vez que a babá concorda com os termos e condições de seu trabalho, baseado numa gama limitada de opções, e escolhe o caminho menos doloroso para a remuneração e a subsistência. Portanto, é guiada e compelida por suas escolhas, e não por uma ideia idealizada de seus interesses "objetivos" ou "subjetivos". Além disso, o que os detratores do conceito de hegemonia entenderam mal, em sua ânsia de descartá-lo, é que muitos trabalhadores pobres *não* têm uma "escrita oculta"[74] (Scott, 1985; Scott, 1990), isto é, uma lista estratégica de interesses ideológicos privados que contradiga as declarações públicas de consentimento ou de concordância material com os agentes dominantes de determinada sociedade[75]. Convém enfatizar que essa babá não era uma ativista nem uma afro-brasileira consciente da raça e com inclinações particulares para o movimento negro, como ficou confirmado por suas declarações *contra* os *militantes* que externaram suas críticas.

Alguns talvez argumentem que, já que não *conhecemos* suas inclinações particulares, não podemos discernir se ela *realmente* quis dizer o que disse. Mas a questão é justamente essa. Sem uma confirmação da ação política, quer de cunho subversivo particular, quer de confrontação pública, acabaríamos numa discussão sobre as intenções "públicas" ou "privadas" da babá, sobre suas intenções "aparentes" ou "verdadeiras", em vez de discutirmos as consequências de suas escolhas e atos.

O que podemos confirmar, entretanto, é que, diante de um momento de escolha pública, a babá optou por criticar os ativistas e não um de seus patrões, o anunciante, ou as condições que levaram à intersecção dos três. Assim, podemos dizer, sem nenhuma ligação necessária com a tese da falsa consciência, que a babá manifestou uma forma particular de consciência contraditória. Todavia, como afirmo nos capítulos 2 e 5, existem várias formas de consciência contraditória observáveis nos e entre os grupos raciais no Brasil[76].

As Aparências Enganam?

Na seção "Espaço do Leitor" do jornal *A Tarde* de 31 de dezembro de 1987, um leitor chamado Edson Ramos Vieira narrou a seguinte história como sendo de interesse humano:

> Fui à praia e, quando estava estacionando o carro, de repente apareceu um guardador, um negão forte e muito escuro, de aparência tão suspeita que me deixou assustado. Saí tremendo e, da areia, fiquei de olho no carro. Depois de relaxar por umas horas, voltei da praia, dando uma olhada no guardador ao lado do veículo. Entrei no carro, pagando rapidamente a ele [...], e arranquei em direção ao retorno. Para minha surpresa [...], o guardador postou-se no meio do canteiro central, assobiando e gesticulando para que eu parasse, e, amedrontado, parei. Fazendo sinais, ele disse: "Doutor, o senhor esqueceu sua sandália." Fiquei de queixo caído, ao descobrir que naquele corpanzil batia um coração enorme, de uma pessoa honesta e gentil.[77]

Será que o engano estava na aparência do guardador ou na imaginação do Sr. Ramos? No relato deste último, não há nenhum comportamento do guardador que justifique sua reação ansiosa e, por fim, sua surpresa ao descobrir que o negão, afinal, estava apenas fazendo seu trabalho com esmero. Esse exemplo é o melhor resumo de como uma ideologia de discriminação racial incorpora-se na vida real, já que a presença do guardador negro desencadeou um conjunto de suposições que nada tinham a ver com as circunstâncias reais da situação ou com o próprio guardador. Embora o incidente tenha tido um final aparentemente inofensivo, suas implicações são terríveis para as pessoas de origem africana. É que, enquanto o guardador se "redimiu" através de um ato de honestidade, as desconfianças do Sr. Ramos em relação a ele escaparam inteiramente ao controle deste. Se o Sr. Ramos tivesse reagido de outra maneira a seus temores iniciais, o final da história poderia ter sido bem diferente. Tal como no incidente da Smuggler citado acima, a interpretação sexualizada da diferença racial serviu de base ao contato entre esses dois homens. Para o Sr. Ramos, um homem negro era sinônimo de desconfiança e perigo, uma coisa a ser evitada. Essa era uma equação que ultrapassava qualquer consideração da função profissional do guardador.

As Cores Unidas da Benetton

Em 1990, outro anúncio de roupas provocou protestos e debates sobre o equilíbrio racial no Brasil. A Benetton, fabricante italiana de roupas, lançou a versão brasileira de sua campanha das *United Colors of Benetton*. Originalmente lançada em 1989, essa campanha atacava a intolerância racial em escala global, retratando pessoas de diversos grupos raciais e étnicos interagindo.

Um anúncio específico, que mostrava uma moça negra sem blusa e com os seios à mostra, amamentando um bebê branco em seu seio esquerdo, foi colocado em *outdoors* espalhados pelo Brasil, em junho de 1990. A reação foi imediata. Muitos ativistas e cidadãos denunciaram essa imagem como um lembrete da subserviência racial e sexual imposta aos afro-brasileiros no tempo da escravidão[78]. Ironicamente, essa propaganda fora rejeitada por editores de revistas negras dos Estados Unidos, pela mesma razão por que os ativistas e outras pessoas do Brasil a consideraram ofensiva[79]. Um representante da J. Walter Thompson, a agência publicitária multinacional contratada para adaptar a campanha da Benetton ao mercado brasileiro, sugeriu que o anúncio não geraria nenhuma animosidade racial, em vista do caráter singular da cultura brasileira[80].

O dono de uma loja franqueada da Benetton em Belo Horizonte sugeriu que a polêmica em torno dessa propaganda fora inicialmente gerada em países onde o conflito racial era mais palpável[81], como a França, onde o anúncio levara diversos grupos defensores da supremacia branca a ameaçarem bombardear as lojas da Benetton, caso ele não fosse retirado[82]. Algumas opiniões mais ambíguas foram levantadas numa pesquisa aleatória das reações ao comercial. Uma pessoa duvidou da possibilidade de uma violência racial como a da França, porque "aqui o racismo é mais cínico e velado"[83]. Embora não tenha havido registro de atos de violência racial em reação à propaganda, como na França, membros do movimento negro das capitais de todo o país distribuíram panfletos criticando os comerciais. Em alguns casos, ativistas negros picharam os *outdoors* com as palavras "Mucama, nunca mais"[84].

As diferentes reações a essa propaganda, na França, no Brasil e nos Estados Unidos, destacam a dinâmica variada da política racial nas nações e entre elas. Esse é um incidente repleto do que Patricia Hill Collins chama de "imagens controladoras", símbolos que transmitem uma autorização para que as pessoas sejam definidas através de estereótipos. Com respeito às mulheres negras, em particular, o estereótipo da "mãe preta" é muito difundido[85]. A consulta prévia que a Benetton fez a revistas negras e a eventual retirada do anúncio do mercado estadunidense implicam que, para o fabricante, a política racial era um fator *de mercado* mais destacado nos Estados Unidos, em contraste com a França e o Brasil.

A campanha das *Cores Unidas da Benetton*, no entanto, estava procurando apagar as histórias nacionais de racismo e racialismo na França e no Brasil, através de sua projeção global de uma harmonia racial. Com isso, só fez exacerbar as formas existentes de conflito racial nesses países. Ao mesmo tempo, ajudou a sublinhar o fato de que as disputas entre "brancos" e "negros", ou entre "brancos" e "não brancos", variam de um contexto para outro e dependem não apenas de questões raciais, mas também de questões nacionais.

Conclusão

Neste capítulo, examinamos o desenvolvimento da hegemonia racial no Brasil. Em primeiro lugar, fizemos um esboço das raízes históricas da difundida ideologia da excepcionalidade racial na América Latina e no Caribe, que acabaram por transformar-se na polêmica das elites pró-escravagismo que defendiam a continuação da escravatura. A segunda fase do desenvolvimento dessa hegemonia consistiu em sua reformulação na ideologia da democracia racial, enunciada por Gilberto Freyre. No processo do desenvolvimento nacional e industrial, a ideologia da democracia racial transformou-se no senso comum nacional, que serviu de fundamento ao folclore popular e às pesquisas das ciências sociais. Na economia da democracia racial, os afro-brasileiros exercem papéis de árbitros da cultura expressiva e da sexualidade, porém pouca coisa mais. A cultura parece ser o único campo em que os brasileiros negros têm uma relativa autonomia em seu relacionamento com os brancos. Enquanto isso, negros e mulatos são excluídos das oportunidades de educação e emprego reservadas aos brancos, além de predominantemente relegados a situações de *status* econômico e social inferiores. Assim, os mitos da excepcionalidade e da democracia raciais proclamam a existência de um igualitarismo racial no Brasil, em comparação com outras sociedades, ao mesmo tempo que produzem sistemas de crença e práticas racialmente discriminatórios. A manutenção e a reprodução dessa disjunção entre a retórica, a ideologia e a prática social, por parte das elites brancas, definem a hegemonia racial.

Este capítulo identificou a hegemonia racial como uma prática predominante nas instituições e na cultura popular da sociedade civil – mercado de trabalho, escolas – e nas representações simbólicas da vida cotidiana. Como noutras sociedades multirraciais com populações descendentes de africanos, a categoria da negritude é desabonada ou evitada no discurso do dia a dia. Os homens e mulheres afro-brasileiros são apresentados, nos constructos simbólicos das imagens controladoras, como prestadores de serviços à população branca.

Os dois principais resultados disso são a ausência de uma consciência da raça entre os afro-brasileiros e, por conseguinte, a não politização da desigualdade racial por parte dos que mais sofrem com ela, bem como a discriminação sistemática dos negros no emprego e na educação. Os sistemas de crença discriminatórios e as práticas de hegemonia racial no Brasil assumiram formas sociais mais gerais, que vão muito além do campo e da intenção das elites brancas. Não estamos diante da personificação de uma teoria da conspiração, mas de uma convergência de crenças e práticas que têm consequências deliberadas e não deliberadas, dentro de um processo contínuo de subordinação racial.

A seção seguinte examinará as tentativas de criação de projetos contra-hegemônicos por ativistas afro-brasileiros, em resposta à dinâmica da dominação e subordinação raciais. O capítulo 4 enfatizará a política de formação da identidade entre os ativistas afro-brasileiros, no intuito de situar o processo de criação de uma identidade racial afro-brasileira nos terrenos do conflito de classes e da política cultural. O capítulo 5 dará uma ideia geral dos movimentos sociais afro-brasileiros do Rio de Janeiro e São Paulo entre 1945 e 1988, a fim de situar as tensões e contradições da hegemonia racial brasileira numa perspectiva histórica.

NEGAÇÃO E CONTESTAÇÃO

4.
Formações da Consciência Racial

Joel Rufino dos Santos, um dos grandes intelectuais do movimento negro e do Partido Democrático Trabalhista (PDT) no Brasil, foi membro da Ação Libertadora Nacional na década de 1970. A Ação era uma das organizações de esquerda que surgiram em resposta à "revolução" de 1964, comprometendo-se com a luta armada[1].

Depois de passar vários anos no exílio, em seguida ao Golpe de 1964, Rufino voltou ao Brasil, sendo prontamente detido num trem que ia de São Paulo ao Rio de Janeiro. Ficou preso desde janeiro de 1972 até agosto de 1974. Durante seu período de encarceramento, foi submetido a várias formas de interrogatório e tortura. Em muitas ocasiões, foi interrogado por uma equipe de três homens, composta de um japonês, um negro e um judeu, o que, nas palavras de Rufino, era incomum nas equipes de interrogatório.

Certa feita, já no fim de seu período na prisão, Rufino foi informado por seus inquiridores de que seria fuzilado. Sua morte, segundo lhe disseram, seria divulgada nos meios de comunicação como o resultado de uma tentativa de fuga. Rufino descreveu o que aconteceu depois:

> Eles acabaram dizendo que eu iria morrer no dia seguinte. Passei aquela noite inteira me preparando para a morte. Na manhã

seguinte, tiraram-me da minha cela e me puseram num carro. Fui colocado no banco de trás, com uma pessoa sentada na frente e com o branco à minha direita e o negro à esquerda. O sujeito branco saiu do carro para urinar e fiquei sozinho com o negro. Ele me deu um tapinha no braço e disse que eu ficasse calmo, que nada iria me acontecer. Falou que tudo aquilo fora montado, só para me assustar. Mostrou-se amistoso. Perguntei-lhe por que tinha resolvido tratar-me daquele jeito, depois de ter ajudado a me interrogar e a me torturar. Ele apenas olhou para mim e passou um dedo em seu braço, para mostrar que tinha sido por causa da cor da minha pele.[2]

Esse incidente dramático exemplifica vários paradoxos da identificação e da solidariedade raciais entre os afro-brasileiros. A relação entre captor e cativo, entre agente da coerção estatal e militante afro-brasileiro radical, foi suspensa, ainda que momentaneamente, por um pressuposto estreitamente definido por um traço comum. Como acrescentou Rufino, "sempre disseram que os brasileiros negros não têm solidariedade, o que é verdade, mas não é uma verdade absoluta".

Mas a solidariedade exibida por um dos captores de Rufino, num momento de crise, merece um exame mais rigoroso. Teria o captor recebido ordens superiores de assumir o papel de "irmão", ou aquele seu ato terá sido autônomo, desencadeado por um lampejo de reconhecimento, entre captor e prisioneiro, de uma marginalização comum?

Embora talvez nunca venhamos a saber inteiramente a resposta a essas perguntas, sua complexidade vai muito além desse incidente, pois o que está em jogo são as perspectivas de desenvolvimento da consciência racial entre os afro-brasileiros. Isso porque, quer o captor negro tenha agido por conta própria, quer a mando de alguém, ele teve que presumir que, para Rufino, a consciência racial era real, ainda que não fosse um tipo de consciência que ele mesmo tivesse. Por mais fugaz e ambíguo que possa ter sido, esse foi um dos raros casos de solidariedade consciente entre afro-brasileiros. No nível da ideologia, tais ocorrências expressam a diferença que há entre uma falta relativa e uma falta absoluta de identificação racial – e é precisamente nessa diferença que atua o movimento. Este capítulo examinará as formas de identidade racial encontradas entre os ativistas do Rio de Janeiro e de São Paulo. Os dados colhidos em entrevistas e debates com membros do movimento negro nessas duas cidades sugerem um certo grau de identificação entre os afro-brasileiros. Muitas vezes, no entanto, a relação entre a consciência racial e a ideologia política não fica clara para os estudiosos e ativistas da política racial brasileira. Na verdade, nem mesmo aqueles que têm convicções firmes a respeito da identificação étnico-racial parecem saber ao certo que formas sua identificação deve assumir. Essa falta de clareza tem impedido o desenvolvimento da consciência racial e a formulação de posturas políticas definidas capazes de combinar com sucesso as análises da raça com as da classe e da cultura.

Graças à indeterminação do termo *negro* no Brasil, já que seu uso é contingente à reflexão de cada um, o *negro* para uma pessoa pode ser o *moreninho* (escuro, mas não negro) para outra. Consequentemente, o fenótipo é uma base ainda mais precária para a mobilização coletiva do que em outras sociedades multirraciais, oscilando entre as hierarquias fenotípicas da democracia racial, por um lado, e o ativismo afro-brasileiro, por outro.

Essa precariedade também distingue, mas não exime, as discussões sobre a identidade racial e étnica no Brasil, nos moldes quase viscerais e altamente instáveis que prevalecem em campos de conflito étnico, como a região basca, no norte da Espanha, ou a Irlanda do Norte. Uma vez que as diferenças raciais entre e dentro dos grupos sociais são ativamente desestimuladas pela ênfase constante na difusão racial, a raça e a etnia não têm a força delimitadora que exibem em outros casos.

Contudo, a identificação, a consciência e a solidariedade raciais existem entre alguns afro-brasileiros, como atesta a existência do movimento negro. Sua existência também demonstra, de um outro modo, as complexidades da filiação racial no Brasil, pela aliança de pessoas, dentro desse movimento, que seriam consideradas membros de categorias distintas de cor – mulatos e negros.

Embora o Brasil não tenha todos os componentes dos casos "clássicos" da política racial ou étnica, há momentos de solidariedade entre os ativistas, em suas tentativas de mobilizar os afro-brasileiros. Esses momentos podem ser caracterizados como pontos de assemelhação entre os afro-brasileiros. A conceituação mais sutil da etnia, sob esse aspecto, talvez seja a "família de semelhanças", de Michael M. Fischer. Para esse autor, a etnia é "uma coisa reinventada e reinterpretada a cada geração por cada indivíduo [...] não é algo simplesmente transmitido de uma geração para outra, ensinado e aprendido; é uma coisa *dinâmica*, muitas vezes reprimida ou evitada sem sucesso"[3].

Embora a compreensão fischeriana da assemelhação refira-se à etnia em sua definição convencional, sugiro que ela também se aplica à raça e à política racial. Ela capta a dialética da identidade consciente afro-brasileira, o reconhecimento da semelhança, em alguns não brancos, de suas similaridades fenotípicas, vivenciais e situacionais, aliado à negação dessas similaridades por brancos e não brancos. Com muita frequência, a identificação étnica e racial caracteriza-se unicamente por suas facetas materiais, particularmente as ligadas ao consumo (alimentação, roupas, inserção pessoal). Aqui, ao contrário, a ênfase é depositada em seu componente ideativo, que é um fator importante na politização das identidades étnicas e raciais, e em seu uso instrumental para diferenciar os "parentes" do grupo dos estranhos e dos inimigos.

Para as pessoas entrevistadas no Rio de Janeiro e em São Paulo, a identidade racial assume a forma de uma assemelhação entre indivíduos de cor parecida, embora não necessariamente idêntica, através de seu contraste com os brasileiros brancos. Dada a falta de características fenotípicas dicotômicas no Brasil, isso tem uma importância estratégica, pois permite que os poucos *mulatos* e *pardos* que se consideram "negros" assumam-se como tal.

Embora essa forma de assemelhação ocorra no Rio de Janeiro e em São Paulo, pretendo afirmar que essa dinâmica é predominantemente apolítica, em termos de uma mobilização afro-brasileira. Em condições específicas, ela pode ser politicamente importante para o movimento negro. Mas tais condições não são suficientemente difundidas para catalisar a massa dos afro-brasileiros. A forma de assemelhação opera basicamente entre os ativistas e seus adeptos afro-brasileiros nessas duas cidades e nas partes do país onde o movimento negro tem uma relativa força. Por essa razão, é preciso decompor a "família de semelhanças" de Fischer em duas categorias de vinculação – as semelhanças fracas e fortes.

Semelhanças Fracas no Rio de Janeiro e em São Paulo

Na conceituação da consciência racial há três categorias gerais: a. a semelhança fraca; b. a semelhança forte; e c. uma combinação das semelhanças fracas e fortes. Em geral, as semelhanças fracas baseiam-se num olhar (memória visual) que desperta uma ideia instintiva de uma origem comum ou de uma história compartilhada de opressão. Embora não seja tão complexa quanto outras formas de assemelhação, ela é a pedra angular de outros padrões de identificação.

Os critérios de inclusão nessa família de semelhanças são mais afetivos do que críticos ou estratégicos. Em linhas gerais, praticamente qualquer pessoa considerada parte de um grupo pode ser incluída. A semelhança fraca, em suma, é uma questão de disposição, de atitude.

Luís Carlos de Souza, 33 anos, dirigia um ônibus no Rio de Janeiro certa noite, quando um grupo de assaltantes entrou pelas portas da frente e de trás. O aparente chefe da quadrilha, um negro jovem, entrou pela porta da frente e usou a pistola para indicar quem deveria e quem não deveria ser assaltado.

O ladrão destacou os poucos passageiros negros do ônibus, um dos quais era Carlos, como aqueles que chegariam a seu destino com todos os seus pertences. Quando um dos assaltantes se aproximou de Carlos e de outro passageiro negro, o chefe gritou para seus cúmplices: "Eles, não!" E, com um aceno da pistola, mandou que seguissem adiante[4].

Como no primeiro exemplo, o de Rufino, um negro se identificou com outro num momento de crise. Por mais tocantes que sejam, esses exemplos podem ser considerados apolíticos (ou micropolíticos, talvez), na medida em que significam a suspensão de um castigo iminente em virtude de um vínculo efêmero. Este representa um laço de lealdade, é claro, mas de um tipo circunscrito, que não se baseia em formas de solidariedade ideológicas, religiosas ou de outra natureza que tendam a promover mudanças a longo prazo. Sob esse aspecto, assemelha-se à conceituação de banditismo social de Eric Hobsbawm, em sua obra *Bandits*. Como no incidente pelo qual se iniciou este capítulo, a ausência de solidariedade racial afro-brasileira não é completa, mas sua presença ocorre sem nenhum foco ou direção.

Em virtude da facilidade com que é manifestada, essa assemelhação tem grande tendência a ruir diante de uma diferenciação religiosa, ideológica ou até geográfica. Em suma, a história complica os padrões da assemelhação fraca, uma vez que as escolhas e opções grupais fragmentam, invariavelmente, as afiliações de base geral. Uma vez feitas as escolhas, a ênfase se desloca do "primeiro a raça" para uma outra questão ou complexo de questões, que ficam fora do espectro da semelhança fraca.

Um exemplo do Rio de Janeiro ilustra as complexidades internas da semelhança fraca e a dificuldade de sua politização. Januário Garcia Filho, presidente por duas vezes do Instituto de Pesquisa das Culturas Negras, apresentava-se nos debates e nas discussões pessoais estritamente como um ativista do movimento negro. "Não sou de esquerda nem de direita: sou negro", afirmava, distinguindo-se da política de base trabalhista e das venerandas relações de clientelismo da política brasileira tradicional. Para justificar essa postura "nem de esquerda nem de direita", ele afirmava que as lutas afro-brasileiras, desde a primeira insurreição dos escravos até hoje, precederam a política sindical e partidária.

Segundo Garcia e outros ativistas, o movimento negro merece uma posição de autonomia em relação a esses grupos, postura esta que é compartilhada por intelectuais ativistas negros de outras comunidades da diáspora africana[5]. Nesse mesmo debate e em discussões posteriores, Garcia defendeu negociações separadas para os trabalhadores negros dentro do movimento trabalhista, em virtude das disparidades salariais entre trabalhadores negros e brancos, a fim de assegurar tabelas de remuneração idênticas para os negros.

Dada a história das tênues relações dos ativistas afro-brasileiros tanto com a esquerda como com a direita brasileiras, os desejos de autonomia política são justificados. No entanto, nem o movimento negro nem qualquer outro movimento social funciona fora do contexto político. As revoltas de escravos anteriores à Abolição, o Movimento Negro Unificado da década de 1970 e os núcleos afro-brasileiros dos partidos políticos do Brasil de hoje existem em relação a estruturas, organizações e instituições sociais. Até os defensores do "primeiro a raça" têm que escolher modos de organização econômicos, políticos e culturais que vão além das categorias fenotípicas. Assim como os membros de todos os outros grupos e movimentos sociais, os ativistas do movimento negro têm que fazer escolhas políticas. Aliás, por seus comentários, Garcia foi criticado por pelo menos um membro do movimento negro[6].

As posturas específicas no tocante às filiações políticas marcam a passagem das atitudes e inclinações para as práticas e a consciência. As práticas políticas resultam não apenas das inclinações atitudinais, mas também das predisposições ideológicas. Portanto, torna-se cada vez mais difícil manter a independência com base na semelhança fraca, enquanto outros membros da "família" se definem de maneiras não fenotípicas. A semelhança fraca pode ser observada nos três exemplos apresentados, por força da natureza vaga destes. Nos incidentes que envolveram Carlos e Rufino, as repercussões políticas não ficam claras, embora ambos estejam repletos de potencialidades de mobilização. Seria o captor de Rufino um homem do "primeiro a raça", no sentido de que falou Marcus Garvey? Teria ele agido espontaneamente ou a mando do Estado? Que fariam os assaltantes, se o ônibus estivesse inteiramente ocupado por negros? Seria o assaltante um Robin Hood racial, que roubava dos brancos e redistribuía os bens de capital aos negros? O fato de não dispormos de respostas para esse tipo de perguntas transforma esses incidentes em formas especulativas de micropolítica, e não em modalidades explícitas de ação coletiva. Esses momentos micropolíticos permanecem no plano do interpessoal.

Semelhanças Fortes:
Uma Coloração das Fracas

A semelhança forte, segundo nível da identificação, significa a mobilização estratégica de sentimentos inicialmente experimentados no nível fraco. O que distingue a semelhança forte da fraca é a possibilidade de superar diferenças particulares, numa coletividade social, para atingir objetivos políticos concretos, mesmo que temporários. As divergências políticas são temporariamente suprimidas e as cisões são desenfatizadas, em favor da unificação. A semelhança forte funciona em momentos históricos específicos (o nacionalismo israelita, por exemplo), quando um intruso de fora do grupo em questão ameaça sua capacidade de ter diferenças dentro dele mesmo. Nesse momento, os grupos percebem a necessidade de se proteger num plano mais existencial, a fim de poderem prosperar coletivamente, a despeito de suas divergências. O movimento pelos direitos civis nos Estados Unidos teve inúmeros exemplos disso, como, por exemplo, quando as campanhas pelo direito de voto no Sul do país granjearam o apoio de grupos que diferiam significativamente entre si, como a Nação do Islamismo (Nation of Islam), o Comitê de Coordenação Estudantil pela Não Violência (Student Nonviolent Coordinating Committee) e a Conferência da Liderança Cristã Sulista (Southern Christian Leadership Conference)[7].

Salvo quando prolongados pela guerra (como no caso de Israel) ou pela exploração contínua (como o *apartheid* da África do Sul), esses momentos passam. Os fios que compõem a trama de uma identidade unitária começam a se esgarçar. No Brasil, a inexistência de ameaças externas e da segregação dicotômica da sociedade tem impedido a necessidade existencial de uma assemelhação forte, em termos unidimensionais absolutos. A democracia racial, que desestimula o essencialismo[8] intrínseco da politização da consciência étnica ou racial, transformou a maioria dos marcadores afro-brasileiros da cultura brasileira em símbolos nacionais genéricos.

Até os indivíduos que teriam liberdade para impor uma versão mais vigorosa da identidade afro-brasileira entre as massas mostram-se hesitantes, por medo da alienação numa sociedade em que as semelhanças fortes não são mutuamente reforçadas. O frade franciscano Luís Fernando, dos Agentes da Pastoral Negra de São Paulo, por exemplo, respondeu a uma pergunta acerca da possível criação de uma igreja negra alternativa, dizendo que "romper com a Igreja nos faria cair no descrédito da massa da população. [...] é melhor lutar dentro da Igreja pela obtenção de um espaço maior"[9]. Dois outros padres afro-brasileiros, o falecido Batista Laurinda, também de São Paulo, e o frei David, do Rio, declararam em suas entrevistas que é mais eficiente, do ponto de vista estratégico, trabalhar dentro da Igreja Católica e ajudar o movimento negro do que trabalhar fora dela. Para ambos, a tarefa começa no nível da conscientização. É mais fácil abordar as questões da desigualdade e da identidade raciais com os afro-brasileiros já presentes.

O padre Batista disse simplesmente: "A maioria dos negros [brasileiros] tem mentalidade cristã, de modo que podemos trabalhar com eles dessa maneira. Se eu fizer uma conferência, como padre, e disser que ela vai abordar questões negras, terei apenas um décimo do público que teria se a conferência fosse diretamente anunciada como um produto da Igreja."[10] Isso resume a luta dos membros negros da hierarquia da Igreja Católica, no Brasil, para criar mais espaço nas instituições eclesiásticas para a discussão da discriminação racial. Abrange também o desejo do clero negro de ter mais membros afro-brasileiros em suas fileiras, bem como as dificuldades de ordem prática envolvidas em estender a assemelhação afro-brasileira forte à massa da população.

Esse cenário é muito diferente do encontrado nas igrejas negras da África do Sul, da Rodésia pré-Zimbabwe e dos Estados Unidos, que se deve, em grande parte, aos padrões dicotômicos de relações raciais, que deram origem a instituições religiosas voltadas para uma só raça. O contraste entre esses fenômenos e a ausência de igrejas negras nacionais no Brasil destaca o consolo perverso da segregação racial, a saber, a criação de instituições autônomas e projetos coletivos. Embora essas instituições atuem sob maiores restrições do que seus equivalentes dominantes, elas se mantêm como um recurso dos grupos subalternos e proporcionam locais para atividades políticas alternativas e até independentes. Esses locais ajudam os indivíduos e grupos a darem o salto – pequeno, mas significativo – da percepção da raça para a consciência racial, ou seja, da semelhança fraca para a semelhança forte.

A discussão de Genovese sobre o papel da Igreja nas comunidades de escravos do sul dos Estados Unidos repercute a ideia – e a realidade – dos recursos alternativos.

Em sua análise das reuniões de escravos nas igrejas particulares, escreveu ele: "As reuniões davam aos escravos uma força que provinha da comunicação direta com Deus e uns com os outros [...] as reuniões proporcionavam um sentimento de autonomia – de constituírem não apenas uma comunidade própria, mas uma comunidade com líderes próprios."[11]

Em contraste, as escolas de samba e outros espaços culturais que um dia foram maciçamente afro-brasileiros – a umbanda, o candomblé e outras formas de culto espírita – atraíram muitos brasileiros brancos nos últimos vinte anos, tornando basicamente nacionais o conteúdo e o objetivo de seus foros, em vez de específicos da raça. Essa afirmação por certo suscitará um certo debate, uma vez que muitos praticantes e estudiosos do candomblé percebem esses espaços de culto como verdadeiros celeiros da consciência racial[12]. Entretanto, as formas de consciência racial que costumam emergir da participação nos terreiros de candomblé enfatizam as dimensões culturais da identidade afro-brasileira.

Em consequência disso, os afro-brasileiros têm reservatórios organizacionais de liderança e desenvolvimento coletivo frequentemente fugazes. Ademais, as semelhanças fortes não são semelhanças absolutas. Em outras palavras, as semelhanças num grupo de indivíduos de mentalidade parecida não são idênticas, mesmo quando os grupos são formados com base na solidariedade racial ou étnica. As divergências políticas são inerentes à formação de grupos dotados de consciência racial ou étnica, baseando-se em divergências relativas à ideologia, ao sexo, à região ou à estratégia.

Essas divergências estão sempre presentes, mas, muitas vezes, são suspensas em nome da comunidade. A raça e a etnia, como variáveis políticas, apenas sublinham o caráter destacado do fenótipo em relação a outros eixos organizacionais possíveis. As filiações raciais e étnicas são escolhas, não imperativos.

Por exemplo: as recentes tentativas de criar um partido político ou uma organização suprapartidária afro-brasileiros foram frustradas pelos conflitos internos, apesar da unanimidade da semelhança forte[13]. Numa importante reunião de grupos afro-brasileiros e partidos políticos em São Paulo, em 1982, o consenso entre os participantes foi *falta* de consenso entre os participantes, em virtude de divergências políticas e ideológicas. Ironicamente, todos os participantes manifestaram esperança numa "harmonia ou compreensão futuras, que virão com o tempo"[14]. João Baptista Borges Pereira sugere que a esperança de união de uma diversidade de ativistas afro-brasileiros baseia-se, em parte, numa mitologia racial, na crença no "terreno comum". Essa mitologia racial a que Pereira se refere é apenas outro modo de conceituar a transformação das semelhanças fracas em fortes. Tais esperanças contrariam os sentimentos expressos pelas pessoas entrevistadas para este estudo. Nenhuma delas manifestou interesse em fazer parte de um partido político, uma igreja ou outra instituição racialmente específicos no plano nacional.

Semelhanças Fortes e Fracas

As complicações que as semelhanças fortes e fracas colocam para os afro-brasileiros, quando usadas exclusivamente, levam os ativistas a empregarem uma combinação das duas que tem um caráter contextual. As interações sociais entre os negros parecem conter mais semelhanças fracas do que fortes. Em situações explicitamente políticas (formação de alianças e redes baseadas na comunidade), as semelhanças fortes superam as fracas. Nelas, a cor da pele ganha menos destaque, só despontando como um fator depois de estabelecidas as filiações políticas. Esse processo é desencadeado pelo que podemos conceber, metaforicamente, como o primeiro olhar da semelhança étnica. O segundo olhar confirma o "parentesco" ou uma situação de erro de identidade, quando a pessoa inicialmente percebida é confundida com outra. É como encontrar na rua alguém que se parece muito com um amigo íntimo e, em seguida, num exame mais cuidadoso, descobrir que esse indivíduo, na verdade, é outra pessoa.

Nesse momento, a imagem do "outro" racial ou étnico serve de referência para a diferenciação. Assim, o que distingue a semelhança fraca da semelhança forte é a prática ou a materialização da consciência racial nas interações sociais. Nesse sentido, um afro-brasileiro consciente de sua raça pode encontrar outro brasileiro e presumir, em virtude da cor deste último, que tal indivíduo assume uma identidade afro-brasileira. Quando a segunda pessoa responde de modo a confirmar à primeira que essa característica comum não deve ser presumida entre as duas, o potencial de conscientização e ação coletivas se esvazia.

Ivanir dos Santos, ativista do Partido dos Trabalhadores (PT) e do movimento negro, encarna essa mescla de semelhanças fracas e fortes. Durante sua entrevista, ele criticou a ideia de uma solidariedade afro-brasileira genérica, que, adotada ingenuamente, poderia levar a uma "esquizofrenia" (o termo é dele) que separaria a cultura ou a raça de seu contexto político: "Solano Trinidade (um poeta afro-brasileiro) era membro do Partido Comunista. Amílcar Cabral era membro do Partido Comunista. Augustinho Neto era marxista. Mas a maioria das pessoas do movimento negro só os discute em termos de sua negritude, da cor de sua pele, e não do significado de suas posturas políticas e da importância dessas posturas para as pessoas negras. Muitos se interessam apenas pelo simbolismo."[15]

Para Santos, a solidariedade racial só aparece no contexto político depois de atendidos os critérios de compatibilidade ideológica. Só então é que ele, Ivanir, une-se em coalizões com negros de mentalidade semelhante. A citação acima levanta uma questão importante sobre o dilema que a semelhança fraca representa para a identidade racial. Embora ela possa levar ao compartilhamento de traços comuns, pode também levar à traição.

Adalberto Camargo, um dos poucos políticos negros com dois mandatos como deputado na política nacional, dá-nos uma outra imagem das semelhanças mistas. Em seu caso, o uso das semelhanças mistas é menos pronunciado. Ele é tido como um político conservador pela maioria dos negros que atuam no movimento, mas sua postura ideológica não é clara. Como o próprio Camargo admite, ele não está muito interessado na ideologia. O que o motiva, segundo afirmou, são a iniciativa privada, o desenvolvimento capitalista e o desenvolvimento social dos afro-brasileiros[16].

Camargo criou uma câmara de comércio afro-brasileira, com vínculos empresariais com a África, e concedeu bolsas de estudos a estudantes afro-brasileiros talentosos (inclusive vários esquerdistas). Durante sua entrevista, declarou que não dava a mínima importância às posturas ideológicas dos alunos a quem financiava. Para Camargo, a questão principal era que eles fossem talentosos e negros.

Na política, entretanto, Camargo apoiou candidatos negros com ideias parecidas com as suas, o que sugere, apesar de seus comentários, uma certa correlação ideológica e um estreitamento da assemelhação fraca. Em 1968, por exemplo, ele apoiou publicamente Regina Ribeiro, candidata negra à Assembleia Legislativa de São Paulo. Assim como Camargo, ela era membro do partido formal de oposição da época, o MDB, que congregava diversos grupos de oposição que se opunham ao regime militar. Tratava-se, essencialmente, de um partido liberal democrata, sem nenhum vínculo substancial com organizações social-democratas ou outras organizações mais radicais.

Regina Ribeiro foi eleita em 1968. Como em muitas de suas outras iniciativas, Camargo encarou o apoio que dera a ela como mais uma extensão de sua solidariedade racial: "Se a nossa comunidade [negra] naquele momento tivesse sensibilidade política para analisar o que aconteceu em 1968, teria entendido que aquilo foi uma demonstração de que, quando um negro sobe, deve estender a mão a outro."[17] Os comentários de Camargo pretenderam constituir, nesse ponto, uma referência contrária ao sentimento preponderante, entre os afro-brasileiros, de que, quando os negros conseguem um sucesso modesto, abandonam suas comunidades. Além disso, como observou Ana Lúcia Valente em seu breve estudo *Política e Relações Raciais*, sobre as eleições estaduais de São Paulo em 1982, a eleição de Camargo para cargos estaduais e federais representou uma das poucas ocasiões, na política paulista, em que os negros votaram para eleger representantes negros.

Embora as impressões fracas e fortes de solidariedade racial não fiquem inteiramente claras nas declarações de Camargo, elas se tornam desnecessárias em função de seu comportamento de apoio a posturas e candidatos mais conservadores, e de seu apoio aos afro-brasileiros em geral. A réplica a seus comentários finais dar-se-ia, portanto, sob a forma de uma pergunta. Se os negros que sobem na escala profissional e socioeconômica estenderem a mão a seus irmãos dos patamares inferiores, a quem, em particular, deverão essas mãos ser estendidas? Essa pergunta abarca a problemática da escolha política, que é o cerne da semelhança forte.

Esses três exemplos, entretanto, questionam as caracterizações epifenomênicas e reducionistas da raça em sua relação com a classe ou com as formações políticas. De um lado fica o essencialismo de Nathan Glazer que, na década de 1960, ressaltou a crescente proeminência da etnia sobre todas as outras formas de conflito[18]. Essa tese foi um ataque implícito ao determinismo das classes e à incapacidade exibida pelas análises de orientação marxista de lidar com as disjunções sociais que não eram estruturalmente determinadas, mas foi a mera substituição de um essencialismo por outro. Um pouco menos substitutivo, porém em moldes semelhantes, foi o primordialismo de Clifford Geertz, que retratou a etnia como uma coisa confiável, uma constante em meio a condições históricas mutáveis[19].

Do outro lado ficava o reducionismo de classe de Orlando Patterson, entre outros. Numa avaliação do comportamento de mercado dos sino-guianenses e sino-jamaicanos, Patterson concluiu que, diante de restrições econômicas, os comerciantes de origem chinesa da Jamaica e das Guianas sempre tomavam suas decisões com base na classe, e não em fatores raciais ou étnicos. A solidariedade cultural ou racial só preponderava na ausência de restrições materiais[20].

Uma leitura cuidadosa do material apresentado por Patterson, todavia, proporciona uma interpretação e uma conclusão alternativas, a partir dos mesmos dados empíricos. Houve fatores materiais e fatores raciais afetando as decisões de comércio, a contratação de empregados e outras atividades econômicas. Os exemplos brasileiros apresentados acima implicam – assim como os dados levantados, que desmentem a tese de Patterson – que não apenas as identificações étnicas são mutáveis, como também não são excludentes. Em outras palavras, é raro um indivíduo ou um grupo ter que optar categoricamente pela filiação étnica em detrimento da filiação de classe, ou vice-versa. Um líder sindical italiano, para usar um dos exemplos de Patterson, pode tomar uma decisão simultaneamente baseada na classe e na etnia, sem determinar uma prioridade. Não é preciso determiná-la[21].

O trabalho *The Symbolism of Subordination*, de Kay Warren com os camponeses maias da Guatemala, similarmente descreve comunidades indígenas de maias das regiões montanhosas que estão constantemente reformulando suas identidades étnicas à luz das circunstâncias históricas, apesar da frequente separação por etnia e classe entre os índios e os mestiços. As mudanças das estruturas sociais e as formas de opressão dos mestiços não obrigaram os maias a abandonarem suas filiações étnicas, mas, antes, a redefini-las e manifestá-las de novas maneiras.

Examinadas com mais minúcia, como foi feito nos trechos de entrevistas que se seguem, o que fica claro é quão intrinsecamente plurais são as categorias isoladas de identificação (individual e coletiva). A explicação de Henry Bienen, em *Political Conflict and Economic Change in Nigeria*, sobre a identificação de primeira, segunda e terceira pessoas é útil nesse ponto. Em sua análise da gama de referências pessoais e filiações entre e dentro dos grupos étnicos da Nigéria, ele demonstrou como as filiações étnicas dependem dos contextos locais, regionais, nacionais e internacionais. Assim, dependendo do cenário, um membro da tribo haússa, com seus mais de vinte milhões de pessoas, pode, nos contatos com estrangeiros naturais de países fora da Nigéria, apresentar-se como membro de determinada família num contexto, de uma certa facção dos haússas num segundo contexto e como nativo do país num terceiro cenário.

Isso traz duas considerações adicionais, que têm repercussões conceituais e metodológicas. Primeiro, os indivíduos podem ter identificações fortes e fracas com um determinado grupo ao mesmo tempo. Ampliarei o exemplo acima para retratar essa possibilidade. Um nigeriano, membro da "tribo" dos haússas, viaja à Grã-Bretanha, onde há uma grande população africana e das Índias Ocidentais. Apesar das diferenças objetivas, de caráter nacional, regional e linguístico que existem nessa coletividade, o nigeriano se reconhece mais como parte da comunidade "terceiro-mundista" da Grã-Bretanha do que como haússa e membro da comunidade nigeriana ou africana expatriada.

Uma outra maneira, observada por estudiosos da identificação étnica asiática oriental em movimentos nacionalistas (B. Anderson, 1983), é a que se dá pela comunhão percebida na opressão histórica[22]. A segunda consideração, portanto, é uma ramificação da terceira, porquanto a reivindicação da "semelhança de família" é muito mais ampla e mais tênue do que a primeira. Sugiro essas duas opções, entre outras, porque os laços convencionais da língua, da nacionalidade ou da religião são descentrados conforme a necessidade histórica. A raça e a memória visual, como sugeriu Cynthia Enloe, em *Ethnic Conflict and Political Development*, são os ingredientes principais dessa forma de consciência.

Americanistas Versus Africanistas: As Complexidades das Semelhanças Fracas e Fortes

A questão da opção política (e da falta dela) evidenciou-se ao máximo no início da década de 1970, quando o movimento negro emergente desenvolveu tendências e fragmentos resultantes das lutas internas entre os grupos de ativistas. Durante esse período, houve uma separação entre duas facções genericamente definidas dentro do movimento negro. A separação proveio de lutas de ideias entre os ativistas afro-brasileiros quanto ao conteúdo e à forma de seu movimento. Embora os ativistas do Rio de Janeiro e de São Paulo (bem como do resto do país) encontrassem motivação e imaginação nas lutas dos povos não brancos fora do Brasil, não era por elas que se definiam, em última instância. Não houve, no Brasil, uma luta nacional pela libertação, tampouco uma luta de direitos civis pela integração racial. Muitos ativistas, na verdade, lamentavam a inexistência de um confronto aberto entre os grupos raciais, por acreditarem que os antagonismos claramente definidos gerariam alianças mais fortes entre os negros.

Sem alianças gerais nem uma opressão clara e inequívoca, os ativistas tentaram forjar identidades e estratégias para um movimento negro de massas no Brasil usando moldes provenientes dos Estados Unidos e da África. No Rio de Janeiro e em São Paulo, muitos ativistas tinham a esperança de aplicar no Brasil as lições extraídas das lutas pelos direitos civis e das lutas anticolonialistas.

Um núcleo de afro-brasileiros do Rio de Janeiro vinculava suas lutas às dos Estados Unidos, combinando as ideologias do Black Power e dos Panteras Negras com o programa mais integracionista dos ativistas dos direitos civis. Esse grupo, que acreditava que os boicotes, as paralisações e os protestos contra atos específicos de exclusão racial poderiam surtir efeito no Brasil, era conhecido como o dos americanistas. Num pretenso contraste com eles, havia os africanistas, que defendiam um tipo mais transformador de movimento negro no Brasil, pautado nos movimentos anticolonialistas da África.

A palavra *pretenso* foi usada na frase anterior porque não havia uma clara linha divisória que separasse os americanistas dos africanistas. Na verdade, havia diversos indivíduos com uma espécie de participação dupla nos dois campos. Mais uma vez, a falta de clareza ideológica tornava difícil correlacionar as filiações políticas com a linguagem e a ação políticas. Mas o abismo persistiu, na medida em que levou à criação de agregados grupais decorrentes das diferenças percebidas. Havia divisões semelhantes em São Paulo, entre grupos como o Cecan e o MNU (ver capítulo 5), porém elas não eram formuladas nos moldes dos africanistas e americanistas.

Sob certos aspectos, os africanistas eram mais fáceis de identificar do que os americanistas, porque, depois de um período inicial de afinidade grupal, os primeiros se situaram em oposição aos afro-brasileiros que defendiam coisas como o capitalismo negro e a igualdade de oportunidades. Eles se viam como parte da onda revolucionária que varrera o continente africano na década de 1950, com seus fluxos e refluxos de libertação nacional e neocolonialismo. Para os africanistas, não bastava usar os mesmos banheiros e restaurantes que os brasileiros brancos (o que, em tese, os não brancos sempre puderam fazer). Isso, no dizer deles, não *resolvia os problemas profundamente arraigados da dominação racial no Brasil*. Ademais, só pelas estimativas mais conservadoras é que os negros seriam um grupo minoritário no Brasil, como o eram nos Estados Unidos. Os brasileiros negros, na opinião dos africanistas, deveriam fazer exigências ao Estado e à sociedade civil na condição de grupo majoritário.

As discussões entre africanistas e americanistas ocorriam em três locais principais: na Universidade Cândido Mendes, na época situada em Ipanema, onde foi fundado o Centro de Estudos Afro-Asiáticos (CEAA); no Instituto de Pesquisa das Culturas Negras (IPCN); e na Sociedade de Intercâmbio Brasil-África (Sinba). A Universidade Cândido Mendes foi o local onde as pessoas originalmente se reuniam. Depois que surgiram as divergências, os americanistas passaram a se reunir no IPCN, e os africanistas, no Sinba[23].

Yedo Ferreira, um dos fundadores do Sinba, discutiu a lógica da fundação desse órgão: "Estamos interessados nos movimentos de libertação da África e na maior parte da obra de Frantz Fanon; estivemos observando o movimento negro nos Estados Unidos e constatamos que os estadunidenses negros também vinham buscando um referencial histórico na África [...] para nós, era muito fácil ter uma grande identificação cultural com a África. Estávamos voltando para a África, não para os Estados Unidos."[24]

A África significava, portanto, um lugar de origem e de retorno, ou, mais exatamente, um lugar a ser simbolicamente resgatado pelos membros do Sinba, em sua busca por uma bússola política. Ao contrário do IPCN e do CEAA, o Sinba não recebia verbas de instituições sediadas nos Estados Unidos e via nisso um sinal de sua autonomia. Mas, dispondo de poucos recursos, seus membros só conseguiram publicar o jornal da entidade, também chamado *Sinba*, e realizar reuniões e pequenas conferências em meados dos anos 1970. O IPCN e o CEAA, por outro lado, usavam suas verbas para dar assistência aos afro-brasileiros, sob a forma de pequenas bolsas de estudos, orientação jurídica e apoio institucional. O IPCN e o CEAA continuam a existir até hoje, ao passo que o Sinba desapareceu.

A falta de clareza ideológica também contribuiu para o desaparecimento do Sinba. Sua pressão por uma postura afrocêntrica levou a instituição a se afastar de alguns de seus membros fundadores e agravou sua incapacidade de fazer alianças com os grupos americanistas ou outros. Vários membros concluíram que a simples adoção de uma postura de oposição a tudo o que era estadunidense e de atração pelo continente africano não seria uma estratégia suficiente para efetuar mudanças no Brasil. Dois de seus membros fundadores citaram o etnocentrismo cada vez mais tacanho como sendo o vírus a que o Sinba sucumbiu[25]. Em retrospectiva, Ferreira admitiu isso em sua própria postura da época em que, ao lado de vários outros, decidiu criar a organização: "Eu tinha o desejo de criar uma instituição, mas sem uma formulação de luta política [...], não parei nem uma vez para pensar nisso [...], de modo que a instituição continuou assim, sem conseguir avançar além do ponto em que estávamos no começo."[26]

Como veremos logo adiante, num breve exame da Frente Negra Brasileira (FNB), as observações de Ferreira fazem lembrar as dificuldades ideológicas da FNB na década de 1940. Sem terem clareza suficiente para manter pelo menos uma relação razoavelmente estável entre os problemas e a práxis, esses grupos ficaram suscetíveis às correntes predominantes do discurso político e cultural. Nos anos 1940, a FNB sucumbiu ao integralismo. Trinta anos depois, o Sinba, o Cecan e muitos outros grupos do Rio de Janeiro e de São Paulo seguiram o caminho do culturalismo inexplorado, à procura de uma fugidia essência africana.

A falta de posturas ideológicas bem marcadas também sugere a tendência reativa e rotineira de um movimento social que existiu sem uma base sólida na política partidária ou organizacional, no *continuum* esquerda-direita. Havia também a falta de uma versão coerente de nacionalismo cultural, no sentido apontado por Garvey, com uma doutrina de instituições afro-brasileiras separadas e autônomas, baseada no "primeiro a raça". Embora a longa independência do movimento em relação aos partidos políticos tenha sido a fonte de sua vitalidade, foi também uma incubadora de tendências regressivas. Sem um conjunto rival de crenças, valores e ideologias para servir de mediador nas relações entre os esquerdistas e os conservadores aumenta a probabilidade de os ativistas empregarem uma compreensão da raça e da política pautada no senso comum, que é compatível com as interpretações dominantes dessas questões, às quais eles proclamam opor-se.

Um exemplo realmente lastimável disso, na história da política racial brasileira, é a Frente Negra Brasileira, que existiu como partido político de 1936 a 1937. O conjunto amplo e contraditório de posturas condensadas numa única organização política acarretou coalizões com os socialistas em algumas partes do país e com os fascistas em outra[27]. Aristides Barbosa, frentista dos anos 1940, mencionou em sua entrevista algumas das confusões daquela época: "Os negros ficavam sempre meio perdidos quanto à questão da ideologia política. Na época da Frente Negra, a ideologia vigente [na Frente] era o integralismo, a linha nazista. Nesse período, os negros lutavam para não ser discriminados no dia a dia [...] os negros não estavam preocupados com questões do futuro."[28]

A preocupação com as "questões do futuro", que é uma trajetória especulativa, era matéria da ideologia. Nesse contexto, as "questões do futuro" eram contrapostas ao "dia a dia". O dia a dia, como Barbosa deixou implícito, era o *locus* temporal em que os negros procuravam construir posições mais igualitárias, em termos raciais, num sistema já existente, em vez de transformar esse sistema. Embora a Frente Negra Brasileira tenha feito alguns progressos, também caiu em novas contradições. Para os ativistas afro-brasileiros (a rigor, não apenas para os brasileiros), existia o dilema de se engajarem em formas cotidianas de resistência, de se apropriarem dos códigos dominantes do pensamento e da expressão políticos, sem, contudo, serem tragados por eles.

A solidariedade racial, portanto, apesar de resolver alguns problemas de conscientização e solidariedade coletiva, leva a novas contradições. Para a FBN, essas contradições vieram sob a forma de uma luta contra o racismo, ao mesmo tempo que se apoiava um partido político fascista.

Contudo, até as manifestações hesitantes da semelhança forte sugerem correntes ocultas de consciência racial que, no futuro, poderão ser dignas de maior análise transespacial comparativa. Essas tendências ocultas, que são a base das semelhanças fortes e fracas, serão examinadas na seção seguinte. Apesar do nível reduzido da mobilização afro-brasileira, existem experiências conducentes à consciência racial que não diferem das de outras sociedades multirraciais.

Consciência Racial
a Partir de Dentro e de Fora

Há entre os ativistas afro-brasileiros uma forma de identificação racial em duas camadas: uma dimensão interna e uma externa. A maioria dos entrevistados manifestou uma identificação global com os negros de outras partes do mundo, apesar (ou por causa) da falta de solidariedade racial no país. Em segundo lugar, a maioria dos ativistas expressou um processo de identificação próprio, repleto das peculiaridades do caso brasileiro, no qual não se pode presumir, em termos gerais, a identificação racial.

O segundo fundamento que se evidencia é o reconhecimento consciente, por parte dos ativistas, dos vínculos entre a identificação racial e o poder. Esse reconhecimento não difere do surgimento da identificação racial dos grupos subalternos em lugares como Quênia, Gana e Nigéria. Observe-se que, pelo menos na primeira fase dos movimentos anticolonialistas da África, a união temporária entre os vários grupos étnicos foi obtida *depois* de as elites étnicas determinarem que sua "alteridade" em relação umas às outras era mais fácil de superar do que o abismo político que havia entre eles e seus colonizadores. Além disso, no clamor pela emancipação nacional, os apelos à resistência nacional interligaram-se com o discurso pan-africanista, terceiro-mundista e com outras narrativas mais globalizadas, que destacavam a diferença entre o Ocidente como categoria total e o outro não ocidental. Também nesse caso, embora num plano muito mais amplo, observa-se a construção da identificação racial em dois patamares.

Dos sessenta ativistas entrevistados para este estudo, 47 forneceram descrições detalhadas de incidentes ou experiências que deram forma a seu "despertar" racial. Os treze que não deram uma dimensão pessoal às entrevistas foram pessoas que estavam sendo entrevistadas por seu papel em instituições, movimentos e organizações específicas. Isso não equivale a sugerir que, nessas entrevistas, as pessoas não tenham exposto ideias pessoais da complexidade de sua relação com essas instituições, movimentos ou organizações. As outras 47 entrevistas contêm detalhes particulares sobre os indivíduos cujas experiências familiares e infantis alimentaram as sementes da identidade racial.

Das entrevistas brotaram diversos padrões sugestivos de uma interação da consciência racial com o ativismo político, proveniente da experiência pessoal. Em outras palavras, muitos entrevistados foram levados às suas atividades sociais e políticas por experiências intensamente pessoais. Em consequência disso, apesar do padrão reconhecível de orientação dos valores entre os sessenta ativistas entrevistados, há também uma variedade de respostas às questões da identidade política e racial.

Essa diversidade se baseia nas diferenças socioeconômicas, sexuais, religiosas e outras que separam as pessoas entre si, a despeito da raça. Aliando-as à ideia mal definida do que constitui o fenótipo "negro", os entrevistados expuseram uma multiplicidade de posturas quanto à identificação pessoal e coletiva, aos obstáculos raciais, à mobilidade social, à militância múltipla.

Das 47 pessoas que deram entrevistas mais pessoais, 36 salientaram a importância da consciência negra em sua vida e no movimento. Essas 36 pessoas apresentaram a consciência negra numa proporção inversa à dominação branca, fundamentando, assim, sua identificação consciente com os afro-brasileiros numa relação de poder. Essa identificação consciente entre os ativistas, muitos dos quais frequentaram universidades na década de 1970, surgiu num período em que os negros tiveram mais acesso às universidades e mais informações sobre correntes históricas fora do Brasil. O maior acesso às informações acerca de outros povos da diáspora africana ampliou a consciência de muitos afro-brasileiros da época. Como será demonstrado pelos trechos de entrevistas que se seguem, muitos ativistas do movimento negro sentiram-se ligados a uma coletividade maior durante esse período, embora estivessem separados dela pela língua, cultura e geografia.

Primeira Camada:
Dimensões Internas da Consciência Racial

Como observou Hasenbalg, um elemento-chave da acentuação da consciência racial durante a década de 1970 foi a impossibilidade de os profissionais negros conseguirem oportunidades de emprego em suas áreas. Ao lhes serem negadas oportunidades de cargos para os quais estavam qualificados, muitos dos entrevistados desenvolveram uma consciência da discriminação racial que até então não tinham. A partir daí, vários deles começaram a criticar a discriminação racial no país e a se organizar contra ela.

Exemplo disso é Orlando Fernandes, um dos fundadores do Instituto de Pesquisa das Culturas Negras (IPCN). Em sua entrevista, Fernandes disse que uma de suas motivações mais dolorosas para o ativismo negro proveio do fato de ter sido rejeitado para um cargo numa empresa aérea brasileira por causa de sua cor:

> Eu estava num curso de formação de pilotos no Rio, na década de 1960, e, na época, não tinha nenhuma ideia de mim mesmo como negro. Pensava em mim como moreno. Eu havia cumprido todos os requisitos do curso e recebido as notas mais altas nas provas, entre todos os estudantes. Era considerado o melhor aluno da turma. [...] A única coisa que me separava de um emprego na companhia era um exame médico rotineiro, que me daria a autorização para pilotar. [...] Antes de medir meus batimentos cardíacos, o médico me pediu que subisse e descesse correndo uma escadaria, várias vezes. Depois de eu ter feito isso por cerca de meia hora, ele verificou meus batimentos. [...] Ficou decidido que eu era fisicamente inapto para ser piloto, com base em meu ritmo cardíaco. [...] Somente anos depois, ao conhecer um outro médico que trabalhava para a mesma companhia, e que me disse que aquela era uma tática usada para discriminar os pilotos negros em formação, foi que compreendi o que eles haviam feito comigo: destruído minha carreira, por causa da minha cor.[29]

A experiência de Orlando permite vislumbrar as possíveis tensões resultantes da competição entre brancos e negros por posições de um certo *status* social, e as repercussões sutis, mas importantes, que isso tem para os profissionais negros, vistos como uma ameaça à ordem racial. A reação do médico à excelência de um negro no curso de formação é um modelo da discriminação racial sob uma forma particular, institucional. Frisa também a inutilidade das distinções analíticas entre relações interpessoais e institucionais, quando a discriminação racial é o aspecto que mais se destaca.

Thereza Santos, uma ativista cultural que hoje mora em São Paulo, relembrou sua situação precária de menina negra numa comunidade branca de classe média baixa no Rio de Janeiro. Sua experiência também inclui tensões raciais, que foram expressas em termos de classe:

> Quando menina, eu morava numa rua que tinha duas famílias negras [...], uma rua de dois quarteirões que terminava no começo de uma favela. A favela era toda de negros [...]. Assim, na minha família, procurávamos dar a impressão de que morávamos no asfalto, e não no morro; a gente do morro não era igual a nós, devíamos ser tratados de um modo diferente dos negros do morro. Em nossa casa, havia sempre a preocupação de parecermos uma "exceção", de eu ser a pretinha bonita, mas, na hora em que havia uma briga com crianças brancas na rua, eu era logo chamada de "urubu", "macaca" [...]; por outro lado, quando estava tudo tranquilo, eu era chamada de "preta de alma branca". Foi assim que comecei a descobrir a diferença de ser negra [...]. Às vezes, eu me pergunto sobre a falta de uma consciência negra [...]. E digo [a mim mesma]: ora, a minha experiência não foi diferente; todos os negros são discriminados desde o momento em que nascem; então, por que tive a oportunidade de formular uma consciência, quando isso não aconteceu com outros negros? Será porque muitos não moraram na rua onde morei, na situação difícil em que vivi?[30]

Os vizinhos de classe média e da favela criaram dilemas de natureza existencial e geográfica para Thereza, obrigando-a a reconhecer sua distância racial dos brancos de sua rua e a se identificar *com* os favelados negros. Embora sua posição socioeconômica criasse uma distância dos negros da vizinhança, sua marginalização não a instaurava.

As afrontas raciais proferidas pelos brancos nos momentos de conflito infantil dão acesso ao texto subjacente dos comentários de Thereza e de Orlando. As agressões, tensões e desafios que costumam ser resolvidos por alguma forma de competição, nos casos em que as pessoas implicadas pertencem a um mesmo grupo racial, traduzem-se em conflito racial nas disjunções que envolvem pessoas de grupos étnicos ou raciais diferentes. Em suma, o conflito pode servir de catalisador da violência racial, simbólica ou física, que está à espreita nos períodos de inatividade social. Suas formas latentes e manifestas podem depender das circunstâncias em que se encontra o indivíduo ou grupo que toma a iniciativa da violência.

Para Orlando e Thereza, sua posição em profissões e comunidades de classe média não os protegeu de práticas discriminatórias que, apesar de novas para eles em sua forma, eram essencialmente familiares. Sua passagem de um lugar socioeconômico para outro acarretou novas contradições de base racial.

Duas formas de consciência surgem no momento do reconhecimento, nos casos de Orlando e Thereza. Na primeira forma, as práticas discriminatórias são resumidas no reconhecimento de sua existência, que é cognitivo. A forma subsequente de consciência, subproduto da primeira, é forjada pela resistência às práticas discriminatórias nos contatos posteriores. Nesse aspecto, assemelha-se à citadíssima distinção marxista entre a classe social em si e a classe social que funciona para si.

Contudo, como observei no capítulo 1 e examinei melhor neste, a própria ideia de uma consciência unitária singular, capaz de mobilizar um grupo social inteiro, é problemática, em virtude do conjunto de "variáveis separadoras" – entre elas, o sexo e a classe – que dificultam as formas de identificação. O esforço acrítico de destacar a relativa autonomia da etnia e da dominação racial frente às relações de classe compartilha com a análise marxista ortodoxa o risco do determinismo reducionista, quando não se toma cuidado. Além disso, esses incidentes exibem complexidades das relações de poder entre os grupos raciais, das quais a desigualdade de mercado é apenas uma faceta. Nem a classe nem as formas raciais ou outras formas de união sociocognitivas são suficientes para reverter as formas estruturadas de opressão.

Segunda Camada: A Dimensão Externa da Consciência Afro-Brasileira

Carlos Alberto Medeiros, participante e fundador de várias organizações durante os anos 1970, abordou a questão das influências externas que chegaram ao Brasil através dos meios de comunicação de massa:

> No final de 1969 […], comecei a ver e comprar revistas negras norte-americanas, principalmente *Ebony*, que tinha, na época, uma retórica revolucionária. Essa revista refletia o que estava acontecendo nos movimentos nacionalistas e em prol dos direitos civis pelo mundo afora, e refletia isso de maneira muito vigorosa, sobretudo na dimensão estética, nos penteados e nas roupas afro. Foi amor à primeira vista […]. Era uma nova imagem dos negros que vinha dos Estados Unidos.[31]

A "nova imagem" a que Medeiros se referiu era inédita, para os brasileiros negros, sob dois aspectos importantes. Até a década de 1970, eles tinham poucas informações sobre os negros estadunidenses, por causa da barreira da língua, e recebiam mais informações sobre as correntes nacionalistas africanas, particularmente dos países lusófonos. Em segundo lugar, o que os brasileiros negros estavam vendo, talvez pela primeira vez, eram pessoas parecidas com eles em processo de construir imagens oposicionistas e positivas delas mesmas, em contraposição ao Ocidente. Medeiros e outros falaram de como foram apresentados a essas novas imagens e de como, por sua vez, apresentaram-nas a outros negros brasileiros. Como será discutido no capítulo 6, essas imagens afrocêntricas[32] foram um catalisador simbólico dos movimentos *Soul* dos negros no Rio, em São Paulo e noutras partes do país.

Isso animou muitos brasileiros negros daquele período. Deu--lhes um vínculo com uma comunidade maior, que fez lembrar a muitos o relativo empobrecimento das ideias dos negros brasileiros. A ironia de o Brasil – o país com a maior população de negros do Novo Mundo – ter uma população negra com um dos níveis mais baixos de consciência racial na América não escapou aos ativistas brasileiros negros da época.

À semelhança desses outros movimentos, esses ativistas agarraram-se a dois traços comuns. Primeiro, a crença num opressor comum, em três continentes e por pelo menos três séculos, o qual, em contrapartida, unira os negros no tempo e no espaço. Um constructo de crença correlato, mas diferente, era a ideia da África como um lugar de origem comum, um turbilhão ontológico para todas as pessoas de ascendência "africana".

Embora essas duas crenças tenham se condensado e se condensem em inúmeras circunstâncias, aqui elas são categorizadas separadamente, para acentuar as duas correntes políticas preponderantes no movimento negro. Alguns grupos preferiam o primeiro constructo de crença ao segundo, e vice-versa, o que resultou em visões políticas diferentes, organizações diferentes e cursos de ação distintos.

Entre os 47 entrevistados, 34 afirmaram perceber uma origem racial comum na opressão dos negros no mundo inteiro. Assim, as reflexões sobre suas experiências eram, ao mesmo tempo, pessoais e coletivas. Os dois exemplos seguintes, vindos do Rio de Janeiro, corroboram isso. Joselina da Silva, membro do bloco africano Agbara Dudu, organizadora comunitária no município de Duque de Caxias e ativista do Centro de Articulação de Populações Marginalizadas (Ceap), assim comentou sua posição social de negra na sociedade brasileira: "A questão da discriminação da mulher negra existe [...] em três níveis: por sermos mulheres, por sermos negras e pelo fato de, por razões históricas, a grande maioria da população negra deste país ser pobre."[33]

Consideremos a observação de Joselina ao lado da seguinte, feita por lvanir dos Santos, militante do PT, ativista do Ceap e ex-interno da Funabem, orfanato estatal criado depois do Golpe de 1964 para lidar com o número crescente de crianças abandonadas nos centros urbanos do Brasil: "Minha experiência não é muito boa: filho de prostituta, criado e educado na Funabem. É uma experiência [...] de todas as crianças negras e dos pobres deste país."[34]

Joselina da Silva e Ivanir dos Santos teceram comentários gerais sobre a situação dos negros brasileiros com base em experiências específicas. Joselina falou em termos de uma "grande maioria" de mulheres negras que são pobres por razões históricas (isto é, pela discriminação racial). Ivanir afirmou categoricamente que sua experiência é sintomática da luta das crianças negras em geral. O que distingue um do outro é a ordenação consciente de uma constelação de experiências, cada qual com suas respectivas prioridades e ênfases.

A natureza plural da identidade individual se evidencia nesses exemplos. Essa pluralidade sugere um processo concomitante de identificações com eus múltiplos, somados ao ser "negro". No sentido mais estrito, despojados do tecido metafórico da personalidade, ambos ligaram a pobreza e a marginalização à condição do negro na sociedade brasileira. As diferenças entre os dois surgiram quando a pobreza e a marginalização se personalizaram (isto é, Joselina = mulher; lvanir = homem, filho de uma prostituta).

As semelhanças fracas e fortes, portanto, não são fixas nem "dadas" num sentido primordial, mas construídas, reconstruídas e até desconstruídas, em face das preocupações individuais ou coletivas. Coexistem também com outras formas de semelhança (feminista negra, no caso de Joselina; órfão, no de Ivanir). Nenhum desses dois indivíduos funciona apenas numa esfera "negra", mas, simultaneamente, em múltiplas arenas.

Todos os 47 entrevistados falaram num ativismo duplo. Dezenove se referiram explicitamente a mais de duas formas de identificação (negra, mulher, pobre etc.) como justificativa da participação em diversos movimentos ou tendências dentro de um só movimento. Nesse contexto, ao que parece, a identificação múltipla influencia o ativismo múltiplo.

A multiplicidade de identificações e do ativismo pode ajudar a traçar semelhanças fortes e fracas entre os ativistas e contribuir para o papel das diferenças ideológicas na delimitação das tendências grupais. Como foi mencionado antes, nenhum dos entrevistados considerou as instituições negras racialmente específicas (políticas ou religiosas) como fontes lógicas de mobilização. Embora muitos dos respondentes sejam filiados a organizações suprapartidárias, nem todos estão nas *mesmas* organizações. Numa discussão sobre a probabilidade reduzida de haver um movimento negro unificado ou um único partido político negro, a então deputada afro-brasileira Benedita da Silva comentou, em sua entrevista, a função fragmentadora da ideologia no movimento negro:

> A ideia de partido que eu tenho expressa uma ideologia. Ela pode ser de centro, de esquerda ou de direita. O movimento negro, como movimento social, contém negros das três posturas políticas. No momento em que se tem um movimento negro unificado, usando a ideologia como um ponto de referência organizacional, é muito difícil organizar todos os ativistas negros com base nisso. É preciso entender muito bem o que é um movimento social e o que é um partido político.[35]

A análise de Benedita da Silva, separando os partidos políticos dos movimentos sociais, destaca a falta de definição ideológica de muitos ativistas negros (semelhança fraca), a qual, na verdade, é útil para a aglutinação rudimentar dos diversos defensores de questões como a violência ligada à raça e os brasileiros negros de destaque nos livros de história. As maneiras de realmente efetivar essas questões na sociedade civil são muito mais difíceis de coordenar, porque exigem as coalizões, os debates e as negociações da política.

Conclusão

Este capítulo procurou destacar as nuances da identificação racial entre os afro-brasileiros, através das respostas e reflexões dos ativistas afro-brasileiros entrevistados para este estudo. As versões fracas e fortes da identificação racial foram aqui conceituadas para ajudar a estabelecer uma distinção entre as atitudes e inclinações relativas à identificação básica (semelhança fraca) e os comportamentos que procuram politizar a consciência básica da identificação, sob a forma da mobilização social (semelhança forte).

O que ficou claro, pela experiência desses ativistas, foi a ênfase exagerada nas semelhanças fracas, assim *como* a falta de semelhanças fortes. Isso foi atribuído, pelos próprios ativistas, à falta de posturas ideológicas coerentes e à preponderância de exercícios culturalistas no movimento.

Ao mesmo tempo, entretanto, aqueles que procuram mobilizar politicamente os afro-brasileiros em termos raciais são prejudicados pelo baixo nível de solidariedade racial entre eles. Isso foi confirmado em vários momentos da história política do movimento negro. A FNB anterior a 1945 e as eleições municipais de 1982 em São Paulo são apenas dois exemplos.

Além disso, mesmo quando as semelhanças são articuladas em atividades políticas, a identificação racial não sustenta a organização e a mobilização políticas. Os africanistas e os americanistas, dois grupos com alto grau de identificação e solidariedade étnicas no Rio de Janeiro, tiveram discordâncias táticas quanto ao alcance e ao estilo da luta afro-brasileira, o que prejudicou sua coalizão.

Isso enfatiza dois fatores de identificação que prevalecem na maioria das situações que envolvem a construção de identidades e filiações, se não em todas elas: primeiro, que a identificação consciente com um determinado grupo ou coletividade é uma base insuficiente para a mobilização política; segundo, que, mesmo quando os grupos ou coletividades são mobilizados com base na raça ou na etnia, existem outros fatores (classe, ideologia, região) que complicam a aproximação dos grupos, podendo minar a premissa inicial da solidariedade grupal. Em alguns casos, a premissa da solidariedade pode acabar sendo transformada, em decorrência de outros fatores.

Em resumo, embora a solidariedade racial seja uma faceta indispensável da pouca solidariedade afro-brasileira que existe, ela também é, como noutras sociedades multirraciais, uma base insuficiente para a construção e a manutenção de um movimento social e político. Mesmo quando a transformação racial das atitudes em comportamentos efetivamente ocorre, ela não se dá em caráter absoluto, independentemente de parâmetros econômicos, históricos e culturais. Tal transformação faz parte de um todo social mais amplo. O próximo capítulo examinará a relação entre as identidades políticas afro-brasileiras e esse todo, através de uma interpretação dos movimentos sociais afro-brasileiros no período posterior à Segunda Guerra Mundial.

5.
Movimentos e Momentos

*O movimento negro, na verdade,
é um movimento dos negros.*

O comentário acima era uma frase que se ouvia com frequência entre os ativistas de São Paulo e do Rio de Janeiro, em 1988 e 1989. Em certo sentido, como expressou Lélia Gonzalez[1], o movimento negro é, na verdade, uma série de movimentos com compromissos ideológicos e estratégias políticas diferentes. Noutro sentido, entretanto, é também um movimento de grupos com pouca coerência política ou poucas relações entre si. Seja como movimento, seja como série de movimentos, ele não tem direção.

O sectarismo, por exemplo, tem atormentado o movimento. As inúmeras facções e grupos das duas cidades tanto refletem a falta de uma formulação de estratégias concretas e de construção de coalizões quanto sugerem iniciativas individuais. Em 1988, Rio de Janeiro e São Paulo tinham, respectivamente, 76 e 138 grupos afiliados ao movimento[2] – o maior número de grupos de todos os estados da Federação. Basta examinar os catálogos posteriores das organizações do movimento, para descobrir que muitas das que aparecem num ano podem estar extintas no outro. Há outras organizações que não o são em nenhum sentido literal, mas constituem reuniões de um punhado de pessoas com objetivos mal definidos. Lamentavelmente, portanto, a afirmação de que o movimento negro é apenas um movimento dos negros é correta. Este capítulo mostrará como o culturalismo – a preocupação com os levantamentos genealógicos e com os artefatos da cultura expressiva afro-brasileira – afastou o movimento negro das estratégias de mudança política contemporânea e aproximou-o de um protesto simbólico e de uma fetichização da cultura afro-brasileira. A atividade política e a prática de expressão cultural afro-brasileiras têm estado inextricavelmente ligadas desde a terceira década do século XX, desde a época em que Gilberto Freyre fez uma inclusão antropológica das práticas culturais afro-brasileiras na matriz da identidade nacional emergente. Uma das ironias marcantes da política racial brasileira é que a glorificação paternalista e funcionalista da cultura afro-brasileira, assim como seus usos mais radicais, provêm da mesma fonte: do reconhecimento de que o Brasil tanto era uma nação africana quanto um país do Novo Mundo e das escavações genealógicas correlatas das origens ou "essências" dos africanos no Novo Mundo.

Freyre, com intelectuais brancos e não brancos, criou os primeiros centros e institutos de estudo dos afro-brasileiros, na década de 1940. Diana Brown e Mario Bick, no artigo "Religion, Class and Context: Continuities and Discontinuities in Brazilian Umbanda", observaram que, até os anos 1940, o candomblé e a umbanda, práticas religiosas de origem africana e afro-brasileira, eram vistos com maus olhos pelos brancos, como formas de culto religioso. A produção acadêmica e artística dos intelectuais tornou-se a base do estudo das culturas e povos africanos no Brasil, assim como o fundamento para a crítica e o subsequente abandono desses estudos por gerações posteriores de estudiosos e ativistas.

Foi nesse campo quase acadêmico que surgiram pela primeira vez os debates eruditos e políticos sobre as práticas culturais afro-brasileiras. Mais tarde, esses debates levaram à criação de institutos e organizações comunitárias pelos próprios afro-brasileiros. Poderíamos dizer que os movimentos sociais afro-brasileiros posteriores à década de 1940 surgiram da academia, e não dos subúrbios ou das favelas. Essas origens se tornariam um dos problemas recorrentes intrínsecos ao desenvolvimento político afro-brasileiro durante toda a década de 1970.

Até pouco tempo atrás, a maior parte da liderança afro-brasileira provinha de escolas de samba, associações comunitárias, grupos religiosos e do esporte. Como é compreensível, essa liderança retirava sua força dos campos que a produziam. Praticamente sem representação nos aparelhos de Estado, nas instituições políticas ou educacionais em nível nacional, os ativistas afro-brasileiros tiveram que utilizar seus seguidores e suas organizações – de maneiras frequentemente indiretas e veladas – para fins políticos. Por uma questão de necessidade, a política e a estética do movimento negro sempre estiveram entrelaçadas. Entretanto, apesar dessa estreita inter-relação, muitos ativistas afro-brasileiros equiparam a micropolítica da representação cultural com a macropolítica da violência racial, das desigualdades do mercado e da falta de representação política formal.

A inexistência de vínculos entre diversas atividades políticas e culturais fez com que o movimento negro se mostrasse episódico, fragmentado e sem organizações capazes de se manter por si mesmas. O desafio sempre presente para o movimento é a unificação da cultura com a política e, o que é mais importante, a diferenciação entre a cultura como folclore e a cultura como base valorativa da atividade ético-política. A interpretação histórica apresentada neste capítulo sugere que não existe uma correlação necessária entre as práticas cultural e política de nenhum movimento social, inclusive do movimento afro-brasileiro. As diversas tendências e conflitos internos do movimento em torno dessa questão resultaram na sua fragmentação e, consequentemente, em referências irônicas – como "o movimento negro é um movimento dos negros" – por parte de alguns de seus próprios militantes.

Os capítulos 5 e 6 pretendem fornecer um apanhado histórico seletivo e uma avaliação crítica do movimento negro no Rio de Janeiro e em São Paulo, entre 1945 e 1988. Esse apanhado geral destaca as tensões internas do próprio movimento em torno de questões de ideologia, identidade e práxis; os conflitos entre as elites civis e os ativistas negros acerca da autodeterminação; e, por último, a interação entre o aparelho de Estado brasileiro e diversas tendências do movimento negro. Estes capítulos concentram-se nos esforços dos afro-brasileiros para mapear o que podemos caracterizar como a "terceira via" da mobilização política. Essa "terceira via" é definida como uma postura política que procura transcender os limites estreitos do *continuum* esquerda-direita, de modo a criar organizações que enfrentem as especificidades da opressão racial em conjunto com as questões gerais da violência do Estado e da exploração econômica. Essa postura, como explicou Cornel West, no texto "Marxist Theory and the Specificity of Afro-American Oppression", é autônoma em relação ao movimento dos trabalhadores e a outros, mas não é necessariamente micropolítica. Como ficará claro dentro em pouco, as limitações das políticas clientelista e esquerdista, na década de 1970, tornaram necessária uma "terceira via" para a mobilização afro-brasileira. Esses esforços também se assemelham aos de outras comunidades da diáspora africana que tentaram desenvolver um percurso semelhante de prática política, afastando-se dos movimentos baseados na "burguesia" e no "proletariado".

Há uma certa ironia no fato de que, embora esses movimentos tenham surgido, no Brasil e noutros lugares, da dinâmica da desigualdade racial, em geral são ignorados pela bibliografia sobre os movimentos sociais, que se esforça por descobrir formas de protesto que não estejam diretamente ligadas aos "velhos" focos de ação coletiva: os sindicatos, as cooperativas ou os partidos políticos. Em minha conclusão deste capítulo, identificarei o que considero serem os novos caminhos de pesquisa para situar a política racial na literatura sobre os movimentos sociais.

Coordenadas Históricas

Para compreender os dilemas contemporâneos do movimento negro no Rio de Janeiro e em São Paulo, é necessário, primeiramente, identificar as limitações da esquerda e da direita brasileiras em relação ao movimento negro. Independentemente do tipo de regime, os partidos políticos brasileiros sempre minimizaram a política da diferença racial no Brasil. Assim, em termos da política racial, não existem pressupostos "dados" no que concerne às correlações entre uma política racial e os partidos ou a ideologia no Brasil. Apesar de provirem de pressuposições diferentes a respeito da sociedade brasileira, a esquerda e a direita do país têm sido excludentes no que tange aos problemas afro-brasileiros.

A direita brasileira, que dominou o país através de regimes militares por quase duas gerações, subverteu a política afro-brasileira por meio do corporativismo e do clientelismo (quando não usou mecanismos coercitivos), pelo menos desde o período do Estado Novo, em 1937. Ao contrário da política de base trabalhista, entretanto, a política afro-brasileira teve sua base em grupos associativos, e não em sindicatos ou cooperativas. Assim, as táticas do Estado e da elite para desarticular os ativistas afro-brasileiros foram diferentes das empregadas contra os organizadores sindicais e outros líderes dos trabalhadores. A cultura, e não a classe, foi a categoria política operante na maioria das interações entre os ativistas negros e as elites brancas nas funções civis, burocráticas e de Estado.

De acordo com Gramsci, a fusão das categorias política e cultural é uma característica predominante das sociedades totalitárias, nas quais o Estado e o partido político são uma coisa só. Juntas, elas são os únicos representantes da sociedade civil. Nessas sociedades, Antonio Gramsci postulou que as funções do partido político

> já não são diretamente políticas, mas meras funções técnicas de propaganda e de ordem pública, e da influência moral e cultural.

A função política é indireta. Isso porque, mesmo não existindo nenhum outro partido legal, sempre existem outros partidos, na verdade, e outras tendências que não podem ser legalmente coagidas: e contra estes é desencadeada a polêmica e são travadas as lutas [...]. O certo é que, nesses partidos, as funções culturais predominam [...], as questões políticas são disfarçadas de questões culturais e, desse modo, tornam-se insolúveis[3].

Embora o Estado brasileiro nunca tenha sido totalitário no sentido mais estrito, a repressão e a negação específicas dos movimentos de protesto afro-brasileiros foram exercidas pelos regimes militar e civil. Por essa razão, as distinções entre esquerda e direita ou entre autoritários e liberais devem receber ressalvas quando se discutem questões raciais. Nesse aspecto, a discussão de Gramsci a respeito da insolubilidade da política e da cultura é aplicável à política racial do Brasil. Desde a proibição de todos os partidos políticos e de organizações políticas específicas das raças, com a instalação do Estado Novo, em 1937, até o clima de terror da época do regime militar, a partir de 1964, os ativistas afro-brasileiros tiveram que revestir sua linguagem e sua prática de formas indiretas, ambíguas e fragmentadas, sob o véu da prática cultural e, mesmo assim, em consonância com as definições do Estado e da elite sobre o que constituía as culturas afro-brasileira e brasileira.

Por outro lado, até as décadas finais do século xx, a esquerda brasileira não era particularmente receptiva às discussões sobre raça. Até o fim da década de 1970, a versão bastante ossificada do marxismo-leninismo brasileiro sustentou, sistematicamente, que "o problema social" é da classe e do trabalho, e não da raça ou do sexo. Em 1990, o militante petista Pedro Wilson Guimarães, durante discurso para uma plateia estadunidense na Filadélfia, respondeu a uma pergunta em relação à postura do partido a respeito das questões da raça e do sexo dizendo que "essas questões são importantes, mas temos nossas prioridades. Estamos primordialmente interessados no problema social da exploração da classe trabalhadora no Brasil"[4].

O entendimento estreito do "problema social" demonstrado por Guimarães deixa de lado uma pergunta simples: existe discriminação racial ou sexual, ou, a rigor, qualquer forma de discriminação, fora de um contexto social? Se não, será que elas também não contribuem para constituir "o problema social", na medida em que os negros e as mulheres levam consigo suas formas "secundárias" de discriminação para o mercado de trabalho? Os comentários de Guimarães, tomados em termos representativos, apontam para um dos grandes problemas que a esquerda brasileira tem enfrentado, historicamente, para compreender e lidar com os mecanismos de exploração da sociedade civil que se baseiam na raça, e com sua reprodução subsequente nos círculos intelectuais esquerdistas.

Essas visões reducionistas das intersecções entre raça e classe também remontam ao mundo acadêmico. O historiador marxista Octavio Ianni fez uma leitura mais sutil da problemática levantada pela diferença racial para o materialismo histórico, porém acabou puxando uma trela determinista para afastar o racismo de sua autonomia *meramente relativa* nas relações sociais capitalistas. Em termos literais e figurados, Ianni lembrou à plateia, no final de uma mesa-redonda sobre o materialismo histórico e a questão racial, que, em última instância, "a base da questão racial é o fato de que a sociedade capitalista funciona como se fosse uma máquina de alienação humana. E o preconceito, de certo modo, é uma expressão de alienação que marca a vida cotidiana da sociedade"[5].

Embora a posição de Ianni constitua um avanço em relação à de Guimarães, podemos começar a avaliar os problemas estratégicos e ontológicos que os esquerdistas, acadêmicos ou não, criaram para os ativistas afro-brasileiros. Ianni ainda sustenta a equação entre racismo e capitalismo. Como afirmaram Stanley Aronowitz, em *The Crisis in Historical Materialism*, e Cedric Robinson, em *Marxismo Negro*, análises como a de Ianni desprezam o simples fato de que o racismo é *anterior* ao capitalismo. Como foi assinalado no Capítulo 3, os sentimentos e práticas racistas da cultura ibérica contra as pessoas de origem africana remontam pelo menos ao século xv, muito antes do mercantilismo global, da Revolução Industrial ou mesmo do desenvolvimento de mercados capitalistas. Por conseguinte, não podem ser definidos por um modo de produção que lhes é posterior. Além disso, com base nessa análise da "alienação" racial, não haveria como compreender os chauvinismos étnicos e raciais de sociedades contemporâneas que supostamente transcenderam o capitalismo, como China, Cuba e a antiga União Soviética.

Consideradas em conjunto, as observações desses autores confirmam, em parte, a afirmação de Abdias Nascimento:

> Nas classes dominantes, a exploração e o desprezo pelo afro-brasileiro e por suas aspirações permanecem inalterados. A esquerda brasileira, com seu endosso da "democracia racial" ou sua recusa sistemática a encarar os fatos sociais de maneira objetiva, apoia, implicitamente, as posturas mais retrógradas com respeito à possibilidade de uma sociedade verdadeiramente multirracial e verdadeiramente multicultural. A tentativa de mascarar o racismo, ou melhor, o hábito de substituir sua identidade, rotulando-o de simples acidente da dialética das classes, transforma-se, na prática, num valioso serviço prestado às forças antinacionais que ameaçam os interesses legítimos do povo brasileiro, cujos descendentes de africanos constituem mais da metade.[6]

Os comentários de Nascimento apontam para um paralelo notável entre os esquerdistas e os liberal-conservadores brasileiros quanto à questão racial. Ao negar a possibilidade da raça como princípio organizador com consequências materiais próprias, muitos esquerdistas brasileiros "ortodoxos" empregaram o marxismo como uma ideologia de dominação, exatamente do mesmo modo que as elites paternalistas usaram os dogmas de Freyre para construir uma ordem racial de superioridade branca. Em ambos os casos, as desigualdades raciais ficam fora dos parâmetros da "sociedade sem classes" ou da "sociedade sem raças", que os dois afirmam como tipos ideais. O que distingue os esquerdistas brasileiros "politicamente corretos" das elites liberais e conservadoras é que estas têm detido o poder, ao passo que os primeiros, até recentemente, não o tinham.

Numa crítica um tanto velada, George Reid Andrews, em *Blacks and Whites in São Paulo, Brazil, 1888-1988*, observou que as elites brancas brasileiras combinaram a visão de Gilberto Freyre com a de Florestan Fernandes, no esforço de explicar – e de desprezar – os preconceitos e tensões raciais contemporâneos, numa espécie de convergência das duas posições. Isso faz lembrar uma formulação semelhante de Joel Rufino dos Santos, que afirmou que os brasileiros brancos, seja qual for sua filiação política, compartilham uma postura "transideológica" quando se trata de pensar as relações raciais[7]. O que isso pode indicar de maneira mais contundente, entretanto, é que a esquerda e a direita brasileiras foram geradas a partir da mesma matriz racial-cultural, tendo assim limitada a sua capacidade de conceber e compreender formas de opressão que estejam fora de sua experiência imediata.

Isso não é um apanágio da política racial brasileira. O partido comunista dos EUA (CPUSA) foi repreendido por ninguém menos do que o próprio Lênin por não atrair mais negros, através da abordagem das especificidades da opressão racial, em virtude de sua adesão religiosa ao marxismo "clássico". Decepcionados, intelectuais negros como Richard Wright e Harold Cruse deixaram o CPUSA. Similarmente desgostoso, George Padmore, de Trinidad, deixou o partido comunista britânico, na década de 1930, e se tornou um dos fundadores do pan-africanismo[8]. Esses exemplos foram escolhidos apenas para destacar algumas questões que se prestam a uma análise comparativa dos obstáculos comuns aos ativistas afro-brasileiros e aos ativistas negros de outras sociedades multirraciais.

1945-1964:
As Sequelas do "Estado Novo" e da "Revolução"

O ano de 1945 assinalou mais do que apenas o fim da Segunda Guerra Mundial. Simbolizou também a derrocada das potências do Eixo dentro de uma nova reconfiguração global e a interrupção do moderno Holocausto dos judeus. No Brasil, simbolizou a queda do regime varguista do Estado Novo. Embora Getúlio Vargas não tenha promovido abertamente o antissemitismo quando presidente do país, a correspondência com autoridades do governo e a discussão entre subordinados sobre os méritos potenciais dessa doutrina no Brasil sugerem uma corrente velada de preconceito, no governo, que não era revelada nos depoimentos públicos e na propaganda[9]. Robert Levine escreveu que o regime de Vargas tolerou a ascensão das atividades antissemitas, "particularmente por parte dos integralistas fascistas, cuja violenta campanha antissemita pautava-se diretamente no material de propaganda nazista"[10]. Conquanto esse não tenha sido um tema central do Estado Novo, ele dá uma ideia das distinções públicas e privadas feitas acerca da diferença racial no Brasil até 1945, distinções estas que também foram feitas com respeito aos afro-brasileiros nesse período.

Enquanto a ideologia da democracia racial era promulgada por Vargas e outras elites, empreendiam-se esforços para projetar no mundo a imagem de um Brasil de corpo e alma anglo-saxões. Levine observa ainda que, nas décadas de 1930 e 1940, as concorrentes aos concursos de beleza e, invariavelmente, suas rainhas eram escolhidas segundo critérios de beleza que enfatizavam os traços finos. "A cultura da classe média mostrava-se embaraçada com a sobrevivência, em seu seio, de práticas primitivas como a umbanda e a macumba dos espíritas."[11] Essas e outras práticas discriminatórias ocorriam simultaneamente, mas em caráter privado, dentro dos parâmetros do discurso estatal, enquanto a ideologia da democracia racial era enunciada e trabalhada na sociedade civil.

Muitos negros, no entanto, consideravam Vargas um salvador, porque ele "destruiu o Partido Republicano Paulista, que os negros viam como o baluarte da classe aristocrática dos antigos senhores de escravos"[12], e deu respaldo ao Clube Três de Outubro, a ala mais militante da base de apoio de Vargas em 1930, pouco antes de ele assumir o poder.

Sete anos depois de empossado na presidência, Vargas fechou a organização política Frente Negra Brasileira, em 1937, juntamente com todos os outros partidos políticos. Essa foi uma grande perda para "a gente de cor", como se autodenominavam muitos ativistas da época. Os brasileiros negros perderam um dos poucos veículos de expressão política de que dispunham[13]. A estratégia corporativista de Vargas tragou os partidos e organizações políticas que, de bom grado ou com relutância, sucumbiram à sua tática de incorporação. Os movimentos sociais mais rebeldes, como o trabalhista, eram frequentemente tratados com meios mais coercitivos.

Pelo menos um ativista da FNB considerou que o movimento negro do Brasil perdeu um terreno importante durante o Estado Novo, não apenas por sua incorporação no Estado Novo, mas por sua distorção ideológica[14]. Como observou Maria Maia Oliveira Berriel, em sua tese *A Identidade Fragmentada*, as tendências elitistas e acomodatícias da Frente só fizeram exacerbar-se no regime de Vargas. A maioria dos estudiosos do movimento negro no Brasil identificou uma guinada normativa no movimento a partir da década de 1930, quando ele saiu da crença no integralismo e no embranquecimento para ruminações ansiosas sobre a superioridade dos brancos e a trajetória adequada da ascensão social (isto é, burguesa), na década de 1940. Isso se evidencia nas análises de Clóvis Moura, em *Sociologia do Negro Brasileiro*, e de novo de Berriel, sobre a imprensa negra da época, que sugerem uma correlação entre a mudança das preocupações dos ativistas negros e as da classe média em geral.

Essa mudança por parte dos ativistas negros e da classe média proveio basicamente da emergência, em São Paulo e no Rio de

Janeiro, de um grupo afro-brasileiro com *status* de classe média que caracterizava uma forma rebelde de desenvolvimento capitalista. Nessas duas cidades, as profissões liberais floresceram de uma maneira e com uma velocidade sem precedentes na sociedade brasileira, graças ao sucesso da produção de café e de outras indústrias em desenvolvimento.

Os afro-brasileiros que agarraram essa rara oportunidade de educação profissional usaram o novo clima em seu proveito, conseguindo formar-se em medicina, direito e outras profissões de colarinho branco. É preciso ter cautela, no entanto, ao descrever esses indivíduos como sendo de classe média, pois eles não constituiriam uma classe média nos termos de Adam Smith ou Marx, mas talvez num sentido weberiano, uma vez que, a partir de seus papéis sociais, adquiriram um certo *status* que os distinguiu de seus equivalentes na classe trabalhadora.

Embora isso tenha constituído um avanço necessário para um segmento pequeno mas influente das comunidades negras dessas duas cidades, só fez ampliar a distância entre a minúscula pequena burguesia negra e o proletariado negro, que a FNB, até certo ponto, procurou reduzir. Essa distância foi marcada pelo surgimento, uma após outra, de novas organizações e publicações, a partir de 1945, voltadas para as "elites" negras dispostas a elevar sua raça. Essa ideia de elevação da comunidade baseava-se na realidade existente da ascensão social de um espírito competitivo e voltado para o mercado, o qual, uma geração antes, já havia levado grandes segmentos da mão de obra negra para a periferia econômica do Brasil.

Ao mesmo tempo, tal ideia reproduzia a tensão entre essa elevação e a condescendência observada na classe média, no tratamento que ela conferia aos afro-brasileiros em geral. Foi assim que o ideal do "embranquecimento" veio a assumir uma função significante, acrescida à sua função fenotípica e material, no sentido de que as elites negras da época passaram a aplicar à sua própria gente as categorias culturais dominantes relativas à raça e à mobilidade social.

No Rio de Janeiro, um pequeno grupo de profissionais liberais, artistas e ativistas negros fundou uma organização dedicada à estética e ao progresso cultural afro-brasileiros em 1944, apenas um ano antes do término da guerra. Chamada Teatro Experimental do Negro (TEN), ela foi liderada por Abdias Nascimento, escritor e artista plástico de talentos múltiplos. Ele foi e continua a ser uma das figuras mais dinâmicas e controvertidas do movimento negro no Brasil. O TEN foi fundado com o objetivo primário de ser uma companhia de produção teatral, porém assumiu outras funções culturais e políticas logo depois de criado. Além de montar peças como o *Imperador Jones*, de Eugene O'Neill (1945), e *Calígula*, de Albert Camus (1949), o TEN foi a força propulsora do jornal *Quilombo* (1948-1950) e de campanhas de alfabetização em pequena escala, além de cursos de "iniciação cultural" entre 1944 e 1946[15].

Na terceira edição de *Quilombo*, Nascimento discorreu sobre as atividades multifacetadas do TEN: "O Teatro Experimental do Negro não é, apesar de seu nome, apenas uma entidade com objetivos artísticos [...], inspirou-se na necessidade de uma organização social para pessoas de cor, tendo em mente a elevação de seu nível cultural e seus valores individuais."[16] Os estatutos do TEN também reconhecem a existência de uma elite intelectual negra e o uso do teatro como instrumento de luta e de redefinição da imagem do negro.

Em consequência disso, o TEN criou uma base para contradições entre sua vanguarda e as massas, assim como entre as elites branca e negra. Apesar de ambiciosas, suas posturas culturais e ideológicas eram conflitantes. Maria Angélica da Motta Maués, no artigo "Entre o Branqueamento e a Negritude", observou que a maioria das atividades culturais do TEN envolvia mais intelectuais brancos do que negros de qualquer tipo. Ela assinalou que a Primeira Conferência Negra Brasileira, em 1950, foi uma reunião bastante elitista. Nessa ocasião, Nascimento declarou que "a mentalidade de nossa população de cor ainda é *pré-letrada* e *pré-lógica*" [grifos meus], como justificativa para a necessidade da existência de um grupo como o TEN, que pudesse ajudar as massas negras a se elevarem até o nível cultural "das classes média e alta da sociedade brasileira"[17].

Vários intelectuais – como Guerreiro Ramos, um mulato que foi muito útil e influente nas atividades pedagógicas do TEN, Gilberto Freyre, Thales de Azevedo e outros que seriam duramente criticados pela geração seguinte de intelectuais e ativistas negros, na década de 1960 – se engajaram no TEN nesse período e participaram de muitos de seus eventos. Intelectuais brancos e negros convergiram para o TEN por uma crença comum na essência africana. "O primitivismo, a emoção, a paixão e o exotismo parecem ser qualidades próprias da 'alma negra' e representaram, na opinião de suas elites, a contribuição dos negros para o processo de revitalização do Ocidente."[18] Essa contribuição, se reconhecida pelas elites brasileiras, ajudaria a combater as tendências dos brancos à abstração artística e intelectual.

Aqui testemunhamos, de maneira muito nítida, as contradições intrínsecas da postura anterior de Nascimento, que internalizou dois traços reacionários do processo ideológico dominante. Primeiro, num nível ético-estratégico, seria difícil atrair para essa postura as massas negras, para não falar nos intelectuais negros críticos, letrados e "lógicos" que não faziam parte desse grupo. Segundo, a se estender a lógica essencialista desse grupo aos elementos primordiais da cultura africana, a "tradição oral africana" eliminaria a necessidade de qualquer alfabetização, caso ser letrado fosse definido pela capacidade de ler e interpretar textos escritos.

Numa análise anterior dos intelectuais negros do TEN, Maués afirmou, de maneira convincente, que "as interpretações da questão racial produzidas por esse grupo da elite negra não conseguiram romper efetivamente com os parâmetros do pensamento dominante"[19]. Como foi assinalado no início deste capítulo, a contradição, para os ativistas negros da década de 1940, estava na adesão a uma ideia de ascensão social sumamente individualizada, em combinação com a defesa do aprimoramento das massas, crenças essas que eram compatíveis com o paternalismo das elites brancas. Ao mesmo tempo, no entanto, os ativistas do TEN e de outros grupos do Rio de Janeiro e de São Paulo, depois da Segunda Guerra Mundial, constituíram a base de grupos mais contestadores de épocas posteriores, que valorizariam a cultura afro-brasileira e africana. Sob esse aspecto, como observou Maués, o TEN foi a transição entre as ideologias do embranquecimento e da negritude.

No período do pós-guerra, diversas organizações e jornais negros prosperaram por um breve intervalo no Rio de Janeiro e em São Paulo, exibindo aspirações semelhantes às do TEN. Em São Paulo, a Associação dos Negros Brasileiros, fundada em 1945, também lançou o *Alvorada* como seu jornal oficial. A Associação Cultural do Negro, fundada em 1954, publicava *O Mutirão*, lançado em 1958. Houve outros jornais, como *O Novo Horizonte*, *Senzala* e *Hífen*, no período entre 1945 e 1960. Todas essas publicações tinham as tendências normativas da época: ascensão social, necessidade de uma elite negra e clamor pela igualdade de direitos. A primeira lei contra a discriminação racial foi aprovada em 1951 e ficou conhecida como Lei Afonso Arinos. Ironicamente, como observou Carlos Hasenbalg, em *Discriminação e Desigualdades Raciais no Brasil*, essa lei resultou de um incidente que envolveu uma bailarina negra dos Estados Unidos, Katherine Dunham, que foi impedida de se hospedar num hotel de São Paulo. Seu protesto subsequente levou a uma lei que transformou a discriminação racial num delito passível de multa, mas não de prisão, equivalente a uma infração de trânsito. E não seria essa a última vez que um afro-estadunidense "importado" dos Estados Unidos serviria de veículo para expor a discriminação racial no Brasil[20].

Também em São Paulo, na década de 1950, surgiram pequenos clubes e associações voltados para os afro-brasileiros. Esses clubes refletiam a maior complexidade da pequena burguesia e das comunidades proletárias negras de São Paulo, uma vez que esses brasileiros estavam ingressando pela primeira vez no mercado de trabalho organizado, do qual tinham ficado basicamente excluídos, através da política de Estado e da imigração estrangeira, durante os quarenta anos seguintes à Abolição[21].

A fundação de clubes como o Elite e o Aristocrata também foi uma resposta à exclusão dos "novos negros" dos grupos e associações formados pelos brancos – italianos, portugueses e outros grupos étnicos[22]. Como disse Raul dos Santos, fundador do Clube Aristocrata: "Os italianos tinham um clube, os portugueses tinham um clube, todo o mundo tinha um clube, menos nós [os negros]."[23]

Fundado em 1961, o clube patrocinava bailes de debutantes e bolsas de estudos, além de dar ajuda financeira e administrativa a vários candidatos políticos negros a cargos públicos no estado de São Paulo. O Clube Renascença foi criado, no Rio de Janeiro, com intenções organizacionais semelhantes às do Clube Aristocrata. Profissionais negros emergentes, que, de maneira sutil ou nem tão sutil, tinham sido barrados em locais de recreação por toda a cidade, resolveram criar seu próprio clube, para acolher uma "elite negra" pequena mas crescente, feita de profissionais de nível superior, empregados de escritórios e funcionários públicos. Convém notar que, durante esse período, houve pouquíssima atividade na esquerda negra que, aliás, era uma minoria na Frente Negra Brasileira de São Paulo, e nos vários grupos do Rio de Janeiro. Na década de 1940, havia pequenos núcleos de orientação socialista nos grupos negros existentes no Rio de Janeiro, em São Paulo e em várias outras partes do país, mas contavam com poucos aliados nesses grupos ou noutras organizações predominantemente brancas[24].

A "revolução" de 1964 provocou a suspensão da maioria das atividades políticas alternativas, com exceção dos grupos e indivíduos que se engajaram na luta armada ou na contestação pública do regime militar, inicialmente presidido por Castelo Branco[25].

O movimento negro não foi uma exceção e só voltou a surgir de maneira organizada e pública no início da década de 1970, como outros grupos de contestação. Ao voltar à tona, entretanto, o movimento negro assumiu um caráter que nunca tivera antes de 1970.

1970-1990:
Negritude, Afro-Marxismo e Movimento Negro

O "novo" caráter do movimento negro no Brasil foi, na verdade, um velho traço latente, que se desenvolveu e se acentuou nos anos 1970. Esse traço foi a política de esquerda, que avançara aos trancos e barrancos nas margens de várias organizações negras desde a década de 1940, mas que, como já ficou claro, era um fator "residual"[26] na cultura política negra. O que se revelou sem precedentes no despontar de grupos e organizações de protesto nos anos 1970 foi a confluência de discursos baseados na raça e na classe dentro do movimento negro. Tanto os ativistas quanto os seguidores abandonaram os credos de conformismo e de ascensão social que haviam prevalecido nas décadas de 1930 e 1940, respectivamente. No fim dos anos 1970, essas duas formas de discurso político estavam desacreditadas e marginalizadas no movimento negro. Ambas passaram a ser associadas a valores estatais e elitistas. Provas dessa virada ideológica podem ser encontradas em numerosas conferências e publicações da época.

A fusão de afluentes internos e externos, tanto históricos quanto políticos, contribuiu para a revogação de antigas práticas políticas de um intercâmbio aquiescente e clientelista com as elites políticas e culturais brancas. O primeiro deles, um fator interno, foi o processo de distensão iniciado pelo general Geisel durante seu exercício da presidência do país. Com o oferecimento da anistia política aos exilados, em 1979, e com o aumento do número de estudantes que ingressavam nas universidades, em decorrência da distensão, novos e velhos ativistas de centro-esquerda tiveram mais espaço para o debate público sobre novas táticas e para a crítica pública à lentidão do processo de distensão. Ex-exilados que haviam adquirido novas ideias políticas nos contatos com grupos da nova esquerda, na Europa Ocidental, nos Estados Unidos e noutras partes da América Latina, compartilharam essas ideias com a geração insurgente de ativistas e com os militantes remanescentes da era pré-1964.

Esses chamados "novos esquerdistas" procuraram desenvolver no Brasil uma política de maior coalizão, que prestasse atenção a questões como raça, ecologia e as implicações sociais da diferença sexual. Assim, não foi por acaso que, ao se reconstituírem partidos políticos de esquerda no país, a maioria deles surgiu com mais heterogeneidade, em termos do apoio popular e dos programas partidários, do que os anteriores a 1964.

O segundo afluente externo a influenciar o movimento negro na década de 1970 foi a proliferação de movimentos de insurreição não brancos ou "terceiro-mundistas" na Ásia, África, América Latina e Caribe. Como foi assinalado no capítulo 4, esses acontecimentos tiveram grande influência no tom e na retórica dos ativistas negros do Brasil, embora ninguém procurasse reproduzir a revolta extremada ou as táticas de confronto aberto encontradas em outros cenários do "Terceiro Mundo".

O que teve maior influência entre os ativistas afro-brasileiros no Brasil foram as manifestações simbólicas da insurreição não branca. Houve, nessa época, uma espécie de movimento da negritude, com manifestações supraideológicas em vários segmentos do movimento negro. Houve também um movimento Black Soul no Rio de Janeiro e, com menor repercussão, em São Paulo. Como representações da unificação das dimensões nacional e internacional na consciência afro-brasileira, esses fenômenos também expressaram o cansaço com os modelos existentes de prática cultural, que tinham sido transformados em mercadoria e, num sentido existencial, arrancados de suas raízes. O samba e a umbanda haviam se nacionalizado tanto que grandes segmentos da classe média branca haviam saltado sobre eles, reivindicando--os como seus, em contraste com as épocas anteriores do século xx, em que o samba era considerado um reduto da classe baixa, tanto negra quanto branca[27].

Numa das poucas análises sobre a umbanda em seu contexto socioeconômico e político, Diana Brown e Mario Bick descreveram como ela ganhou legitimidade jurídica e social durante o período da ditadura militar pós-1964: "Isso foi facilitado pela ocupação, por parte de militares umbandistas, de posições de liderança nas congregações e centros espíritas umbandistas. A presença deles era um sinal do conservadorismo político representado pela ênfase ideológica da umbanda no destino e na sorte individuais, e por sua concentração ritualística e cosmológica nas relações de proteção, que pouco ameaçavam o Estado."[28]

Isso não equivale a sugerir que as escolas de samba e os centros umbandistas se houvessem transformado em enclaves inteiramente brancos, ou que os afro-brasileiros praticantes do samba ou da umbanda tivessem sucumbido ao lento desgaste de seus espaços de autonomia cultural. Compositores como Nei Lopes e Paulinho da Viola, preservadores e inovadores intrépidos das linguagens musicais afro-brasileiras, são duas personificações do papel que os artistas afro-brasileiros podem desempenhar na resistência política e cultural. A influência dominante e quase gravitacional da política e da cultura nacionais, entretanto, fez de inovadores como Lopes e Viola raros agentes da política baseada na identidade dentro das escolas de samba.

As consequências dessa influência foram essencialmente positivas para o movimento negro. Massas de brasileiros negros que nunca haviam se congregado em torno de questões raciais foram atraídas pelas versões brasileiras da negritude e do Black Soul na década de 1960. Militantes negros criaram instituições, algumas delas efêmeras, que representavam uma outra via entre a política de esquerda e direita em vigor e as relações de clientelismo normalmente utilizadas pelos líderes comunitários afro-brasileiros.

O último afluente interno a fluir para esses reservatórios culturais e políticos foram os profissionais negros com nível superior de instrução. Muitos profissionais negros haviam ingressado nas universidades sem uma consciência racial, mas, através do ativismo estudantil e de circunstâncias pessoais, tornaram-se militantes do movimento negro. Segundo a observação perspicaz de Carlos Hasenbalg em *Discriminação e Desigualdades Raciais no Brasil*, esse segmento politizou-se quando lhe ficou claro que a raça, e não a formação ou a instrução, era a chave ou o obstáculo principal para o avanço socioeconômico. Todos esses fatores contribuíram para a ascensão do movimento negro nesse período. Examinaremos primeiramente os fenômenos culturais da década de 1970: o Black Soul e a negritude.

Black Soul:
Uma Ameaça ao Projeto Nacional

O Black Soul foi um dos vários fenômenos da diáspora africana em que pessoas de origem africana de um determinado contexto nacional-cultural se apropriaram de algumas das formas simbólicas e materiais de outro. O antropólogo Peter Fry afirmou: "A proliferação de bailes afro-soul em São Paulo e no Rio é um exemplo de situações em que os brasileiros negros criam novos símbolos de etnia, de acordo com sua experiência social. Embora algumas pessoas acreditem que esses fenômenos são exemplos de 'dependência cultural', ou da capacidade das multinacionais de vender os produtos que bem entenderem, não tenho dúvida de que, apesar de tudo, eles representam um movimento de grande importância no processo da identidade no Brasil."[29]

Em contraste, Pierre-Michel Fontaine, em *Race, Class and Power in Brazil*, minimiza a importância desse movimento, porque o Black Soul teve sua gênese nos Estados Unidos e não no Brasil. A crítica de Fontaine ao Black Soul, apesar de sucinta, implica que a importância de movimentos como esse baseia-se em sua "autenticidade", em sua gestação original numa matriz afro-brasileira.

Minha interpretação do Black Soul corresponde à observação inicial de Fry. O material básico, os eventos e as entrevistas com figuras de destaque do movimento Black Soul fornecem amplas evidências de que ele não só teve a ver com a criação de um "processo de identificação" entre os negros do Brasil, mas também com a pretensa "importação" de símbolos culturais. Na verdade, tal como o movimento da negritude, o Black Soul foi um catalisador da política baseada na identidade que, hoje em dia, vem tendo prosseguimento nos blocos africanos e em diversas outras organizações. Filó, um dos principais protagonistas do movimento, declarou em sua entrevista que "o Black Soul não foi um modismo, teve uma origem. Um modismo não dura quinze anos"[30]. Filó se referia à reconstituição e à sobrevivência de muitos dos temas e pontos de encontro do Black Soul no fenômeno do "Funk" e do "Charme", formas de dança e de celebração musical surgidas na década de 1980 com a marca do Black Soul que tiveram por base o desenvolvimento de uma identidade especificamente "afro-brasileira".

Não há uma data oficial do início do movimento Black Soul, porém seu surgimento foi precipitado pela popularidade nascente da "música soul" estadunidense no Brasil. Um disc-jóquei branco brasileiro, conhecido como Big Boy, é tido como o primeiro a tocar música "soul" numa emissora de rádio popular, em 1967, num programa chamado *O Baile da Pesada*, que foi o primeiro a despertar a atenção dos brasileiros negros da Zona Norte do Rio de Janeiro.

Os organizadores de bailes e festas da Zona Norte da cidade começaram a tocar "soul". Pessoas como Filó e Osseas Santos, o "Mr. Funk", considerado o criador do Black Soul, ganharam fama de promotores competentes desse tipo de música, seus bailes, estilos de indumentária e formas simbólicas de protesto. Para muitos seguidores do Black Soul, James Brown era o principal interlocutor dessa forma de expressão musical, com canções como "Say it Loud: I'm Black and I'm Proud" (Diga em Voz Alta: Sou Negro e Me Orgulho Disso), um grande sucesso nos Estados Unidos e entre os participantes do Black Soul no Brasil.

A música não demorou a penetrar em clubes de samba mais tradicionais e em associações de moradores, e acabou entrando no Clube Renascença – a resposta carioca ao Clube Aristocrata –, uma agremiação exclusiva de negros em franca ascensão social. Em 1970, os sócios do clube haviam passado por uma grande alteração. Ele já não era um reduto de sociabilidade de negros do proletariado e da pequena burguesia com aspirações de classe média. As forças externas da época, somadas às novas exigências da sociedade civil, enraizadas na abertura, constituíam um desafio a que clubes como o Renascença se adaptassem às novas realidades sociais.

Ali, Filó e outros começaram a organizar e realizar bailes de *soul music* que atraíam brasileiros negros, conhecidos como *Noites do Shaft*, nome inspirado no célebre filme estadunidense de 1974. Isso ocorreu dois anos antes de o Black Rio ser objeto de reportagens, na condição de fenômeno social, em jornais de grande circulação, como o *Jornal do Brasil*, e em revistas como *Veja*[31]. No Clube Renascença, segundo Filó, a afluência de brasileiros negros com penteados afro, sapatos de salto alto e outros elementos reificados da experiência negra estadunidense, durante esse período, causou uma certa dissonância entre muitas das figuras de destaque do clube. Isso se deveu, em parte, às diferenças de geração entre os participantes do Black Soul e a pequena burguesia negra que dominava o Renascença. Mas as formas de expressão do Black Rio não tinham precedentes, o que talvez tenha sido uma razão mais importante dessa dissonância. Os brasileiros negros nunca se haviam identificado coletivamente com formas culturais que fossem negras sem ser as africanas ou brasileiras – as duas categorias através das quais ocorriam explosões esporádicas de consciência racial nas escolas de samba e nos centros de culto religioso. Em muitos casos, esse processo de identificação teve repercussões domésticas, em famílias nas quais a identidade e a consciência negras eram negadas ou reprimidas. Em muitas ocasiões, as moças e rapazes que participavam do Black Soul entraram em conflito com os pais ou se viram como catalisadores de familiares que, até então, nunca haviam enfrentado as questões de opressão e identificação raciais. Assim, os estilos de penteado e de indumentária tornaram--se importantes não apenas por suas representações simbólicas, mas também por sua associação com uma identidade coletiva que não podia ser definida exclusivamente dentro dos limites do Brasil.

Os bailes organizados por Mr. Funk ou Filó, na Zona Norte, atraíam multidões de três mil a dez mil pessoas. Em pouco tempo, a popularidade desses bailes estendeu-se para além dos confins do Clube Renascença. Os organizadores dos bailes do Renascença saíram do clube e formaram seu próprio grupo, o Soul Grand Prix, passando a realizar festas em várias partes do Rio. O Soul Grand Prix não demorou a se transformar em programa de televisão.

Esse grupo também se transformou em evento multimídia itinerante, que fazia exibições de *slides* repletas de imagens racialmente específicas. Havia uma profusão de fotografias de negros estadunidenses protestando e se promovendo, o que agradava a muitos participantes negros, mas ofendia alguns brancos. Assim, os membros do Grand Prix modificaram os *slides* para adequá-los a seu público, retirando o conteúdo racial das apresentações visuais feitas em clubes brancos.

Nas situações em que o público era predominantemente negro, entretanto, as exibições de *slides* eram um sucesso. Reportagens e entrevistas da época com frequentadores das festas confirmam as revelações gestálticas experimentadas por muitos indivíduos. As cenas de pessoas negras chorando – ao verem os *slides,* assistirem a filmes estadunidenses como *Wattstax* e relacionarem as imagens dos negros dos Estados Unidos e de outros lugares com sua própria experiência – não eram incomuns nos clubes e salões de baile onde o Soul Grand Prix produzia seus eventos.

Essa faceta do que passou a ser conhecido como Black Soul deixou consternadas as elites militares e civis. Convém lembrar que o Black Soul, assim como a proliferação dos grupos afro-brasileiros em geral, coincidiu com a fase mais profundamente repressiva da ditadura (1969-1975). No plano da propaganda e das comunicações, a imagem difundida da união nacional era da máxima importância e qualquer referência à desarmonia racial, dentro ou fora do Brasil, estava proibida. Os censores do cinema foram instruídos a verificar se algum filme retratava problemas raciais no Brasil, se versava sobre o movimento Black Power nos Estados Unidos, ou se aludia a problemas raciais de um modo que pudesse causar impacto no Brasil[32]. Num exemplo de censura especificamente racial na imprensa escrita, censurou-se uma frase de um artigo do *Manchester Guardian* britânico sobre jogo de xadrez: "Os brancos têm grandes vantagens materiais, enquanto os negros quase não têm abertura legal."[33]

Na época em que recebeu cobertura da mídia, no fim da década de 1970, o Black Soul foi criticado pelo governo militar – que procurou invocar a ideologia cada vez mais falida da democracia racial – e pelas elites civis que se opunham à ditadura mas que, apesar disso, acreditavam que os expoentes do Black Soul estavam fomentando o ódio e o conflito raciais. Os dois setores viam o Black Soul como um fenômeno que precisava ser controlado.

Por ser independente das definições da elite branca sobre a "brasilidade" nacional e a prática cultural afro-brasileira, e também por resistir à apropriação pelas elites brancas, o Black Soul foi objeto de críticas e, por fim, de repressão. Num artigo no *Jornal do Brasil* sobre o Black Rio, em 1977, o Secretário Municipal de Turismo do Rio de Janeiro declarou que "o Black Rio é um movimento comercial com uma filosofia racista", cujo desenvolvimento era atribuível a "um problema sociocultural"[34]. Pedro de

Toledo Piza e Almeida, então secretário municipal, acrescentou que esse movimento não tinha nenhum vestígio de autenticidade.

Também em torno da questão da autenticidade, foi publicada na *Folha de S.Paulo* uma reportagem sobre uma denúncia, feita por um maestro, de que as influências musicais "externas" do Black Rio estavam maculando a herança musical brasileira de música afro-brasileira: "O mais trágico, acima de tudo, é que eles estão impondo um ritmo, uma harmonia e um som que nada têm a ver com a *nossa* musicalidade. E o pior é que estão enganando um bando de inocentes, incapazes de avaliar a importância do nosso tesouro musical, que tem uma herança africana."[35]

Críticas como essa eram um sintoma das tensões emergentes entre os adeptos do Black Soul e os muitos juízes, brancos e negros, da cultura afro-brasileira nacionalizada. Diversos sambistas e escolas de samba eminentes opuseram-se ao Black Soul, alegando o que percebiam como uma invasão de seu território e como um atrofiamento de suas ilhas de importância cultural. Era uma postura irônica por parte das escolas de samba mais conservadoras, à luz do fato de que era comum a polícia invadir as quadras das escolas de samba, nessa época, e fazer detenções indiscriminadas de até duzentos rapazes negros de cada vez, bem no meio da quadra. À medida que as críticas se intensificaram, ficou claro que o Black Soul não conseguiria coexistir com o modelo existente da cultura nacional. E, na verdade, a razão por que não conseguiria decorria muito pouco das inovações musicais e simbólicas dos adeptos do Black Soul. Essas críticas eram, comprovadamente, apenas um pretexto para o medo mais significativo das elites brancas, tanto civis quanto militares, de que o Black Soul fosse o prenúncio de um movimento de protesto dos afro-brasileiros. Para que tal movimento viesse a ocorrer, os afro-brasileiros teriam que desenvolver formas de consciência crítica e de organização que lhes fossem específicas, portanto não nacionais, uma vez que o nacional significava a repressão das identidades raciais e das reivindicações específicas da raça. Permitir que esse processo ocorresse equivaleria a admitir, no âmbito nacional, a discriminação racial *e* a identificação racial.

Ninguém menos do que Gilberto Freyre soou o alarme contra o Black Soul, precisamente pela lógica bipartida que expusemos acima. Num artigo de 1977 publicado no *Diário de Pernambuco*, intitulado "Atenção, Brasileiros", Freyre advertiu seus compatriotas sobre a ameaça que o Black Soul representava para a identidade e a segurança nacionais:

> Será que estou enxergando mal? Ou terei realmente lido que os Estados Unidos vão chegar ao Brasil [...] norte-americanos de cor [...] por quê? [...] para convencer os brasileiros também de cor de que seus bailes e suas canções "afro-brasileiras" teriam que ser de "melancolia" e de "revolta"? E não, como acontece hoje [...], os sambas, que são quase todos alegres e fraternos. Se o que li é verdade, trata-se, mais uma vez, de uma tentativa de introduzir, num Brasil que cresce plena e fraternalmente moreno – o que parece provocar ciúme nas nações que também são birraciais ou trirraciais –, o mito da negritude, não do tipo do de Senghor, da justa valorização dos valores negros ou africanos, mas do tipo que às vezes traz a "luta de classes" como instrumento da guerra civil, não do Marx sociólogo, lúcido, mas do outro, do inspirador de um marxismo militante que é provocador de ódios [...]. O que se deve destacar, nestes tempos difíceis que o mundo está vivendo, com uma crise terrível de liderança [...] [é que] o Brasil precisa estar preparado para o trabalho que é feito contra ele, não apenas pelo imperialismo soviético [...] mas também pelo dos Estados Unidos.[36]

A justificativa dessa citação tão extensa são as ligações que a crítica de Freyre ao Black Soul estabelece com denúncias da negritude, do marxismo e de dois imperialismos. Para Freyre, a negritude é mítica quando a ênfase é depositada na militância e no protesto, e não na valorização da cultura africana. Quando o que se destaca é o primeiro aspecto, e não o segundo, Freyre vê uma luta de classes e, em última instância, o marxismo militante espreitando por trás dela.

Freyre não estava sozinho nessa crença. A repressão generalizada de meados da década de 1970, até mesmo contra as críticas liberais à ditadura, bem documentada no relatório da Arquidiocese de São Paulo sobre a tortura no Brasil depois de 1964[37], confirma que a histeria anticomunista da época era tamanha que qualquer voz dissidente era percebida como parte da grande conspiração marxista. Consequentemente, qualquer grupo ou indivíduo que protestasse contra o regime militar e o clima de terror, fosse ele comunista ou não, podia ficar – e frequentemente ficava – sujeito à censura ou à repressão física. Assim, membros do Black Soul do Rio de Janeiro e de São Paulo cujas atividades incluíam a distribuição, entre outras coisas, de exemplares de *Black Power*, de Stokley Carmichael, e de *The Wretched of the Earth*, de Frantz Fanon, foram (erroneamente) identificados como parte da teoria da conspiração adotada e propagada pelas elites civis e militares. Não se dispõe de documentação sobre a vigilância e as percepções do Black Soul e do movimento negro em geral durante esse período, em virtude da natureza do regime durante a ditadura. Entretanto, um alto funcionário do Serviço Nacional de Informações, o engenhoso braço estatal do serviço secreto, confirmou, numa entrevista pessoal, que vários ativistas negros foram vigiados de perto durante a década de 1970, em função da crença do Estado de que eles eram parafusos na engrenagem sempre ativa da conspiração comunista[38].

Quanto à crítica de Freyre ao movimento da negritude, há duas coisas a assinalar. Primeiro, a negritude vingou no Brasil de maneira muito difusa entre indivíduos e grupos, mais como uma postura do que como um movimento com uma política clara. Como sistema de crença, a negritude era uma faceta de um reconhecimento insurgente e mais amplo das coisas africanas, ou da "diáspora"[39].

Por último, quanto à reiterada interpretação da "autenticidade" da cultura brasileira, a crítica de Freyre e de outros despreza o fato de que o samba "autêntico", que a maioria dos brasileiros passara a conhecer e praticar, foi um samba apropriado pela classe média e pelas elites brancas no período posterior à Segunda Guerra Mundial, quando foi descoberto por esses grupos como uma forma barata de lazer. Como mostraram Peter Fry, em *Para Inglês Ver*, e outros, o samba, assim como a capoeira e o candomblé, era considerado uma forma de recreação da classe baixa, reservada aos brancos muito pobres e, é claro, aos brasileiros de ascendência africana. Portanto, a apropriação das práticas relacionadas com o movimento Black Soul pelos afro-brasileiros não foi menos "autêntica" do que a apropriação do samba pelas elites, que pode ser vividamente atestada pelas competições e espetáculos anuais do Carnaval. Nesse sentido, o Black Soul pode ser visto como uma bricolagem contrária às construções existentes da identidade afro-brasileira e, portanto, da identidade nacional.

Além disso, muitos bailes do Black Soul eram realizados em escolas de samba, sobretudo em razão do alto custo do aluguel de salões de baile e da relutância de muitos proprietários brancos em permitir que grandes levas de brasileiros negros entrassem em seus prédios. Dentro das escolas, na maioria dos casos, os entusiastas do samba e do Black Soul misturavam sem conflito a dança e a música. Aliás, essa intersecção também levou, em alguns casos, a novas composições de um samba de caráter mais experimental.

Embora tivesse seus momentos políticos, o Black Soul nunca saiu dos limites do salão de baile. As figuras principais desse movimento no Rio de Janeiro eram consideradas americanistas (ver capítulo 4) e depreciadas como materialistas crassos por várias facções do movimento negro. De acordo com seus críticos, essa imagem era confirmada pelo envolvimento de Filó e outros na produção de vários discos comerciais e na organização de shows que apresentavam artistas de soul negros estadunidenses.

Parte da dificuldade de superar a distância entre as práticas políticas e culturais foi a incorporação do Black Soul pela indústria de turismo e entretenimento do Rio de Janeiro, que logo se transformou num concorrente mais do que competente da meia dúzia de empresas produtoras negras que estavam obtendo pequenos lucros. Monsieur Lima, um carioca branco, proprietário de uma boate que patrocinava bailes soul na Zona Sul da cidade (Botafogo), contratando conjuntos musicais como o Black Power e o Soul Grand Prix, chegou a sugerir que os bailes não só eram comercialmente viáveis, como eram também uma forma de controle social: "Não fosse por esses bailes, que é que as massas de pessoas fariam nos sábados e domingos? Como iriam se divertir? Se não tivessem isso, garanto que haveria um grande aumento dos assaltos nos fins de semana por essas pessoas que não teriam o que fazer [...], o governo deveria incentivar isso [os bailes]."[40]

Portanto, os jovens de dezesseis a vinte anos que se reuniam nos festivais soul de fim de semana eram vistos como criminosos, apesar do fato comprovado, como observaram Vianna[41] e outros, da ausência de drogas, álcool, brigas e outras formas de distúrbio social em suas festas. Isso afastou os participantes e ativistas negros da Zona Norte de eventos que, a partir de 1976, tornaram-se cada vez mais comerciais.

Em São Paulo, entretanto, diversos ativistas de meados dos anos 1970 mencionaram em suas entrevistas que, ao contrário das festas de Funk e Charme da década de 1980, os eventos do Black Soul eram uma oportunidade fértil para a panfletagem e a disseminação de informações a respeito de passeatas, debates e outros eventos pertinentes ao movimento negro. O Viaduto do Chá, uma das grandes vias públicas do centro de São Paulo, era o ponto de encontro dos "blacks" (isto é, os membros do movimento "Black") e de negros que participavam diretamente de todo o espectro de posturas sociopolíticas de centro-esquerda na década de 1970. Embora os promotores e disc-jóqueis do Black Soul talvez simpatizassem com as atividades políticas clandestinas durante esse período, eles mesmos não eram agentes dessas atividades. Quanto a esse aspecto, podemos distinguir a *empatia* política da *prática* política, na medida em que a empatia pode ser caracterizada como um sentimento favorável a certas práticas, ao passo que a práxis se articula através da *assunção* de responsabilidades *e* do sentimento de participação política. Isso era bem diferente do uso dos jogos de futebol nos estádios públicos da África do Sul, ou dos funerais ou outros foros públicos em que os membros do Congresso Nacional Africano se reuniam para debater sua estratégia, durante numerosos ciclos de repressão na década de 1970. Apesar de suas repercussões simbólicas, as festas eram um fim em si. Daí a separação entre as práticas políticas e culturais do Black Soul e de outros grupos afro-brasileiros mais explicitamente políticos da época.

Essa visão encontra eco no trabalho de Carlos Benedito Rodrigues da Silva, uma das poucas análises acadêmicas do fenômeno do *Black Soul*. Concentrando-se no surgimento do Black Soul em Campinas, no estado de São Paulo, depois de 1978, Rodrigues da Silva descreveu como seu aparecimento nessa cidade representou um processo de identificação étnica, além de uma produção material de lazer. Os empresários do Black Campinas eram descendentes das tradicionais famílias negras de classe média representadas nas escolas de samba e nos clubes sociais de paulistas negros em ascensão social. Embora suas atividades no movimento soul contrariassem, em alguns aspectos, os pressupostos tradicionais do esquecimento das origens étnicas e africanas por parte das elites negras, seus eventos deixavam transparecer a origem de classe média dos empresários. Havia uma aceitação implícita dos valores burgueses brancos, evidenciada na preocupação dos organizadores e dos frequentadores com o comportamento, a boa aparência (tida como sendo o contrário da dos negros, em geral mal arrumados) e o desejo de ocupar um espaço social que até então lhes fora negado na cultura superior[42].

Em contraste, Mr. Funk, Filó e muitas outras figuras do Black Soul-Black Rio vinham de um meio pobre e conseguiram adeptos na Zona Norte da cidade, predominantemente negra, antes de atraírem a atenção dos meios de comunicação de massa. Filó e Carlos Alberto Medeiros assinavam uma coluna num jornal, voltada para os eventos do Black Soul, sob o pseudônimo de J.B.

Em 1978, entretanto, os ataques e o descrédito da mídia, aliados à popularidade crescente da *disco music* tocada nas boates, exerceram um efeito marcante no Black Soul. As festas, as colunas em jornais, os contratos para gravação de discos e os especiais de televisão foram minguando. O Funk e o Charme, fenômenos dos salões de baile da década de 1980 baseados na música negra estadunidense, faziam lembrar o Black Soul, mas sem os vislumbres de formas alternativas de identificação racial encontrados nas apresentações de *slides*, nos filmes e na literatura que circulavam nos recintos de seus antecessores e em torno deles[43].

Assim, como avaliar o Black Soul? Concordo com a afirmação de Rodrigues da Silva de que o julgamento definitivo de seus méritos não é uma afirmação do tipo "ou isto ou aquilo", uma questão de determinar se o que predominava no movimento era a mercadologização do lazer ou a aglutinação étnica. Obviamente, as duas coisas se evidenciam na discussão acima, cada qual adquirindo destaque em momentos particulares. Talvez o barômetro mais importante do Black Soul, como tentativa crítica de uma semelhança forte no Brasil, seja a reação que ele provocou nas elites brancas. Elas reconheceram uma perigosa tendência subjacente nas imagens de protestos sociais de negros de outros lugares que vinham sendo projetadas no Brasil, bem como seu impacto nos brasileiros negros. É nisso que residem a importância e o caráter incompleto do movimento Black Soul em sua valorização de formas de expressão pessoal e de identificação que, antes dele, eram reprimidas ou negadas pelos brancos e não brancos do Brasil. O fato de essas novas formas de expressão e identificação não se haverem materializado num movimento mais amplo reflete os limites impostos pelas elites brancas ao Black Soul, assim como suas próprias limitações. Raymond Williams caracterizou persuasivamente essa faceta das ênfases culturais alternativas e dos desafios inadvertidos que certos "modismos" mal estudados, como o Black Soul, muitas vezes representam para o *status quo*:

> As ênfases políticas e culturais alternativas, assim como as muitas formas de oposição e luta, são importantes não apenas em si, mas como traços indicativos daquilo que, na prática, o processo hegemônico tem que se esforçar por controlar [...]. Qualquer processo hegemônico tem que estar especialmente atento e apto a reagir às alternativas e às formas de oposição que questionam e ameaçam sua dominação. A realidade do processo cultural, portanto, sempre tem que incluir os esforços e as contribuições daqueles que, de um modo ou de outro, estão fora ou no limite dos termos da hegemonia específica.[44]

O Movimento Negro: Novas Organizações, o Movimento Negro Unificado

O Black Soul não foi um fenômeno isolado. Outras organizações afro-brasileiras novas surgiram durante o período do Black Soul. Sua proliferação assinalou a emergência de uma nova geração de intelectuais negros nas grandes capitais, como o Rio de Janeiro e São Paulo, mas também em Salvador, Brasília e Recife. No período pós-ditadura, a tarefa dos ativistas insurgentes de todo o país era tentar uma nova política. Os ativistas afro-brasileiros da nova era da democracia emergente não queriam regredir para as limitações anteriores do determinismo econômico da esquerda nem do clientelismo da direita.

No Rio de Janeiro, as duas organizações mais destacadas que surgiram na década de 1970 foram a Sociedade de Intercâmbio Brasil-África (Sinba) e o Instituto de Pesquisa das Culturas Negras

(IPCN). Elas foram fundadas em 1976 e 1975, respectivamente. Embora as duas organizações tenham emergido dos mesmos debates grupais da Universidade Cândido Mendes, em Ipanema, sua existência refletiu o aparecimento de divergências e cisões, dentro do movimento, com respeito às afinidades táticas e ideológicas. Como foi visto em detalhe no capítulo 4, o Sinba era considerado o grupo mais africanista, enquanto o IPCN era retratado (um tanto depreciativamente, em alguns círculos do movimento) como mais americanista. Os aspectos positivos do que era percebido como americanismo eram a defesa do protesto social direto, em prol dos direitos civis, e o desenvolvimento de instituições negras que ficassem à altura das brancas. Os aspectos negativos – na mente de alguns de seus detratores – eram a preocupação com a mobilidade individual e a aceitação acrítica do capitalismo como força social dinâmica.

Em São Paulo, os indivíduos e grupos pareceram muito mais esclarecidos e ambiciosos, em suas tentativas de projetar o movimento negro no cenário nacional, do que os ativistas do Rio de Janeiro. Embora o Movimento Negro Unificado (MNU) tenha sido a manifestação mais patente dessa diferença, teve precursores importantes. O Grupo Evolução, formado em Campinas, em 1971, pela carioca Thereza Santos e pelo intelectual paulista Eduardo Oliveira de Oliveira, introduziu questões políticas e ideológicas em suas apresentações culturais – peças de teatro, leituras de poesia, bailes e festivais. Sua utilização da cultura, especialmente das manifestações artísticas, como recursos pedagógicos e políticos para educar os afro-brasileiros, teve grande influência nos futuros líderes do MNU, como Hamilton Cardoso, o já falecido Vanderlei José Maria e Rafael Pinto, que viam essas práticas como distinções poderosas entre o culturalismo que afligira o movimento negro até aquele momento e as práticas culturais ligadas à política partidária ou organizacional.

O Centro de Cultura e Arte Negra (Cecan), do qual Santos e Oliveira de Oliveira também participavam, atendeu a um objetivo semelhante para os militantes que ainda estavam indecisos quanto a sua filiação política, emergindo das sombras da repressão política. Outras organizações e eventos que tentaram promover uma síntese político-cultural foram: o 1 Encontro de Entidades Negras de São Paulo e a 1 Semana do Negro na Arte e na Cultura de São Paulo, em 1975; a Associação Casa de Arte e Cultura Afro--Brasileira (Acacab), fundada em 1977; e o Festival Comunitário Negro Zumbi (Feconezu), realizado pela primeira vez em Araraquara, São Paulo, em 1978, em comemoração à morte de Zumbi dos Palmares. Jornais como o *Jornegro*, o *Árvore de Palavras* e os *Cadernos Negros* fizeram campanhas semelhantes.

O período de ditadura posterior a 1964 agravou a dificuldade do debate franco das questões raciais no Brasil e, como consequência disso, a confiança na cultura expressiva como veículo do discurso político. As organizações e atividades políticas que não se enquadravam no *continuum* Arena-MDB, os dois únicos partidos políticos durante os anos de ditadura militar, eram tratadas como entidades criminosas.

Maria Ercília do Nascimento destacou a predominância dos grupos culturalistas nesse período e as contradições que as posturas culturalistas criaram para o movimento negro. Ela sugeriu que "a questão cultural foi decisiva na definição dos caminhos do movimento negro em geral e do Movimento Negro Unificado em particular. Negro, negrura e negritude foram expressões que passaram a dominar a linguagem e a prática das correntes e organizações"[45].

Isso é verdade, em grande medida. A maciça maioria dos grupos do Rio de Janeiro e São Paulo, para não falar do resto do Brasil, havia se concentrado, em algum nível, num retorno originário às "raízes" africanas como base de *qualquer* prática política ou cultural. Nesse aspecto, a negritude funcionou como uma pedra angular da construção da definição do *negro*, da celebração da "alteridade" e da diferenciação do Ocidente. Suas manifestações simbólicas eram encontradas na ênfase no uso de trajes africanos, na mudança de nomes e na adoção de estilos afro de penteado durante o período do Black Soul. Suas manifestações políticas deram-se nas tentativas, de sucesso lento mas crescente, de ampliar o ensino da história africana e afro-brasileira no sistema de ensino brasileiro.

Entretanto, muitos procuraram ligar essa prática política de base cultural a demandas de benefícios mais igualitários para os brasileiros de origem africana em geral: melhor atendimento de saúde, educação e oportunidades de trabalho. Vários intelectuais ativistas reconheceram a necessidade de um passo transicional da cultura expressiva para a política cultural: o emprego das práticas culturais como meio de obter um avanço coletivo, e não como fim em si. Isso se evidenciou em diversos artigos de autocrítica que surgiram em vários jornais e publicações da imprensa negra. Ainda em 1980, o Sinba publicou um artigo intitulado "Movimento Negro e Culturalismo", que exemplifica essa preocupação. Embora não houvesse referência a culpados específicos, a advertência sobre os perigos do culturalismo para o movimento negro ficou clara: "Quem acredita que a idolatria da cultura é uma prática cultural está enganando a si mesmo. [...] a reverência aos valores culturais deixa de ser uma atitude conservadora quando a cultura se torna uma coisa dinâmica, e a prática cultural verdadeira é necessariamente criativa e transformadora. AS PESSOAS NÃO IDOLATRAM A CULTURA, ELAS A PRODUZEM."[46]

Em seguida, o artigo discutiu de que modo as práticas culturais devem constituir um ponto de partida para uma trajetória rumo ao pensamento político e ideológico, e não um fim em si. É igualmente interessante notar como esse trecho reflete uma identificação com a relação entre o culturalismo e o conservadorismo. Embora a crítica do Sinba se dirigisse explicitamente às escolas de samba conservadoras de um modo geral, também poderia ter sido dirigida ao próprio Sinba.

É que, embora muitos dos novos grupos, inclusive o Sinba, houvessem rejeitado a antiga ordem, ainda não haviam criado novos veículos organizacionais que preenchessem a lacuna entre a vanguarda e as massas. O problema das entidades dessas duas cidades, ao que parece, era a impossibilidade de os eventos episódicos – e, em sua maioria, artísticos – manterem o interesse político e o apoio das comunidades negras. O IPCN, que se situava na Zona Sul, predominantemente branca, tinha mais recursos do que seu rival da Zona Norte, o Sinba, mas esses recursos eram mais investidos em atividades culturais do que em atividades políticas. Paulo Roberto, ex-presidente do IPCN, comentou:

> O IPCN-[...], segundo eu achava, era um eufemismo para a criação de uma entidade que procurasse trabalhar não apenas no nível cultural, mas que pudesse ser uma entidade de mobilização política negra. Mas, desde o começo, ele acabou não tendo uma atividade política, e sim fazendo um trabalho principalmente culturalista. Acho que um grupo de pessoas com poder econômico dentro da organização [...], a maioria das quais estava na diretoria [...], esse grupo, pelo simples fato de ter dinheiro, [...] impunha certos tributos de caráter que eram extremamente culturalistas. E o que eram esses tributos? [...] um showzinho aqui, [...] uma pecinha teatral ali: esse tipo de coisa foi muito negativo para a entidade. Nesse aspecto, as pessoas [o IPCN] tiveram uma perda política.[47]

Roberto concluiu dizendo que as tendências culturalistas do IPCN ditaram o tom ideológico de outros grupos recém-formados no Rio de Janeiro.

A falta de uma estrutura partidária prejudicou o movimento negro durante essa fase. Apesar do breve sucesso da Frente Negra Brasileira como organização e partido político na década de 1930, a maioria dos protestos negros do país havia se limitado a indivíduos relativamente isolados e a associações originárias da classe média baixa, o que tornou altamente descoordenadas, ou até contraditórias, as iniciativas da própria Frente no plano nacional. Os numerosos grupos da década de 1970 deram continuidade a essa tendência. O que se fazia necessário era uma organização com a estrutura de um partido político, mas com formas de alcance semelhantes às de um movimento social.

Ironicamente, o catalisador do desenvolvimento dessa organização foi uma organização clandestina cuja base ideológica era a versão trotskista do marxismo: a Convergência Socialista. Ela foi um campo de treinamento para vários intelectuais importantes do Movimento Negro Unificado, os quais, mais tarde, frustrados com as estratégias da Convergência, desligaram-se dela. Mas não sem terem desenvolvido habilidades valiosas de redação e de política que, mais tarde, foram empregadas no movimento.

A Convergência foi a célula mais ideologicamente radical e militante dos grupos esquerdistas que restaram em São Paulo depois da institucionalização da ditadura. Muitos de seus membros ainda tinham um compromisso com a luta armada anos depois do golpe de 1964, quando já fazia muito tempo que o Estado militarista havia institucionalizado, se não legitimado, o seu poder. Havia na Convergência um grupo de trotskistas negros, liderados por Jorge Pinheiro, então jornalista em São Paulo. Segundo vários de seus antigos membros que foram entrevistados, os militantes negros foram inicialmente atraídos para a Convergência Socialista, nos anos imediatamente seguintes ao golpe, pela colaboração estratégica de Trótski com C.L.R. James. James era um intelectual e ativista negro de Trinidad, nos moldes da tradição marxista, cuja imaginação política criou diversos movimentos pan-africanistas, anticolonialistas e do Poder Negro na África, no Caribe e nos Estados Unidos, até vir a falecer, em 1989[48].

Trótski manteve discussões com James a respeito da ligação entre a luta pela igualdade racial nos Estados Unidos e as preocupações do partido comunista, voltadas para os trabalhadores, durante a época em que esteve exilado no México, na década de 1930. Essas discussões foram publicadas e disseminadas de outras maneiras, e acabaram chegando às mãos dos esquerdistas brasileiros exilados na França, na Grã-Bretanha e noutros países da Europa Ocidental no início dos anos 1970.

A conjugação que faziam entre raça e classe foi avidamente acolhida por militantes negros, que tinham sido historicamente alienados pelo positivismo materialista da esquerda brasileira branca. Flávio Carrança, Hamilton Cardoso, o falecido Vanderlei José Maria, Milton Barbosa, Rafael Pinto e outros ligaram-se à célula da Convergência em São Paulo. Mais tarde, emergiriam dela como figuras axiais na criação do Movimento Unificado Contra a Discriminação Racial, que depois se transformou no Movimento Negro Unificado. O periódico da Convergência veio a ser *Versus*, publicado de 1977 a 1979. Em consonância com a orientação ideológica do núcleo, os membros do núcleo socialista negro criaram sua própria seção dentro do *Versus*, intitulada "Afro-Latino América". Hamilton Cardoso, Jamu Minka e Neuza Pereira escreveram os primeiros artigos para essa seção, embora outros militantes negros, posteriormente, viessem a escrever artigos especializados e comentários.

A "Afro-Latino América" refletiu a diversidade existente no movimento negro emergente, apresentando textos sobre o socialismo africano, a violência policial, diálogos entre negros e índios brasileiros, a opressão em três camadas das mulheres negras, literatura e muitos outros assuntos. Embora existissem alguns periódicos que eram uma produção direta do movimento negro, como a *Árvore de Palavras* e o *Jornegro*[49], nenhum deles tinha a sofisticação editorial e a amplitude do *Versus*, nem estava diretamente ligado a uma formação política de oposição, como acontecia com a seção "Afro-Latino América" e seus produtores. Isso não pretende sugerir que ele fosse um simples órgão da Convergência. Não era. Na verdade, as constantes divergências com respeito à direção editorial do *Versus*, decorrentes de conflitos em torno da direção da Convergência, resultaram na saída de muitos militantes negros de suas páginas, os quais abandonaram por completo a Convergência Socialista.

Embora muitos artigos de "Afro-Latino América" refletissem a juventude de seus autores (a maioria estava na casa dos vinte e poucos anos), representaram um processo de especulação acerca do grau em que a subordinação dos brasileiros negros era condicionada pela exploração racial, que tinha na subordinação material uma de suas principais formas. Apesar de a maioria dos artigos não minimizar a realidade social dos antagonismos de classe no Brasil, havia uma recusa explícita de incluir a raça na categoria da classe. Marx pode ter virado a dialética hegeliana de cabeça para baixo, mas os autores de "Afro-Latino América" viraram de lado a dialética do materialismo histórico do próprio Marx, a fim de construir, como outros tinham feito nos movimentos nacionalistas da África e do Caribe, uma análise paralela da raça e da classe na sociedade e na cultura nacionais. Conquanto fossem decididamente a favor da criação de um partido socialista com ênfase na política trabalhista, eles defendiam uma postura afro-brasileira contingente, *dentro* do partido, em relação ao tratamento partidário das questões da discriminação, da violência policial e da segmentação do mercado de trabalho. Eis um exemplo disso, extraído de um artigo da seção "Afro-Latino América" em defesa da eventual criação de um partido trabalhista e não social-democrata:

> Os negros, com todos os seus problemas, só terão uma solução se, em vez de aceitarem essa alternativa e serem rebocados por esse partido, criarem núcleos que se pautem na cultura, na discussão política e no armamento ideológico. Criarem uma ideologia negra e teorias relacionadas com seus problemas. Se esses núcleos não formarem uma unidade, uma frente de pensamento que formule para a situação do Brasil uma solução que seja separada das da UDN, do PDS, do MDB e da Arena, isso significará que os negros ainda não terão assumido uma postura de independência ideológica, capaz de reestudar seus problemas dentro da sociedade brasileira.[50]

Isso contém, com efeito, o embrião ideológico e a postura de "terceira via" do Movimento Negro Unificado, que se efetivaram não apenas na fundação e nas atividades subsequentes do MNU, mas também na criação de núcleos africanos no Partido dos Trabalhadores (PT) e no Partido Democrático Trabalhista (PDT) na década de 1980. Logo depois, vários outros partidos políticos, como o PCB, seguiriam o mesmo caminho.

A confluência das questões raciais e de classe numa formação política de ativistas de esquerda, nascida de um grupo subalterno, não é exclusiva do Brasil. A retórica do socialismo pan-africano no Caribe ou na África e os projetos malogrados de igualitarismo racial na Guiana ou no Suriname são exemplos disso. O que há de incomum no caso brasileiro é que os ativistas ligados ao MNU pareciam oscilar permanentemente entre as esferas da política partidária e do movimento negro, em vez de optar pela primeira em detrimento do segundo, ou vice-versa. Isso foi auxiliado, em grande parte, pela dedicação comum do movimento trabalhista e do movimento negro a seus respectivos interesses – amiúde comuns –, o que não havia ocorrido antes da década de 1970.

As posições cada vez mais insustentáveis da Convergência Socialista, como sua adesão romântica à ideia trotskista da revolução permanente, e a compartimentalização da equipe da "Afro-Latino América" dentro do jornal provocaram desencanto nos componentes da seção[51]. Autores como Vanderlei José Maria e Hamilton Cardoso deixaram o *Versus* e a Convergência depois da última edição do jornal, em 1979. Não obstante, o *Versus* foi um lugar de gestação de intelectuais negros. Os membros da equipe de "Afro-Latino América" tornaram-se figuras importantes na formação de uma das poucas tentativas explicitamente políticas e não culturalistas de constituir um movimento negro no Brasil.

Retomando um ponto anterior, portanto, as posturas táticas e ideológicas assumidas pela seção "Afro-Latino América" foram precursoras do MNU. Essas posturas foram decisivas para o MNU e para o movimento em geral, como também o foram as correntes ambíguas do culturalismo. Pela primeira vez no Brasil, a defesa de uma posição quanto à raça e à classe não foi marginalizada pela intelectualidade afro-brasileira e, na verdade, passou a suplantar os modelos conformista e assimilacionista como postura dominante do movimento negro. O que ficou faltando, no fim da década de 1970, foram eventos que impulsionassem essas posturas intelectuais e políticas para formas de práxis.

O acontecimento que inflamou os ativistas negros de São Paulo e depois de outras áreas do Brasil, inclusive o Rio de Janeiro, foi a tortura e assassinato de Robson Luz, um motorista de táxi negro, nas mãos da polícia de São Paulo, em abril de 1978. Esse não foi o primeiro nem o último ato de violência racial perpetrado pelo Estado contra os negros, mas foi visto pelos ativistas como um ato que justificava uma resposta. Os militantes de São Paulo e do Rio de Janeiro decidiram que um ato público seria a primeira tentativa real de recuperar o espaço público perdido durante a ditadura, além de um teste ao pretenso compromisso do Estado com a democracia e a harmonia racial. Em junho, o Movimento Negro Unificado Contra a Discriminação Racial (MNUCDR) foi criado por militantes do Rio de Janeiro e de São Paulo, ocasião em que ficou decidido que seu primeiro ato público seria uma manifestação em frente ao Teatro Municipal, no centro de São Paulo[52].

Em 7 de julho de 1978, uma carta aberta à população brasileira foi lida para aproximadamente duas mil pessoas nos degraus do Teatro Municipal de São Paulo:

> Hoje estamos na rua, numa campanha de denúncia! Uma campanha contra a discriminação racial, contra a repressão policial, o subemprego e a marginalização. Estamos na rua para denunciar a qualidade extremamente precária da vida da Comunidade Negra. [...] O Movimento Negro Unificado Contra a Discriminação Racial foi criado como um instrumento de luta da Comunidade Negra. Esse movimento deverá ter como princípio básico o trabalho de denúncia permanente de todos os atos de discriminação racial, a organização constante da Comunidade para enfrentar qualquer tipo de racismo [...]. Por essa razão, propomos a criação de CENTROS DE LUTA DO MOVIMENTO NEGRO UNIFICADO CONTRA A DISCRIMINAÇÃO RACIAL nos bairros, nas cidades, nas prisões, nos terreiros de candomblé, em nossos terreiros de umbanda, no trabalho, nas escolas de samba, nas igrejas, em todos os lugares onde as pessoas negras vivem: CENTROS DE

LUTA que promovam o debate, a informação, a conscientização e a organização da comunidade negra [...]. Convidamos os setores democráticos da sociedade que nos apoiam a criarem as condições necessárias para uma verdadeira democracia racial.[53]

Pouco tempo depois, formaram-se CTS (Centros de Luta) em Salvador, Porto Alegre e Vitória. O princípio ambicioso, mas motivador, do MNU era ser uma entidade que abrangesse todas as organizações militantes negras do país. O MNU, como a maioria das outras organizações políticas afro-brasileiras da época, era organizacionalmente contrário aos conservadores políticos, negros ou não, que se faziam menos visíveis e ufanistas depois dos fracassos do milagre econômico e da política quase totalitária de meados da década de 1970. As posturas estratégicas dos liberais e conservadores, de um lado, e do MNU, de outro, eram mutuamente excludentes[54].

Uma das primeiras investidas do MNU no debate nacional disse respeito à questão da anistia dos prisioneiros políticos, em novembro de 1978, em São Paulo. O MNU queria ampliar a categoria de "prisioneiros políticos" para que ela incluísse os negros presos por crimes contra a propriedade (furtos, roubos etc.), sob a alegação de que, embora parecessem atos individuais, esses "crimes" eram, não obstante, respostas políticas a uma elite que recusava o emprego, a moradia e a educação à maioria de seus cidadãos. O MNU foi mais longe na condenação da anistia condicional, afirmando que os negros, que já exibiam uma tendência maior do que os brancos a ser presos, eram desproporcionalmente mais submetidos a espancamentos e torturas, o que, a rigor, tornava sua situação análoga à dos presos políticos brancos.

Em sua crítica ao projeto de anistia limitada instituído pelo governo brasileiro, o MNU declarou: "A mão que assassina os negros, indiscriminadamente, é a mesma que prende estudantes e trabalhadores, com o mesmo resultado: manter a população oprimida [...] e desorganizada, e, no final das contas, manter os privilégios da minoria que está sentada no poder."[55]

Em dezembro de 1979, realizou-se o I Congresso Nacional do MNU no Rio de Janeiro. Foram aprovadas resoluções a respeito da organização nacional, de sua estrutura e do apoio a ser dado a vários candidatos na política eleitoral. Tal como os líderes eclesiásticos e trabalhistas que tinham sido vozes dissidentes durante os anos 1970, o MNU também reivindicou, como parte de seu programa de ação de dezesseis itens, uma reforma agrária mais radical, a proteção dos acampamentos dos sem-terra, o direito de sindicalização dos trabalhadores e uma reforma do ensino.

Com respeito à plataforma específica relativa aos afro-brasileiros, alguns de seus objetivos incluíam referências e propostas sobre a discriminação contra a mulher negra, os homossexuais e as prostitutas. Ao lado de organizações feministas e outras, o MNU coordenou, em 13 de junho de 1979, sua segunda manifestação pública no Teatro Municipal, seguida de uma passeata de protesto contra a perseguição da polícia às prostitutas, aos homossexuais, aos negros e aos pobres em geral.

Essas atividades, iniciadas pelo MNU e pelos grupos negros que o apoiavam, inquietaram parte das elites brancas. Gilberto Freyre, numa referência oblíqua ao MNU, transmitiu sua resposta a uma entrevista da United Press sobre o racismo brasileiro num artigo na *Folha de S. Paulo*, em 1979: "Tive notícia de um movimento que se diz antirracista em São Paulo. Creio que isso é uma imitação considerável – voluntária ou organizada – das reivindicações do chamado 'negro americano' dos Estados Unidos. Ora, não existe no Brasil um 'negro brasileiro', separado da comunidade brasileira nacional. Existem, sim, brasileiros de origem africana negra, alguns dos quais sofrem uma discriminação não de caráter racial, mas de classe."[56]

Outro exemplo da inquietação das elites diante da onda de ativismo negro, dessa vez em escala internacional, foram os seguintes comentários de Antonio Neder, presidente do Supremo Tribunal Federal, em 1979. O que é digno de nota nos comentários abaixo é que eles foram feitos num discurso em homenagem ao Dia Internacional Contra a Discriminação Racial, 21 de março. Na presença dos embaixadores de diversos países africanos, Neder afirmou que o racismo "deve ser eliminado, ou antes, a estupidez do racismo, para que seus netos [leia-se, os dos brancos] não venham a ser vitimados, amanhã, pela vingança de um Hitler negro, defensor das raças definidas como inferiores pela doutrina equivocada [...] de Gobineau"[57].

Na falta de documentação sobre o comportamento do Estado a respeito da vigilância dos grupos militantes negros e das suposições sobre seus atos, respostas como as reproduzidas acima fornecem apenas vislumbres dos sistemas de crença mais amplos que moviam a defesa da democracia racial. Não obstante, as atividades do MNU foram consideradas um exemplo de racismo às avessas, no qual os militantes negros perpetravam atos desnecessários de racismo, ao afirmarem a existência do racismo no Brasil. Freyre negava categoricamente a existência de preconceito racial no Brasil, para começo de conversa. Logo, segundo ele, as afirmações feitas pelos "brasileiros de origem africana" eram falsas.

A "inovação [de Neder] sobre a democracia racial", como a caracterizou um editorial do *Sinba*, é surpreendente, se considerarmos que ele fora convidado a fazer um discurso comemorativo no Itamarati a respeito da discriminação racial e das lutas contra ela[58]. O que une Freyre e Neder é a pressuposição de que as afirmações de práticas racistas, ou mesmo a vingança contra elas, são equivalentes a afirmações de superioridade racial e, por conseguinte, constituem, elas mesmas, uma forma de racismo. Esses são apenas mais dois exemplos de nossa afirmação teórica anterior sobre a capacidade hegemônica que tem a democracia racial, nos atos das elites brancas, de reduzir a maioria dos debates sobre as manifestações e as consequências substantivas da discriminação racial no Brasil a discordâncias quanto à existência ou inexistência do preconceito racial. Aliás, embora o Estado não apresentasse nenhuma queixa contra o MNU, várias autoridades do governo sugeriram, depois que a organização realizou sua segunda assembleia nacional, em 1979, que ela estava violando a Lei Afonso Arinos!

A visão do MNU sobre o apoio a ser dado a partidos políticos era de uma postura independente. Embora muitos de seus membros fizessem parte do PT por ocasião da fundação do partido, em 1980, o MNU funcionava separadamente desse e de outros partidos. Ajudava apenas os partidos e candidatos cuja postura a respeito da raça e de outras questões era compatível com a sua. Seu apoio a alguns candidatos, entretanto, parece ter tido pouca influência no resultado das eleições, dada a presença geralmente fraca dos negros na política eleitoral. Com exceção da eleição de Luiza Erundina para a prefeitura de São Paulo, em 1988, poucos candidatos apoiados pelo MNU foram eleitos para cargos públicos.

Depois do ardor inicial do fim dos anos 1970 e início dos 80, o MNU parece haver perdido um pouco de seu ímpeto. No fim da década de 1980, entretanto, uma nova geração de ativistas do MNU emergiu em várias partes do país. Ambiciosos, antes de mais nada, os centros de luta variavam muito em suas atividades e em sua influência nas comunidades de todo o país[59]. Contudo, embora milite em áreas em que o movimento negro em geral é visivelmente atuante, o MNU tornou-se apenas mais uma organização entre muitas, e não a entidade abrangente que pretendia ser. Havia grupos em demasia, às vezes com plataformas rivais, para que uma única organização pudesse funcionar à maneira de um guarda-chuva. Essa problemática assemelha-se à análise de Campello de Souza, em 1989, sobre o Partido do Movimento Democrático Brasileiro (PMDB) durante a abertura, quando múltiplas tendências ideológicas já não podiam ser contidas num só partido e a base de apoio partidário começou a diminuir, com a proliferação de partidos e organizações políticas. Resta saber se o MNU, como o PMDB, perderá sua importância dentro do movimento, em consequência da mobilização política, ou se irá reestruturar-se em busca de novas estratégias na década de 1990.

Os recursos materiais escassos foram um grande obstáculo à implementação de projetos e à criação de uma política que atingisse as favelas predominantemente negras e mulatas do Rio de Janeiro e de São Paulo. Vários membros importantes da liderança do MNU também se envolveram em disputas trabalhistas e em greves, o que esvaziou ainda mais as finanças, já insignificantes, do movimento. Milton Barbosa, um membro do sindicato dos trabalhadores das empresas de transporte e também militante trabalhista, envolveu-se em longas greves durante a década de 1980. Nem o MNU nem muitas das outras organizações são financeiramente autônomos, dependendo de doações e contribuições pessoais e comunitárias para sobreviver.

Esse déficit material aponta para uma grande diferença estrutural entre os ativistas "de classe média" do movimento e seus equivalentes brasileiros brancos, expondo a precária situação socioeconômica dos membros do grupo negro de classe média engajados na atividade política. Muitos pertencem à primeira geração a escapar do analfabetismo e da pobreza. Uma greve geral, uma doença grave ou outras formas potenciais de privação material podiam colocar vários ativistas das décadas de 1970 e 1980 mais perto da situação material de seus pais do que da dos profissionais liberais paulistas ou cariocas – e muitas vezes o fizeram. Sob esse aspecto, a posição ambígua dessas pessoas nas relações de produção faz lembrar mais a "burguesia negra" de E. Franklin Frazier do que a classe institucionalmente alicerçada, emergente e poderosa sobre a qual escreveram inúmeros sociólogos alemães, chamando-a de força motriz da Revolução Industrial. Também nesse aspecto, o impacto socioeconômico da raça altera fundamentalmente o eixo puro da análise das classes.

A abordagem da "mobilização de recursos", desenvolvida por Aldon Morris com respeito à base cultural-estrutural do movimento estadunidense pelos direitos civis, é relevante para uma análise dos recursos limitados de que dispõe o movimento negro no Brasil. Morris postula que a ação coletiva nasce das estruturas e processos políticos preexistentes, sugerindo ainda que a capacidade que tem um grupo dominado de organizar, mobilizar e gerir recursos valiosos determina o alcance de seu protesto social[60]. O fato de muitas organizações afro-brasileiras dependerem de fontes não comunitárias de recursos, particularmente provenientes de instituições de ajuda no exterior, aliado a uma infraestrutura mínima em suas comunidades para levantar fundos independentemente, mantendo registros das despesas e dos lucros relacionados com eventos culturais destinados a gerar renda, tem prejudicado o desenvolvimento e a mobilização de recursos materiais para fins culturais e políticos[61].

Raça, Sexo e Mobilização de Base Religiosa

A ativista Sueli Carneiro, de São Paulo, descreveu o movimento das mulheres negras como "uma intersecção entre o movimento negro e o movimento das mulheres", o que constitui uma definição precisa das complexidades teóricas e práticas do papel da mulher afro-brasileira no movimento negro, bem como de sua posição autônoma em relação às feministas brancas. Embora haja uma rica bibliografia sobre os movimentos feministas no Brasil e na América Latina em geral, raros são os trabalhos acadêmicos sobre as mulheres afro-brasileiras[62]. Tal como o tema da raça no Brasil, a escassez de uma bibliografia acadêmica sobre os movimentos das mulheres afro-brasileiras só será remediada pela produção de trabalhos acadêmicos por ativistas feministas afro-brasileiras e por mulheres afro-brasileiras que sejam sensíveis às questões pertinentes.

A posição da mulher afro-brasileira na sociedade brasileira, tal como a situação das mulheres de origem africana noutros lugares, é basicamente pautada na relação tridimensional entre raça, classe e sexo. Como foi destacado no capítulo 2, as mulheres afro-brasileiras tiveram as oportunidades e as limitações do mercado determinadas por seu sexo. Os trabalhos de Peggy Lovell, Charles Wood e George

Reid Andrews assinalaram que as mulheres afro-brasileiras tiveram maiores oportunidades de emprego do que os homens afro-brasileiros em áreas menos especializadas, porém tiveram menos oportunidade nas profissões altamente especializadas. Essa situação não difere das relações e disparidades entre as mulheres e homens afro-americanos dos Estados Unidos no tocante aos mercados de trabalho.

Em termos políticos, as mulheres e os homens afro-brasileiros também têm distinções semelhantes no que tange à opressão racial e de classe. Embora vários grupos, como o MNU, tenham desenvolvido perspectivas e programas de ação feministas no fim da década de 1970, houve também no movimento uma reprodução de atividades patriarcais que fomentou a discórdia entre os ativistas masculinos e femininos. Uma frase bastante batida, "o pessoal é político", caracteriza adequadamente as frustrações vividas pelas mulheres dentro do movimento em meados dos anos 1970. Muitos ativistas afro-brasileiros do masculino pregavam a igualdade entre os s como parte de sua retórica política, mas esperavam que as afro-brasileiras executassem as tarefas da dona de casa convencional, enquanto eles participavam plenamente do movimento e, às vezes, de relacionamentos com outras mulheres.

Para as afro-brasileiras engajadas no movimento, essa disjunção serviu para sublinhar a necessidade de estratégias políticas e posturas teóricas que independessem da versão masculinista do movimento. O masculinismo observado no interior do movimento não apenas levou a tensões entre homens e mulheres afro-brasileiros, mas também a uma hierarquia e a uma priorização de questões que seguiam moldes igualmente sexuais.

Por outro lado, a esquerda brasileira branca frequentemente reproduzia o elitismo de sua socialização profissional e de sua experiência pessoal, desprezando as manifestações de desigualdade racial e sexual em suas próprias casas. Um incidente caracteriza bem esse paradoxo. Em 1980, vinham ocorrendo em São Paulo discussões sobre a formação de um novo partido dos trabalhadores (o PT), realizadas nas casas de muitos intelectuais esquerdistas de peso. Havia ativistas negros participando dessas discussões e articulando a necessidade de o PT reconhecer a importância da raça na estruturação das desigualdades sociais. Rafael Pinto e Francisco Marcos Dias, afro-brasileiros então atuantes no MNU, compareceram a uma reunião na casa de Eduardo Suplicy, um intelectual respeitado e um dos fundadores do PT. Antes do início da reunião, os dois disseram que duas empregadas negras apareceram e foram instruídas a tirar várias crianças da sala, porque "os adultos estavam conversando". Pinto e Marcos declararam haver então sugerido a Suplicy que as mulheres fossem incluídas na reunião. "Sugeri ao Suplicy", lembrou Marcos, "que aquelas duas mulheres ficassem presentes numa discussão sobre a formação de um partido dos trabalhadores, porque, afinal, elas eram as verdadeiras trabalhadoras na sala."[63] Suplicy concordou sem dizer palavra, mas enraivecido, e, segundo Marcos e Pinto, recusou-se a falar com eles dois durante todo o resto da reunião e por anos a fio depois desse incidente.

As afro-brasileiras depararam com dificuldades semelhantes junto às feministas brasileiras brancas. Tal como nas tênues alianças formadas entre feministas negras e brancas na Grã-Bretanha e nos Estados Unidos, nas décadas de 1970 e 1980, as ativistas afro-brasileiras constataram, muitas vezes, que suas camaradas brancas desprezavam o fato de que também elas oprimiam as mulheres afro-brasileiras. As negras, como assinalaram diversas afro-brasileiras entrevistadas, têm sido as pessoas que cuidam das famílias brancas. Essa vantagem estrutural na relação entre negras e brancas permitiu que estas últimas adquirissem instrução e buscassem oportunidades de carreira, o que de outro modo não teriam conseguido fazer, no contexto de uma relação heterossexual convencional, em que se espera que as mulheres cuidem da casa e da família. Isso foi salientado em diversas ocasiões, durante as reuniões da década de 1980 em que feministas brancas e negras se confrontaram e examinaram suas respectivas questões[64].

Apesar dessas dificuldades, o movimento das afro-brasileiras adotou com sucesso vários cursos de ação destinados a aliviar a situação das mulheres afro-brasileiras, que em sua maioria são pobres e têm pouco preparo ou instrução. Na verdade, um dos claros avanços de seu movimento foi a capacidade de algumas organizações de abordar questões que afetam de maneira desproporcional – ainda que não exclusiva – as afro-brasileiras, tais como a educação dos filhos, o aborto e os direitos de procriação. O Agbara Dudu, bloco feminista africano fundado no Rio de Janeiro em 1982, fez algumas incursões na comunidade pobre da Baixada Fluminense, atraindo negras da Baixada através de seu engajamento em atividades cotidianas, desde a educação nutricional até a proteção das famílias contra a violência policial, e orientando-as sobre seus direitos constitucionais.

O Geledés, instituto de mulheres negras fundado em 1990 por ativistas de São Paulo, é uma das poucas organizações desse tipo a confrontar agressivamente a discriminação racial no âmbito do sistema jurídico brasileiro. Como outras organizações femininas atuantes, o Geledés tem a vantagem da especificidade de suas questões. Enfatizando os direitos de procriação, a discriminação no mercado de trabalho e outras preocupações diretamente relacionadas com a saúde da mulher afro-brasileira, ele tem o potencial de atingir metas de curto prazo para melhorar as condições de vida de algumas mulheres, ao mesmo tempo que, a longo prazo, chama a atenção para os problemas específicos enfrentados pelas afro-brasileiras na sociedade civil.

Similarmente, grupos religiosos como os Agentes de Pastoral Negros e a Comissão de Padres, Seminaristas e Religiosos Negros do Estado do Rio de Janeiro, fundados em 1987, confrontaram o racismo na Igreja Católica brasileira e em sua hierarquia. Seus membros têm trabalhado em comunidades como as da Baixada Fluminense, no Rio de Janeiro, e das favelas de São Paulo. No âmbito de suas atividades inclui-se: o protesto público contra o assassinato de crianças (muitas delas, negras) por esquadrões da morte, em lugares como São João de Meriti e Duque de Caxias, no Rio de Janeiro; a disseminação de material educativo sobre a teologia da libertação e a história dos negros no Brasil; e um diálogo crescente com os líderes das religiões afro-brasileiras. Ao que parece, os grupos voltados para questões específicas, quando já integrados em comunidades predominantemente negras, têm tido mais sucesso como catalisadores sociais do que os grupos associativos primordialmente definidos por sua filiação ao movimento. O movimento das mulheres negras e o dos teólogos negros da libertação são apenas dois exemplos disso. Os grupos já inseridos em alguma comunidade têm maior base organizacional e maior conhecimento dessas comunidades, por experiência própria, do que as organizações "negras" ativistas e de pesquisa formadas fora da comunidade. Isso parece coadunar-se com a sugestão de Rex de que a questão fundamental de um movimento de base étnica pode *não* ser a etnia, mas a classe, o poder ou algum outro indicador de desigualdade que se transforme num princípio organizador[65].

O movimento negro, em contraste, distinguindo-se das organizações religiosas ou das que se baseiam no sexo e na raça, tem exibido um pendor para longos debates acadêmicos sobre a ideologia e a política "adequada", em lugar de discussões organizacionais sobre a estratégia geral na sociedade civil. Gonzalez e Hasenbalg observaram como as discussões se centraram nos defeitos do quilombismo, a explicação pretensamente científica de Abdias Nascimento sobre as práticas comunitárias das sociedades de escravos nos quilombos, bem como em outras questões de ideologia, e não de prática. Essa tendência também foi prejudicial para sua possibilidade de se aproximar de pessoas para quem a água encanada, a moradia e a comida são problemas mais prementes do que os méritos epistemológicos do quilombismo. Isso não equivale a sugerir que essas questões devam continuar abafadas, mas que devem ser colocadas em sua perspectiva adequada.

Considerada a maior instabilidade das categorias raciais no Brasil do que noutras sociedades, a utilização da identificação religiosa e sexual como veículo de conscientização racial talvez tenha mais vantagens a curto prazo na mobilização afro-brasileira também por outras razões. Uma vez que *ser* "negro" é um fenômeno relativamente novo, identificar-se como mulher, pobre ou cristão talvez seja uma referência pessoal mais fácil e menos conflitiva para o indivíduo do que referir-se a si mesmo como negro. Há provas de debates internos entre pretos e pardos, dentro do próprio movimento, quanto ao que constitui o negro, muitas vezes com consequências de exclusão. Em 1988, na Primeira Conferência Nacional de Mulheres Negras no Rio de Janeiro, houve uma tentativa de golpe visando retirar da comissão organizadora nacional a representante do Rio de Janeiro, que era considerada clara demais para representar as mulheres negras[66]. Num debate entre candidatos negros a cargos públicos municipais no Rio de Janeiro, em 1988, o comentário de uma pessoa foi desconsiderado por um candidato negro do PT à Assembleia Legislativa porque esse participante era mulato e, portanto, não podia apresentar uma análise relevante[67].

Esses conflitos aparentemente mesquinhos, mas significativos, enraízam-se na complexidade da identificação racial no Brasil, mas também são persistentes noutras sociedades multirraciais. As diferenças fenotípicas entre negros de tez mais clara e mais escura produzem tensões sociais tanto dentro das comunidades negras quanto entre estas e a sociedade branca. No entanto, embora sejam *fatores* ou variáveis na identificação e na política raciais, não constituem *barreiras* automáticas à participação política de negros com qualquer coloração da pele (embora se deva admitir que isso aconteceu, em certa época).

A Raça, o Estado e o Movimento Negro

Na década de 1980, uma nova geração de ativistas pleiteou cargos e espaços organizacionais nos governos em nível municipal. As reivindicações de conselhos e assessorias de Estado especificamente destinados à comunidade negra, feitas por ativistas de São Paulo, levaram o governador Franco Montoro à criação, em 1984, do Conselho de Participação e Desenvolvimento da Comunidade Negra. Os objetivos expressos desse conselho eram: desenvolver estudos relativos à situação da comunidade negra, propor maneiras de a comunidade defender seus direitos civis e eliminar as práticas discriminatórias que afetam cotidianamente a vida socioeconômica, política e cultural dos negros[68].

O conselho, dominado por membros do PMDB (o partido de Montoro), recebeu verbas do estado de São Paulo desde a sua criação. As mudanças nas prioridades governamentais de concessão de verbas, geralmente precipitadas por alterações nas administrações de governo, prejudicaram os esforços do conselho de realizar pesquisas e lutar ativamente por outros de seus objetivos expressos. As rusgas pessoais dentro do conselho também foram prejudiciais à mediação ativa entre os interesses do governo e os dos negros de São Paulo. O adultério, as ambições pessoais e outros episódios pueris mas nocivos, envolvendo membros da instituição, deram uma aura de telenovela a suas atividades. A partir de 1989, muitos ativistas e cofundadores expressaram seu desencanto com o caráter cada vez mais personalista do conselho e se afastaram da organização.

Em 1988, um conselho municipal da comunidade negra foi formado por ativistas negros do PT em São Paulo, com a intenção de levantar a bandeira das necessidades dos negros de maneira coerente com as práticas anteriores do MNU. Em 1989, o conselho foi dissolvido, após a vitória de Luiza Erundina, na suposição de que, durante sua gestão administrativa, seriam criados conselhos populares comandados por vários segmentos da sociedade (mulheres, negros etc.), e não pelo governo. Tais conselhos, entretanto, ainda não se haviam materializado em 1990. Além disso, é pequena a probabilidade de que sejam criados durante o mandato de Erundina na prefeitura, dados os recursos limitados de que dispõe o governo do estado.

As eleições estaduais de 1982 no Rio de Janeiro levaram o líder do PDT, Leonel Brizola, à chefia do governo. Uma vez empossado, Brizola cumpriu uma promessa feita anteriormente a ativistas negros de seu partido, nomeando negros para cargos importantes em seu gabinete. Carlos Alberto Oliveira, Caó, foi nomeado secretário do Trabalho, Edileda Salgado Nascimento tornou-se secretária de Promoção Social e Carlos Magno Nazareth foi nomeado chefe da Polícia Militar do Rio de Janeiro. Embora suas nomeações tenham chocado alguns setores do *establishment* político, as graves crises financeiras nos planos federal e estadual, entre 1982 e 1986, foram um grande empecilho para as perspectivas de uma política estadual transformadora em termos específicos da raça ou da classe.

A problemática que une a política eleitoral do Rio de Janeiro e de São Paulo, em sua maneira de afetar a vida dos brasileiros negros e suas práticas políticas, é a natureza efêmera das conquistas obtidas através de administrações políticas específicas. Como se evidenciou na dissolução do conselho municipal da comunidade negra de São Paulo, depois que Erundina assumiu a prefeitura, as incursões feitas por ativistas negros no aparelho de governo municipal ou estadual durante uma gestão administrativa podem ser imediatamente desarticuladas na seguinte[69]. Assim, parece que o movimento social – ao lograr exercer uma pressão suficiente sobre os governos, políticos e tecnocratas – teria condições de produzir efeitos políticos de mais longa duração. Vários ativistas e grupos expressaram desconfiança em relação à política eleitoral e desagrado com os indivíduos e grupos que defendem a necessidade de a comunidade negra "ocupar espaço" no governo. Os perigos da coaptação, do corporativismo e do velho "jeitinho" brasileiro na política são comumente citados como razões para se evitar as armadilhas da política eleitoral e dos políticos elegíveis.

Isso nos leva à lacuna fundamental do movimento negro, à falta de instituições *nacionais* significativas que tenham por objetivo primordial e explícito a politização das desigualdades raciais. Sem uma instituição ou um complexo de organizações de base institucional para transformar a subordinação afro-brasileira num foco do interesse político nacional, as respostas das elites brancas na sociedade civil e política ficam fragmentadas, idiossincráticas e pautadas no nível estadual (em vez do federal).

A incorporação de ativistas negros em cargos de autoridade estatal não é automaticamente um mau augúrio. Os conselhos especiais e as organizações intermediárias criados no Rio de Janeiro e em São Paulo durante meados dos anos 1980 foram descendentes diretos das formações sociais surgidas na década de 1970, as quais clamavam por uma sensibilidade maior, no nível estatal, para com os afro-brasileiros. Nesse aspecto, as atividades estatais e societárias se entrelaçam e não são, *a priori*, incursões separadas ou contraditórias nas práticas racialmente discriminatórias que ocorrem na sociedade civil ou dentro do próprio Estado. É verdade que as abordagens voltadas para o alívio das práticas de discriminação racial refletiram a orientação ideológica e estratégica, digamos, dos negros do MNU, em oposição à dos negros racialmente conscientes que são membros do PMDB. No caso dos primeiros, há uma aversão generalizada aos "guetos" no interior das estruturas burocráticas dos governos municipal, estadual ou federal, ao passo que os negros do PMDB, em consonância com a política mais estatista de seu partido, têm-se mostrado mais ávidos de ocupar espaços nos conselhos municipais e estaduais de São Paulo.

Um aspecto positivo desse incrementalismo é sua possibilidade de funcionar como um *alter ego* na esfera pública, forçando os agentes estatais a trabalharem em benefício de uma certa comunidade em geral, mesmo funcionando em prejuízo de um grupo ativista específico. Esse é um aspecto também salientado na avaliação positiva de George Reid Andrews, em sua obra *Blacks and Whites in São Paulo, Brazil, 1888-1988*, sobre os avanços afro-brasileiros no aparelho de Estado na década de 1980. As reivindicações ou concessões dos agentes de um aparelho de Estado ou da sociedade civil raramente funcionam como um cálculo de soma igual a zero. Em outras palavras, a maioria das decisões – sobre fazer ou não reivindicações e sobre ceder a algumas demandas e não a outras – não é tomada isoladamente, mas após uma relativa consideração das opções disponíveis. Essas opções, no nível do Estado, são a de ignorar as reivindicações, com o risco de aumentar a inquietação social e produzir demandas mais radicais dos agentes, ou a de levá-las *em* consideração, a fim de promover maior estabilidade civil e neutralizar os conflitos. Em geral, há em cada uma dessas alternativas um conjunto identificável de agentes cujas reivindicações e atividades são consideradas mais ou menos desejáveis do que outras.

Essas reivindicações e atividades gerais são uma parte tão integrante dos cálculos políticos do Estado e dos agentes civis, em situações específicas, quanto o são os fatores imediatos atribuíveis às próprias situações. Embora esta seja uma afirmação do senso comum, ela é feita aqui para enfatizar o contexto e a composição das relações entre os políticos/ativistas negros brasileiros e os vários governos da sociedade brasileira, e para sugerir que os dilemas criados pela atividade governamental/eleitoral para todos os ativistas negros conscientes da raça fazem parte da relação paradoxal mais ampla entre o Estado e a sociedade civil. Esta reflete os problemas inerentes à tentativa de ser duas coisas ao mesmo tempo: uma figura ativista, representante de um eleitorado específico na sociedade civil, e alguém que acaba sendo reconstituído no aparelho de Estado como um agente mediador entre esse eleitorado e os interesses estatais.

Quando um ativista assume essa responsabilidade, sua movimentação política é restringida pelas limitações e pelas tensões dinâmicas da relação entre o Estado e os eleitores. Assim, esses mediadores não são meros representantes estatais ou ativistas civis em si, mas o resultado dialético da relação que dá origem à sua posição dentro do Estado.

Isso, segundo a maioria dos relatos, leva a uma pergunta ainda não respondida no movimento negro do Rio de Janeiro e de São Paulo: podem os ativistas, uma vez ingressando numa organização estatal criada para negociar as reivindicações de um eleitorado específico na sociedade civil, continuar fiéis às articulações e às demandas desse eleitorado, no exercício de um cargo estatal? As primeiras respostas de São Paulo, sob a forma do já mencionado conselho estadual da comunidade negra, mostram pelo menos um exemplo de fracasso.

Algumas organizações recém-criadas, como a assessoria da comunidade negra de São Paulo, um órgão auxiliar criado no governo de Luiza Erundina em 1989, e a Fundação Palmares, criada por decreto presidencial em 1988 e administrada por ativistas negros no Rio de Janeiro, são apenas dois de vários órgãos instituídos por leis municipais ou federais para abordar questões específicas dos ativistas negros. Os administradores desses órgãos não têm respostas imediatas para a pergunta formulada acima e declaram que a resposta afirmativa ou negativa depende do grau de autonomia relativa dos ativistas/agentes estatais e dos cargos que eles ocupam, bem como da receptividade dos superiores burocrático-administrativos às posturas políticas que eles assumem. Posteriormente, isso determina a capacidade de os ativistas/agentes conseguirem impor a adoção de medidas políticas através de processos governamentais e burocráticos que reflitam os interesses manifestos das comunidades que eles servem[70].

Talvez o exemplo melhor e mais recente desse processo esteja no nível macropolítico, na Seção II, Artigo 5, parágrafo 42 da Constituição Brasileira de 1988. Esse trecho transforma os atos de discriminação racial em crimes passíveis de prisão, sem direito a fiança. Apesar de sua formulação vaga, que torna difícil levar efetivamente aos tribunais os casos de discriminação racial (embora haja vários exemplos documentados de sentenças de prisão decretadas), representa um avanço significativo em relação à Lei Afonso Arinos, na qual, como já foi mencionado, a punição equivale a uma multa por infração de trânsito.

Embora tenha havido um apoio maciço a esse artigo da Constituição entre os membros da Assembleia, sobretudo entre os de centro-esquerda (PSDB, PCB, Partido Verde), a deputada Benedita da Silva, do PT, foi quem mais defendeu sua inclusão. Como qualquer outro político trabalhando no contexto de um sistema político representativo, essa deputada tinha responsabilidades para com múltiplos eleitorados – o PT, o Núcleo Negro do PT, o movimento negro, as pessoas diretamente envolvidas na redação do artigo e, por fim, a própria Assembleia Constituinte. Este último eleitorado talvez seja o menos óbvio, na medida em que seu interesse objetivo era a redação e a promulgação de uma nova Constituição. Esse objetivo, no entanto, era a razão de ser do grupo constituinte e gerou seus próprios grupos de interesse, de negociação e de barganha. Vários políticos e representantes, atuando em bloco ou individualmente, tentaram dar ao documento final a feição que melhor refletisse suas posições. Assim, algumas medidas propostas foram rejeitadas e outras, modificadas. Muitos artigos e seções da Constituição foram o resultado final da fusão de posições complementares e da rejeição das mais conflitantes[71].

Similarmente, essa é a visão que se costuma ter de Caó, o ex-deputado do PDT que fez a redação inicial da emenda do Congresso que, em 1988, transformou a discriminação racial em crime. Embora essa emenda tenha sido derrotada em sua primeira votação no Congresso (tendo havido políticos "esquerdistas" do PT entre os que a rejeitaram), ela foi posteriormente aprovada pela maioria. Esses são exemplos de dois políticos negros atuando dentro da matriz política convencional e pressionando por leis que beneficiassem os brasileiros negros em particular e a sociedade como um todo, independentemente de suas filiações político-ideológicas. Em tese, qualquer indivíduo ou grupo pode utilizar esse artigo legal como base para a jurisprudência, em resposta a uma prática de discriminação racial.

A característica que distingue esses dois exemplos, em relação às operações de nível mais micropolítico mencionadas antes, é que Caó e Benedita da Silva ocupam posições de âmbito nacional, em vez de cargos num conselho ou numa assessoria especificamente voltados para as comunidades negras. Suas posturas, portanto, são mais definidas por questões partidárias, eleitorais e pessoais do que por preocupações mais efêmeras com a obtenção de verbas para conselhos ou uma inclinação administrativa. Embora os políticos nacionais não estejam imunes a essas questões, essas variáveis são um fator menos importante em seu cálculo da criação, defesa e implementação de medidas políticas.

Conclusão

Este capítulo é uma visão geral e uma síntese analítica dos grandes eventos e questões pertinentes ao movimento negro no Rio de Janeiro e em São Paulo depois de 1945. Embora apresente uma quantidade considerável de detalhes empíricos, não deve ser lido como um relato histórico abrangente do período em questão. Houve outros incidentes e formações, numerosos demais para serem mencionados aqui, que complementariam esta versão abreviada da política racial e da história do Brasil depois de 1945. O que foi apresentado, no entanto, é um material mais do que suficiente para identificar as questões e obstáculos mais cruciais (impostos de fora e de dentro) do movimento negro.

Externamente, os obstáculos mais visíveis para os ativistas foram uma combinação de falta de recursos (materiais e institucionais), hegemonia racial e culturalismo. Sem os recursos financeiros para sustentar publicações e organizações afro-brasileiras, houve muitas vidas políticas curtas dentro do movimento. Vimos também, ao longo de todo esse período, a negação e o adiamento intermitentes mas sistemáticos do conflito racial. Isso se evidenciou no comportamento das elites brancas no plano ideológico, *independentemente* de sua postura ideológica, e no plano do discurso e da prática estatais, nos quais o mito da democracia racial foi vigorosamente sustentado, mesmo quando sua própria sustentação exigiu a intimidação ou a coação.

O que não foi abordado foram os problemas que o movimento criou para si, os frutos ruins de sua relação com as instituições e valores dominantes. As restrições materiais e as hostilidades externas não explicam a falta generalizada de integração no movimento em si. Nem o Teatro Experimental do Negro, com seu cunho elitista, nem o Movimento Negro Unificado, mais recente e de base mais popular, tiveram êxito em orquestrar um movimento de massas com vínculos coordenados e simultâneos com diversos setores da sociedade civil.

A falta de definição de muitos grupos reflete-se no movimento negro como um todo, se é que podemos referir-nos de maneira única e abrangente ao atual conjunto de organizações "culturais", religiosas, políticas e sociais. Dois grandes problemas, ao que parece, estão na inexistência de uma definição do que constitui um movimento social, seja ele afro-brasileiro ou não.

O Black Soul e o MNU foram dois exemplos distintos de atividade cultural e política dos anos 1970. Embora cada um tenha marcado época em termos da mobilização culturalista ou política, só o MNU fez um esforço organizacional no sentido de desenvolver uma política mais ampla de coalizão. Esse esforço foi prejudicado pelos recursos limitados, mas também por estratégias que, muitas vezes, enfatizaram os debates academicistas, em detrimento do alcance comunitário. O Black Soul, apesar de ter sido uma manifestação mais popular de política da identidade e da articulação cultural, nunca saiu realmente dos confins do salão de baile. Como tal, foi uma expressão de resistência e uma forma de lazer mercadologizado, que acabou sendo apropriado pela produção, circulação e consumo em massa.

No entanto, seria um erro ver esses exemplos como fracassos absolutos. Como ilustrações da imaginação político-cultural, eles ajudaram a gerar os blocos afro, entidades do "primeiro a raça" que vieram a dominar as atividades político-culturais do Nordeste, na década de 1980. As modalidades de consciência racial que provieram da pastoral negra, do Black Soul, dos feminismos afro-brasileiros e do MNU revitalizaram várias esferas da produção cultural afro-brasileira, introduzindo nela uma dimensão de cognição da raça que antes tinha sido apagada.

Assim, conquanto esses movimentos tenham tido suas deficiências, cada um representou avanços significativos em relação às gerações anteriores do ativismo afro-brasileiro, que se pautavam maciçamente na matriz clientelista da política brasileira tradicional de concessão de privilégios e progressos individuais. Ao mesmo tempo, entretanto, a fetichização de artefatos e expressões culturais, que havia caracterizado as gerações anteriores de "afro-brasilianistas" em pontos variáveis de um *continuum* racial e ideológico, foi reproduzida nas camadas *nacionais* e *internacionais* da consciência racial afro-brasileira na década de 1970.

Isso se evidencia ao máximo no Black Soul, no qual os afro--brasileiros internalizaram os aspectos simbólicos da diáspora africana que eram de tradução mais fácil – a expressão artística e ideológica dos negros do Novo Mundo e da África. As dimensões práticas dessa expressão, as do alcance comunitário e da política das bases, foram essencialmente ignoradas. E, o que é mais importante, não houve em seu lugar versões afro-brasileiras dos boicotes, das paralisações, da desobediência civil e da luta armada.

É a inexistência destas últimas formas de luta no contexto brasileiro que ressalta as tendências culturalistas do movimento negro da década de 1970 e, a rigor, também da de 1980. A retirada de artefatos e expressões de forças sociais e culturais externas não é, com certeza, exclusiva da política racial brasileira ou dos afro--brasileiros. Quase todas as interações entre indivíduos ou grupos sociais de coletividades distintas acarretam essa atitude, de uma forma ou de outra, em termos contínuos. Mas as práticas culturais que visam à mobilização política, por si mesmas, não mobilizam as pessoas. Para ter coerência, elas têm que fazer parte de *processos sociais integrados* – ao mesmo tempo ideológicos, culturais e materiais.

Talvez isso possa explicar parcialmente a contradição entre a "nacionalização" da retórica e do simbolismo transnacionais da diáspora africana e a impossibilidade de nacionalizar uma resistência organizada, com base na mobilização e nos interesses afro-brasileiros no Rio de Janeiro e em São Paulo, ou também em Salvador. Embora o movimento tenha tido espaço intelectual para incorporar discursos sobre a negritude, o pan-africanismo ou o Poder Negro, não dispôs de espaço *prático* para acolher formas de "resistência do povo" – os momentos históricos de rebelião e revolução dos quais provieram esses artefatos e expressões. Poderíamos dizer, portanto, que esses discursos apropriados foram esvaziados de seu conteúdo histórico e funcionaram mais como mitos do que como história, no nível geral do pensamento e do ativismo políticos afro-brasileiros.

Depois de esses mitos serem esvaziados de seu conteúdo histórico, a perspectiva de alicerçá-los numa práxis desapareceu. Havia uma lacuna entre os produtos circulantes da produção cultural e política, fossem eles naturais do Brasil ou não, e os processos de atividade cultural e política peculiares do próprio movimento. Vários ativistas de São Paulo entrevistados na década de 1980 lamentaram perversamente que, embora inúmeros afro-brasileiros houvessem morrido por desnutrição, violência e brutalidade policial, nenhum afro-brasileiro morrera em nome do movimento negro.

Isso leva diretamente ao que considero ser a tensão mais significativa para os movimentos afro-brasileiros desde a década de 1970 até hoje, a saber, a tensão entre o conteúdo, a forma e os sentidos da luta, além da necessidade de os ativistas distinguirem uns dos outros. Isso não constitui, como talvez concluam alguns leitores, um exercício excessivamente formalista, mas um exercício que se liga de maneira inextricável à conceituação da atividade prática dentro do movimento. Admitimos que os movimentos sociais são repletos de narrativa e de significação, tanto as geradas pelos movimentos quanto as atribuídas a eles. Contudo, num outro nível, sobre o qual discorrerei dentro em pouco, é possível distingui-las.

Os efeitos residuais do movimento estadunidense pelos direitos civis podem ser encontrados não apenas na política racial contemporânea dos Estados Unidos, mas também nos movimentos feministas e pelos direitos dos homossexuais. A desobediência civil e canções como "We Shall Overcome" são apenas dois dos inúmeros ecos de uma época anterior de ativismo negro, que repercutem em outros paradigmas mais recentes de contestação política que envolvem grupos politicamente subordinados. A música dos anos 1960 tem ressurgido em tudo, desde as canções iradas do *rap*, que transmitem uma postura de desafio, até os anúncios de televisão que apregoam o lazer, a sexualidade dos adolescentes e o despertar da libido estadunidense.

O *apartheid* sul-africano, em muitas ocasiões, foi mostrado sob forma dramática para consumo no exterior. O filme *Cry Freedom* e peças como *Sarafina* e *Master Harold and the Boys* apresentam imagens muito palatáveis de uma situação que, para muitos sul-africanos, continua intragável.

O que todas essas permutações sugerem, e o que têm em comum com as tendências culturalistas dos ativistas afro-brasileiros, é que *todas* as formas de expressão, assim como os sentidos que lhes são originalmente atribuídos, podem ser *apropriados* e *rearticulados* pelos grupos dominantes ou subordinados. Assim, não foi por acaso que o Black Soul foi um momento de identificação racial *e* uma conversão da expressão da diáspora africana num lazer transformado em mercadoria. Em todo contexto nacional, parece haver uma correlação entre o grau de popularidade e socialização de uma prática criativa característica de um grupo racial subalterno e a probabilidade de que essa prática seja reprimida ou rearticulada pelo grupo racial dominante. Nas sociedades multiétnicas e multirraciais em que os membros mais poderosos do grupo racial dominante procuram *liderar*, além de *dominar*, o processo de rearticulação é crucial para a manutenção da hegemonia racial, seja para apresentar as práticas alternativas ou rebeldes como coisas a serem acolhidas, seja, inversamente, como imagens a serem desgastadas. Em ambos os cenários, é preciso administrar e lidar com essas práticas.

O que resiste à rearticulação é a luta social incluída no movimento, no sentido de que os movimentos podem ser interpretados de inúmeras maneiras, mas não podem ser reproduzidos da *mesma* maneira em que surgiram inicialmente. As tentativas de reviver práticas políticas anteriores, ou de resgatá-las através da historiografia, implicam a revivescência dessas práticas, o que, tanto para os historiógrafos quanto para a gente comum, constitui uma impossibilidade.

Os objetos, gestos e trejeitos de uma era podem ser enaltecidos ou caricaturados em outra, além de presentificados outra vez, em épocas posteriores, como história geral. Tais atividades, no entanto, baseiam-se em normas e intenções impregnadas do presente. Nunca podem alterar o que aconteceu no passado, mas apenas os significados que lhe são atribuídos. Os significados do passado só se tornam politicamente viáveis quando intervêm em debates e práticas enraizados no presente. Esse tipo de intervenção, tão crucial para os historiógrafos subalternos desejosos de influir na política de sua época, só tem sido praticado pelos ativistas afro-brasileiros com sucesso limitado.

No Brasil, na África do Sul e nos Estados Unidos, os grupos intelectuais subalternos têm utilizado a história, de um modo ou de outro, para contestar as rearticulações fragmentadas do grupo dominante que são apresentadas como totalidades. Na África do Sul, por exemplo, foi preciso que Steven Biko morresse para que se fizesse um filme como *Cry Freedom* sobre Donald Woods, mas o filme não altera a morte dele. Com poucos vínculos claros entre a cultura e a política desde 1945, tem havido no movimento negro uma tendência a apreciar a cultura por seu próprio valor.

Nesse ponto, o movimento negro parece estar num impasse. Resta saber se novos caminhos serão abertos através da política eleitoral. Além disso, a política explicitamente racial, sem uma orientação para questões específicas, num país em que a identidade racial está ao alcance de quem quiser pegar, foi e continuará a ser um beco sem saída.

Como os sindicatos de trabalhadores, as comunidades de base cristãs e outras formações surgidas na época da abertura, o movimento negro terá que passar por um processo de reconstrução numa cultura política que é nova para o Brasil: a da democracia representativa, com movimentos sociais de participação debatendo nas esferas públicas. O movimento negro, com sua história de culturalismo, terá que reformular sua presença nessa nova cultura política, se quiser continuar a ser um *locus* político para os brasileiros negros na década de 1990 e depois dela. A política das comemorações do centenário da Abolição, que analisaremos no próximo capítulo, é emblemática das lutas do movimento pela reformulação.

6.
Política Racial
e Comemorações Nacionais:
A Luta Pela Hegemonia

A comemoração do Centenário da Abolição no Brasil, em 1988, foi o acontecimento mais importante para o movimento negro na era posterior à Segunda Guerra Mundial, por duas razões. Foi a primeira vez que as múltiplas formas de desigualdade racial contra os afro-brasileiros tornaram-se um tema preponderante do debate nacional. Para os afro-brasileiros, os eventos dessa comemoração representaram uma das poucas ocasiões, no período pós-guerra, em que eles exerceram uma ação coletiva contra as práticas estatais, tanto discursivas quanto não discursivas, e contra as atitudes do senso comum, na sociedade civil, a respeito da história e do legado permanente da opressão afro-brasileira.

Os festejos comemorativos das sociedades multirraciais são, frequentemente: contestações da identidade nacional; os grupos dominantes esticam a tela mítica da "união nacional" para fazê-la incluir imagens dos grupos subalternos; os grupos subordinados contestam os mitos de união nacional promovidos pelo Estado. No Brasil, as comemorações do Centenário da Abolição da Escravatura, em 1988, contiveram essa dinâmica das relações entre os representantes do governo brasileiro e os das comunidades afro-brasileiras.

Os eventos de 1988 trouxeram para o primeiro plano diversas contradições da política racial brasileira. Em termos micropolíticos, expuseram as lutas do movimento afro-brasileiro para se definir em relação à sociedade brasileira e, em última instância, em relação à sua própria história como movimento.

No plano macropolítico, houve tensões entre as estratégias da elite branca para "administrar" o tom e a força das comemorações e a tática empregada pelos líderes do movimento negro para romper a continuidade da memória "nacional" nos eventos do Centenário. O que ficou patente, depois dos eventos de todo o ano de 1988, foi que a memória coletiva nacional é plural, cheia de contradições internas e, muitas vezes, reveladora daquilo que os membros dos grupos dominantes e subalternos preferem esquecer ou lembrar. O que as pessoas recordaram – e o que optaram por esquecer publicamente – estava invariavelmente ligado à relação que percebiam entre si e o passado do Brasil, fosse como descendentes de imigrantes italiano ou como bisnetos de antigos escravos.

Isso resultou numa terceira tensão discursiva na política racial brasileira, entre um mito desgastado da democracia racial e o aparecimento de discursos políticos rivais sobre raça, desigualdade e poder no Brasil contemporâneo. Embora o mito da democracia racial e a ideologia da excepcionalidade racial tenham sofrido um grande desgaste, ainda não foram suplantados por um novo "senso comum", como fica claro no relato dos seguintes acontecimentos no Rio de Janeiro e em São Paulo.

O Centenário e a Passeata Atrelada: Uma Comemoração da Subordinação

> O coração do Brasil não seria o mesmo sem a contribuição da cultura, da arte e da dança africanas. Nossa capacidade de superar a adversidade e nossa alegria provêm, indubitavelmente, da África.[1]

Esses comentários do ex-presidente José Sarney assinalam o

paradoxo inerente às interpretações comuns e oficiais da contribuição africana para a cultura brasileira. Os afro-brasileiros sempre se encaixaram perfeitamente na mitologia social brasileira como o "coração" do Brasil, repleto de paixão, emoção e sensualidade. O trabalho mental era responsabilidade de outras pessoas.

O trecho do discurso de Sarney, na abertura das comemorações, toca nas facetas mais importantes das relações paternalistas e clientelistas entre brancos e afro-brasileiros. A adversidade a que se refere Sarney sugere a resistência negra à escravidão e Zumbi, o herói quase nacional do quilombo de Palmares. A alegria traduz o arquétipo do(a) "negro(a) alegre", conhecido por sua exuberância na maioria das sociedades colonialistas e escravocratas das Américas do Norte e do Sul. Mesmo numa celebração, o comentário de Sarney é uma sinopse do funcionalismo hierárquico e cultural da hegemonia racial brasileira.

Ironicamente, as comemorações do Centenário significaram uma mudança radical na maneira como os brasileiros discutiam o tema da raça. Nos anos anteriores ao Centenário, a ideologia da democracia racial, com sua pressuposição de uma harmonia entre os grupos raciais, desestimulava o próprio tipo de discurso racial promovido em 1988.

O teor e a complexidade do discurso político no Brasil foram ampliados com o retorno ao governo civil, em 1986, e a raça foi apenas um dos diversos temas que fizeram parte do processo de abertura política. O preconceito e a opressão raciais eram componentes de um diálogo nacional mais abrangente sobre a cidadania. "Como podem os brasileiros começar a falar uns com os outros como cidadãos, se não existe sociedade civil?" – essa era a pergunta subjacente aos debates sobre a desigualdade racial no país.

Esse discurso emergente foi precipitado, acima de tudo, por uma nova geração de historiadores e cientistas sociais brasileiros e não brasileiros dos anos 1960, que questionou as premissas da democracia racial e os pressupostos anteriores sobre a economia moral e cultural do sistema escravagista brasileiro. Os ativistas brasileiros, negros em sua maioria, também contribuíram para a criação dessa nova perspectiva. Figuras representativas das comunidades ativista e acadêmica do Brasil participaram dos eventos do Centenário, do mesmo modo que empresas comerciais particulares e instituições. A partir dos eventos patrocinados pelo Estado e pela sociedade civil, o Centenário projetou a imagem da "grande rejeição"[2] da historiografia tradicional sobre política racial brasileira.

Como assinalei numa avaliação transnacional do papel das comemorações nacionais nas sociedades multirraciais, as celebrações da vida nacional, que frequentemente procuram suspender os antagonismos e desigualdades em nome da harmonia nacional, muitas vezes destacam as relações de desigualdade existentes entre os grupos raciais dominantes e subalternos[3]. O que distingue o Brasil de outras sociedades racialmente heterogêneas é a relativa infrequência do debate público a respeito do eixo da identidade racial/nacional.

A ocorrência desse debate em 1988 exemplificou os conflitos plurivalentes em torno do significado da discriminação racial no Brasil, além de ter sido uma prova de que, por menor que seja, a resistência afro-brasileira às interpretações correntes de sua história e sua identidade no Brasil existe de fato. Em geral, a resposta do movimento negro ao Centenário foi uma política de confronto, denúncia e explicitação do que estava implícito.

Igualmente expostos, de um modo que não tinha precedentes, foram três tipos de tensão presentes no movimento negro desde a década de 1970. O primeiro é a relação entre as elites negras e os aparelhos culturais de Estado nos planos municipal e nacional. O protesto afro-brasileiro do fim dos anos 1970 e início dos 80 levara à criação de assessorias e comissões, no Rio de Janeiro e em São Paulo, para mediar as relações entre o Estado e os ativistas negros. Durante o Centenário, os ativistas negros que haviam assumido cargos nessas organizações de assessoramento viram-se diante da alternativa de manter o espaço político dentro do Estado, em nome da comunidade negra, ou rejeitar por completo esses espaços. Esta última opção implicava o risco de as reivindicações dos afro-brasileiros serem permanentemente excluídas da agenda política, nos níveis municipal, estadual e federal.

Esse dilema ressurgiu em vários debates, mesas-redondas, marchas e contramarchas sobre as comemorações do Centenário. Os negros que recentemente haviam assumido papéis de representantes, nomeados pelo Estado ou eleitos, foram criticados – pelos ativistas que estavam fora dos círculos estatais – por suas tentativas de intermediar os eventos. Os altos e baixos da relação entre os "mediadores" do Estado e os ativistas negros "autênticos" foram a segunda grande tensão destacada pela rememoração da Abolição.

A terceira forma de tensão diz respeito aos ativistas "autênticos", aqueles que contestaram as motivações que estavam por trás da apropriação nacional da Abolição. Muitos desses ativistas resolveram não participar da apresentação oficial dos acontecimentos, ou participaram apenas para subvertê-la. Como ficará claro pela leitura de vários acontecimentos cruciais, o Estado foi muito hostil a toda e qualquer forma de subversão das comemorações. As tentativas de inverter a ordem da equação dominadores-subalternos foram recebidas com condenações verbais e, em alguns casos, represálias físicas.

Esses três tipos de tensão ajudam a delinear a maneira como as atividades estatais de foco macropolítico, no campo da "cultura", foram recebidas e elaboradas por diversos segmentos da comunidade afro-brasileira. As tensões também apontam elementos sobre as origens do confronto entre os aparelhos de Estado e os ativistas afro-brasileiros e entre as diferentes tendências dos ativistas na sociedade civil.

As comemorações do Centenário da Abolição e de Zumbi foram grandes eventos culturais no Rio de Janeiro e em São Paulo, assim como noutras partes do Brasil. Ambas foram um reconhecimento público das contribuições significativas dos afro-brasileiros para a cultura e o desenvolvimento econômico nacionais, e atenderam a objetivos que ultrapassavam em muito os propósitos da comemoração. Escolas de samba, políticos e celebridades de renome nacional, personalidades do mundo dos esportes e ativistas e grupos comunitários locais participaram de atividades relacionadas com esses eventos.

A Abolição da Escravatura no Brasil, em 13 de maio de 1888, era considerada uma data muito mais significativa na história afro-brasileira do que 20 de novembro, que comemora a morte de Zumbi, o principal símbolo da resistência na cultura afro-brasileira[4]. "Em 1987, o movimento negro decidiu concentrar suas forças numa crítica à data oficial [da Abolição] e programar passeatas para o dia 13 de maio em todas as capitais do Brasil."[5]

Embora 20 de novembro significasse o dia da consciência negra nacional para a maioria dos ativistas, o 13 de maio representava a data nacional de combate ao racismo. Na maioria dos brancos e das autoridades de governo, Schwarcz observou um clima de culpa que perpassou sua participação em muitos eventos[6]. A participação branca numa comemoração sugere uma lembrança comum compartilhada por brasileiros brancos e não brancos. Mas a memória comum, como a ideia de senso comum de Gramsci, é invariavelmente plural. Quando imbuídas da dinâmica do poder e da desigualdade, as lembranças que constituem a memória comum (isto é, nacional) têm uma relação entre si, mas são distintas. Por isso, a questão central para se compreender uma lembrança compartilhada, no caso da comemoração do Centenário, não é o traço comum entre grupos socialmente distintos, mas a maneira como funcionam as lembranças diferenciadas desses grupos em resposta às desigualdades sociais do passado e do presente.

Nas sociedades multirraciais ou multiétnicas, a memória "compartilhada" é claramente um processo carregado de poder. Dito numa linguagem simples, pode-se compartilhar um pão com outra pessoa e entregar-lhe apenas uma ou duas fatias, em vez de metade do pão; compartilhar não significa automaticamente uma igualdade de oportunidades ou de acesso aos recursos distribuídos. Fornecer ou "partilhar" recursos é uma atividade calcada no poder. Ela atribui aos que tomam a iniciativa do diálogo do compartilhamento a responsabilidade pela distribuição e alocação, pelo fornecimento de uma interpretação e não outra de um determinado momento histórico, e supõe, por parte de quem recebe, uma necessidade ou um desejo desse ato de incorporação.

As razões da participação nos acontecimentos do 13 de maio diferiram tanto amplamente quanto os próprios participantes. Alguns tomaram parte nos eventos por um sentimento de dever nacional. Outros afirmaram que as comemorações eram uma prova de que os brasileiros, independentemente das diferenças raciais, estavam unidos. Outros, ainda, promoveram debates e eventos para questionar a necessidade de uma comemoração, dadas as dificuldades permanentes da situação dos negros brasileiros.

O sentimento generalizado foi de reconhecimento da marginalização passada e presente da vida dos brasileiros negros, que teve sua melhor expressão na revista *Veja:*

> O Centenário da Abolição é, acima de tudo, um convite para observarmos o espetáculo da questão não resolvida da mão de obra no Brasil, de sua exploração econômica e suas consequências políticas. O espetáculo do Centenário, embalsamado numa história em que uma princesa muito bondosa salva os negros do inferno senhorial, será festejado, esta semana, em cerimônias mumificadas, que correm o risco de não saber o que aconteceu até 1888, para evitar o conhecimento do que está acontecendo hoje.[7]

Apoiado numa panóplia de estatísticas, o artigo da *Veja* foi um dos inúmeros artigos e apresentações dos meios de comunicação de massa que reergueram a bandeira levantada, vinte anos antes, por ativistas sociais e historiadores radicais. O objetivo disso, ao que parece, era desmascarar as interpretações convencionais da Abolição e da escravatura, que apresentavam a Abolição como marco de uma nova era de relações raciais e socioeconômicas e retratava a escravidão brasileira como a menos cruel do Novo Mundo.

Num outro exemplo do uso do Centenário como veículo dessa nova crítica oficial, o editorial da revista de uma igreja católica paulista apresentou a Abolição como um momento crítico, a partir do qual era possível ver o passado e o presente:

> Ao se completar um século do gesto simbólico da Princesa Isabel, quase todos preferem lavar as mãos dos crimes anteriores. Poucos confessam sua cumplicidade com os pecados do passado, pecados que existem hoje. Quem não compreender as ligações com o passado também não compreenderá a escravidão de hoje, que agrilhoa 60 milhões de negros, e não apenas os negros, mas a maioria do povo brasileiro, condenada a viver à margem da vida social, por força da arrogância dos atuais descendentes e continuadores diretos e poderosos dos crimes dos homens de ontem.[8]

As citações acima refletem a mudança decisiva das posturas e da sensibilidade frente ao "problema social" do Brasil. Ao contrário de qualquer comemoração anterior da Abolição, o Centenário teve um caráter nacional, com uma preocupação explícita com as desigualdades "sociais" do Brasil. Mesmo assim, ficou fora das citações acima e da maioria dos eventos ligados ao Centenário a discussão do preconceito racial como um processo permanente de estruturação das desigualdades raciais.

As citações também expõem a lógica cultural da "comemoração" de um ano de duração. O Centenário proporcionou um foro para o reconhecimento, por parte dos brancos, das flagrantes desigualdades sociais passadas e presentes, mas com uma ênfase preponderante no passado. Em consonância com a cultura política da dinâmica racial no Brasil, boa parte dos comentários e discussões durante a comemoração concentrou-se na cultura afro-brasileira, em sua resistência e na opressão que lhe fora imposta, tudo enunciado no pretérito. Os ativistas afro-brasileiros dispunham de poucos foros onde pudessem manter debates sobre a discriminação contemporânea. Assim, surgiu uma dualidade que, numa esfera, manteve a congruência entre a versão oficial e a versão dos ativistas sobre a Abolição, e noutra, um relativo silêncio sobre as assimetrias mais recentes.

Numa das análises mais abrangentes das comemorações de todo aquele ano, o *Catálogo: Centenário da Abolição*, que era uma tabulação dos eventos e das questões, apontou semelhanças entre as ênfases estatais e civis do Centenário. Segundo os dados constantes do catálogo, a maior categoria de eventos foi "a cultura negra". Yvonne Maggie afirmou que isso abrangia todos os eventos que pesassem "a diferença entre os 'negros' e os outros"[9] nos planos da dança, da música, da indumentária, da dieta e de outros rituais de consumo ou de mercadologização.

Dos 1.702 eventos programados nas capitais de todo o país, em 1988, quinhentos foram promovidos e apresentados dentro dessa categoria – o maior segmento isolado de eventos comemorativos. Desses quinhentos, 224 foram realizados sob os auspícios dos governos municipal, estadual e federal. Outros 64 foram apoiados pelo movimento negro. A segunda rubrica mais popular foi "os negros hoje" (295 eventos), coloquialmente entendida como "a marginalização dos negros", que era "fruto da escravidão". A terceira categoria mais cotada foi "Abolição", com 236 eventos em capitais do país inteiro[10].

Em contraste, a categoria das relações raciais teve o total mais baixo que qualquer outra (38 eventos). Apenas a categoria "outros" teve menos (36). Dos 38 eventos incluídos na rubrica das relações raciais, cinco foram patrocinados pelo movimento negro e treze por autoridades federais, estaduais e municipais. Similarmente, a categoria "política" teve apenas 72 eventos – a segunda categoria específica menos cotada e a terceira categoria global com menor programação, suplantando apenas as rubricas "relações raciais" e "outros"[11]. Ironicamente, como assinalou Maggie, a categoria das relações raciais "denotava a produção das desigualdades causadas pelo sistema social contemporâneo"[12].

Desses dados, podemos inferir dois padrões interessantes. Primeiro, as três categorias mais empregadas ("cultura negra", "os negros hoje" e "Abolição") abordavam desigualdades sociais pretensamente relacionadas com a situação anterior dos negros durante a escravidão, e não com as circunstâncias e mecanismos atuais que contribuem para a reprodução das desigualdades. As categorias que versavam sobre problemas contemporâneos foram as menos citadas e não figuraram entre as três rubricas principais. A escravidão foi vista não apenas como a fonte da desigualdade racial, mas também como uma explicação intemporal da dinâmica racial contemporânea.

Em segundo lugar, entre as três primeiras categorias específicas, houve uma correlação positiva entre os eventos patrocinados pelo movimento negro e os patrocinados pelos governos federal, estadual e municipal nas principais cidades. As três categorias mais usadas pelas entidades governamentais, assinaladas acima, foram também as três mais usadas pelo movimento negro. As únicas diferenças significativas entre o patrocínio governamental e o do movimento negro ocorreram na quarta e quinta rubricas. Para o movimento negro, a política e a discriminação ocuparam a quarta e a quinta posições, respectivamente, sem um decréscimo acentuado do número de eventos patrocinados. A quarta categoria mais usada sob os auspícios do governo foi a escravidão, e a quinta, a discriminação[13]. A queda numérica relativamente grande entre as categorias três e quatro e quatro e cinco, nas rubricas patrocinadas pelo governo, indica um interesse estatal muito menor em promover eventos fora das quatro primeiras categorias.

Portanto, a dualidade que mencionamos antes foi mantida através do patrocínio de eventos que versavam sobre a presença dos negros no Brasil em várias áreas, mas raramente no contexto do século xx. É ainda mais irônico observar, como fez Maggie, as semelhanças entre a ênfase do Estado em acontecimentos passados das relações raciais brasileiras e as posturas revisionistas de Florestan Fernandes e da escola de sociólogos de São Paulo. Ambas se voltavam para o passado, e não para o presente em curso, em busca de explicações para as desigualdades raciais brasileiras – ainda que, talvez, com motivações diferentes[14].

O movimento negro também parece haver seguido esse caminho. Em São Paulo, o 13 de maio foi um dia de disputas internas entre seus segmentos, além de jornada de protesto contra o racismo. A passeata contra a "farsa" da Abolição foi "marcada por uma clara disputa política pela hegemonia interna. Mais do que um ato histórico, o que esteve em questão foi o monopólio das palavras, palavras políticas, nas mãos dos participantes"[15]. Com isso, Schwarcz referiu-se às tensões entre os líderes de práticas religiosas afro-brasileiras, o movimento negro e os políticos dos partidos, que competiam pela presença mais visível e imponente nos eventos do dia, inclusive a passeata.

O Movimento Negro Unificado criou a marcha como um "grande protesto" contra o racismo do país e os eventos patrocinados pelo Estado. O paradoxo de seu "não evento" foi sua participação efetiva na passeata, que deixou sua marca ritualizada nos eventos comemorativos. O governo estadual, que havia aprovado a passeata de 13 de maio, fizera-o na suposição de que ela se realizaria em homenagem à assinatura da Lei Áurea pela princesa Isabel, em 1888.

O secretário estadual de Relações Públicas, Oswaldo Ribeiro, que se considera negro, pretendia encabeçar a passeata a partir do Largo do Paissandu, uma grande praça pública no centro de São Paulo. Os membros do MNU queriam conduzi-la com uma bandeira de protesto. Depois de muita discussão entre representantes estaduais e membros do MNU, finalmente ficou decidido que este encabeçaria a passeata. Os membros do MNU também conseguiram mudar o trajeto da manifestação, além de fazer uma declaração pública contra a posição do governo estadual, no final da passeata[16].

A situação foi muito diferente no Rio de Janeiro, onde as divergências quanto à interpretação da passeata de 13 de maio quase levaram às vias de fato. As tropas do governo recusaram--se a aceitar qualquer mudança do trajeto original, assim como a intenção da passeata de 11 de maio de celebrar a "farsa" da Abolição, dois dias antes da data efetiva.

A coisa começou de maneira semelhante ao que aconteceu em São Paulo: tensões entre os vários segmentos do movimento negro. Caetana Damasceno e Sonia Giacomini, num ensaio etnográfico sobre a passeata, ressaltaram as tensões entre os núcleos negros de partidos políticos rivais, como o PT, o PDT, o PSB, o PC do B e outros, e conflitos entre várias organizações não partidárias dentro do movimento. Houve também "divergências e conflitos institucionais, alguns com o Estado, outros contra o Estado, dependendo do momento e do conflito em questão"[17].

O plano original da passeata era que os participantes descessem pela avenida Presidente Vargas, uma grande avenida do centro do Rio, passassem pelo monumento e túmulo do Duque de Caxias, pelo antigo prédio do Ministério da Guerra, e terminassem na Praça Onze, onde há uma estátua de Zumbi dos Palmares. Caxias, saído da classe dos senhores de terras e de escravos do século XIX, foi um patrono do Exército que lutou na Guerra do Paraguai. Segundo os historiadores, os soldados brasileiros recrutados para essa guerra eram negros em sua grande maioria, assim como foi entre os negros que se registrou a maioria esmagadora de baixas. A ironia histórica da passeata de 1988, em frente à estátua do general morto, não escapou nem aos ativistas nem ao governo brasileiro.

O chefe do Comando Militar do Leste afirmou ter recebido informações, pouco antes da passeata, sugerindo que os manifestantes fariam gestos hostis em frente ao monumento e ao antigo Ministério da Guerra. Por conseguinte, a passeata teve seu trajeto imediatamente alterado antes de começar, a despeito dos protestos enfurecidos do movimento negro. Hélio Saboya, secretário de Polícia Civil do estado, que inicialmente havia aprovado a passeata, foi quem deu a ordem para sua alteração. Numa justificativa de quatro parágrafos sobre a mudança, o chefe do Comando Militar do Leste declarou haver "confirmado as informações sobre a intenção [...] dos ativistas de utilizar as comemorações do Centenário para perturbar a tranquilidade da cidade do Rio de Janeiro" e apresentar a seus cidadãos "propostas impatrióticas de criar antagonismos e até ódio entre irmãos de todas as raças e cores"[18].

Além disso, numa outra justificativa publicada na revista *Veja,* ele acrescentou que os ativistas tinham "a intenção imprópria de alguns cidadãos de fazer de Caxias um homem que compactuava com a escravidão". Nessas circunstâncias, o Exército não podia permitir "ofensas de qualquer natureza aos marcos históricos"[19], ou seja, o túmulo do duque e o antigo Ministério da Guerra. Dois dias depois, antes da passeata de São Paulo, a polícia militar cercou a estátua do duque, para evitar sua possível profanação.

Aproximadamente seiscentos soldados e policiais militares barraram a entrada de três mil participantes na avenida Presidente Vargas. Durante a passeata encurtada, que começou com atraso e levou menos de uma hora para terminar, "não foram permitidas discussões políticas [...] as bandeiras dos partidos tiveram que ficar atrás das flâmulas e bandeiras representativas da cultura negra"[20]. Mesmo assim, os manifestantes cantaram vários *slogans* do movimento negro. Fizeram referências a Zumbi, criticaram o racismo brasileiro e até provocaram os soldados negros da tropa de choque, entoando em coro: "Quem representa a maioria dos policiais militares? Os negros!"[21] Esse ato de repressão revelou um resíduo da cultura política autoritária no Brasil, dois anos depois do retorno ao governo civil. Mais especificamente, sublinhou os limites da liberdade de expressão dos ativistas afro-brasileiros, mesmo na era "democrática" ou de democratização.

Claramente, as polícias militar e civil do Rio de Janeiro e de São Paulo faziam questão de manter as passeatas das duas cidades como manifestações "culturais", sem nenhum conteúdo político racializado. E, o que é mais importante, seus atos foram pautados na velha lógica da excepcionalidade racial e da democracia racial, e não nas novas lógicas da comemoração ou da abertura. Isso se evidencia nas afirmações de Saboya, de que os ativistas tinham "propostas impatrióticas", como justificativa para a intervenção na passeata pelo aparelho coercitivo do Estado. Suas declarações representaram a transposição da lógica enraizada na hegemonia racial – as afirmações sobre os maus-tratos raciais são transformadas em convocações à divisão ou ao conflito raciais. Isso também se evidencia na declaração do coronel de que os ativistas estavam procurando fomentar antagonismo "e até ódio [...] entre irmãos de todas as raças e cores".

Lições da Memória, do Estado e da Cultura

Em termos culturais, a passeata atrelada expôs as peculiaridades da hegemonia racial brasileira e suas repercussões para os afro-brasileiros que questionam as normas vigentes do discurso racializado nos foros públicos. Ao contrário do Carnaval e dos eventos carnavalescos, não havia no *conteúdo* da passeata inversões simbólicas que fossem preordenadas e sancionadas pelo Estado. A Comemoração, ao contrário desses rituais nacionais, foi um evento montado. As ações do aparelho coercitivo serviram para lembrar aos participantes civis quem estava fazendo a montagem.

Na verdade, a passeata expôs as limitações da inversão simbólica como forma de expressão política. Apesar de importantes como intervenções *críticas* nos discursos vigentes, as inversões simbólicas raramente oferecem formulações alternativas de como as coisas poderiam ou deveriam ser. Em vez disso, enfatizam a inversão das relações entre dominadores e subordinados. Nesse sentido, a passeata foi uma forma mais radical de articulação política do que o Carnaval, pois seus integrantes evitaram os símbolos e rituais convencionais da política racial brasileira. Em vez disso, conceberam e utilizaram novos rituais próprios.

Em seu ensaio "Injustiça e Memória Coletiva", Sheldon Wolin faz uma distinção entre a memória coletiva e a memória particular, individual. A primeira é uma memória de manipulação, de conveniência (lembrar e esquecer), e se define como "a formação, a interpretação e a preservação de um passado público [...], preservado na arte e na arquitetura públicas, nos ritos, cerimônias e rituais populares, na retórica das autoridades públicas, nos currículos de ensino e nos temas ideológicos que os perpassam"[22].

Além disso, os acontecimentos de 1988 no Brasil sugerem que a memória coletiva (nacional) é, na verdade, um *conjunto* de memórias múltiplas e discordantes, a partir das quais prevalece uma memória dominante. Essa memória dominante, entretanto, não reprime *in totum* e com sucesso as lembranças coletivas e verbalizadas que diferem dela. Muitas vezes, as outras memórias funcionam no sentido de problematizar as recordações que a memória dominante e pretensamente "nacional" tem de si mesma e, por extensão, do país.

Ao mesmo tempo, "outras" memórias têm que competir com um "passado público" que, por sua vez, é resultante da capacidade de um grupo social dominante preservar certas lembranças e *desenfatizar* ou *excluir* outras na "arte e na arquitetura públicas, nos ritos, cerimônias e rituais populares, na retórica das autoridades públicas, nos currículos de ensino e nos temas ideológicos que os perpassam". Nesse sentido, a passeata dos ativistas, como memória coletiva, teve que competir com a memória dominante do duque de Caxias, da princesa Isabel, da escravidão e, em última instância, da mitologia do desenvolvimento nacional brasileiro. Por isso, o atrelamento da passeata do Rio de Janeiro sugere que, em

1988, a memória coletiva afro-brasileira podia criticar – mas não suplantar – as interpretações dominantes da memória *nacional* na esfera pública, conforme articuladas pelas autoridades públicas estatais. A universalidade do sentido da memória nacional foi questionada, mas não invalidada.

No nível do Estado, há lições teóricas e práticas a extrair desse incidente. Os atos decisivos das polícias militar e civil para cercar as passeatas finais da Abolição parecem contradizer a política global do governo brasileiro, que era de expiação histórica e de incentivo ao discurso nacional sobre a escravidão e o Centenário. No entanto, a passeata atrelada exemplifica as atividades multivalentes, ambíguas e amiúde contraditórias dos aparelhos de Estado, atividades estas que muitas vezes ocorrem *simultaneamente* e em aparente conflito umas com as outras. Invariavelmente, o papel do Estado na vigilância da sociedade civil consiste em administrar as contradições, e não em resolvê-las, como ficou caracterizado pelas medidas tomadas no Rio de Janeiro.

Outra lição da passeata atrelada é que as práticas estatais também são racializadas, como acontece com a maioria das práticas sociais e políticas das sociedades multirraciais, em resposta às lutas e às contestações dos significados da raça e da discriminação racial na sociedade civil. Michael Omi e Howard Winant escreveram que "as instituições estatais extraem sua orientação racial dos processos de conflito e conciliação com os movimentos de base racial. Assim, a 'reforma', a 'reação', a 'mudança radical' ou as medidas reacionárias [...] são construídas através de um processo de choques e contemporização entre os movimentos raciais e o Estado"[23].

As lutas da política racial na sociedade civil insinuam-se no terreno supostamente objetivo do processo decisório estatal, como foi destacado no capítulo 2. A coerção e a repressão das críticas ao racismo no Brasil, em defesa da ideia de democracia racial vigente no senso comum, é mais um exemplo de como a política racial inspira as práticas estatais.

Na vasta bibliografia sobre o aparelho de Estado, tem havido uma tendência crescente ao preenchimento da lacuna analítica entre o Estado e a sociedade civil, uma vez que os aparelhos de Estado já não se assemelham ao tipo ideal liberal do século xix, a um complexo institucional dotado de "meios de controle e estabilização", que rege a sociedade civil, mas é também limitado por ela. Gianfranco Poggi, em *The Development of the Modern State*, afirmou que as tensões entre o Estado e a sociedade civil resultaram, dialeticamente, no desenvolvimento de armaduras burocráticas por parte dos aparelhos de Estado, a fim de se protegerem da pressão societária. O resultado foi um acúmulo desproporcional de poder em algumas áreas do Estado, a diminuição de outros setores estatais em relação aos que ampliaram sua autonomia e, em última instância, o colapso sistêmico da autorregulação estatal.

A dominação militar do Estado e da sociedade civil no Brasil é um exemplo da distorção estatal, na falta dos elementos processuais da democracia liberal. Isso está ligado ao caráter de exclusão da sociedade civil no Brasil, assinalado por O'Donnell (1986). Sem uma longa tradição de liberdades civis, há uma propensão ainda maior para o crescimento irrestrito do Estado. Em consequência disso, a distinção entre Estado e sociedade também se desgasta, uma vez que os componentes estatais com maior autonomia e poder atuam de maneira mais agressiva não apenas no Estado, mas também na sociedade civil. Com referência ao Brasil, Alfred Stepan afirma que o Estado é um "sistema administrativo, jurídico, burocrático e coercitivo contínuo, que tenta não apenas administrar o aparelho de Estado, mas também estruturar as relações *entre* o poder civil e o poder público e estruturar muitas relações cruciais *dentro* da sociedade civil e política"[24].

O Estado, porém, além das características citadas por Stepan, é também um sistema *normativo*. De um modo ou de outro, suas autoridades e seus subalternos são portadores e transmissores de um sistema normativo, de uma *mobilização* dos preconceitos, para usarmos a terminologia de Bachrach e Baratz, que pretende compreender o comportamento organizacional. No caso da passeata atrelada, a raça parece ter feito soar um alarme normativo. Esse alarme, entretanto, com sua relação sináptica com a dimensão coercitiva do Estado, pode soar em resposta a inúmeras outras articulações da sociedade civil. Uma vez desencadeadas, as forças coercitivas do Estado visam a frustrar o que é percebido como uma hostilidade às interpretações ideológicas da democracia racial, hostilidade essa que, por sua vez, é percebida como uma ameaça ao Estado. Isso derruba ainda mais a distinção analítica entre o Estado, os agentes civis e suas respectivas funções, porque, afinal, as instituições estatais são ocupadas por seres humanos.

O resultado final é que os afro-brasileiros foram acusados de agitação durante o Centenário. Suas queixas foram reduzidas a uma questão de interpretação – a saber, a interpretação dos brasileiros brancos. A melhor expressão disso encontra-se numa declaração de Pedro Gastão de Orleans e Bragança, cuja avó, a princesa Isabel, libertou os escravos brasileiros. Depois de caracterizar os que criticaram sua avó como "mal informados", ele afirmou que os ativistas afro-brasileiros estavam "negando o gesto de abnegação e altruísmo de minha avó", que "arriscou tudo – seu trono, a coroa brasileira – e, ainda assim, acabou no exílio"[25]. Significativamente, não há nenhuma menção da sofrida situação dos ex-escravos, que em 13 de maio de 1888 receberam sua liberdade, mas não a cidadania plena.

Depois das comemorações do Centenário, apenas um dia depois de 13 de maio de 1988, fez-se referência ao sofrimento mais contemporâneo de pelo menos um afro-brasileiro. Geraldo Máximo de Oliveira, um negro carioca, declarou ao jornal *O Dia* ter sido espancado por policiais do Rio no sábado, 14 de maio. Numa foto do jornal, ele aparece com um dente incisivo faltando, consequência, segundo suas afirmações, do espancamento. Oliveira contou que foi solicitado a exibir seus documentos de identificação e, quando protestou, foi agredido. Um dos policiais lhe teria dito, enquanto o surrava: "Você está com a cabeça cheia do 13 de maio [...] o dia dos negros já passou."[26]

Conclusão

Neste capítulo, vimos as relações de poder entre as elites brancas brasileiras e os ativistas afro-brasileiros, manifestadas na interface do Estado com a sociedade civil, nas interpretações da raça e do Estado e nas lutas internas do próprio movimento negro em torno do significado das comemorações do Centenário da Abolição. Nessa dinâmica estiveram em jogo o grau de democratização do Brasil pós-autoritarismo, o papel do Estado na administração das contestações públicas da política racial e as tentativas do movimento negro de influenciar a coesão e a ação coletiva entre uma multiplicidade de grupos. As relações entre os brancos e os afro-brasileiros, entre as elites brancas e os ativistas afro-brasileiros e entre a comunidade ativista e o aparelho de Estado apontam para correntes e contracorrentes da identidade nacional no Brasil.

As comemorações do Centenário levam-nos a um dos preceitos da hegemonia racial delineados no capítulo 2: ao se confrontarem com acusações de discriminação racial, os brasileiros brancos, pertencentes ou não à elite, tendem a identificar os que criticam as relações raciais brasileiras como a fonte da discriminação. A consequência disso, como foi assinalado no capítulo 2, é a não deliberação sobre as práticas efetivas de discriminação na sociedade brasileira contemporânea. Por fim, este capítulo apresentou a resposta dos ativistas afro-brasileiros à hegemonia das elites brancas, durante as comemorações do Centenário, como uma das poucas ocasiões em que o movimento funcionou como um movimento, como uma força social coletiva, orientada para formas específicas de protesto, contestação e exigência de mudanças. O próximo capítulo, que encerra este livro, tentará sintetizar os aspectos históricos e contemporâneos da hegemonia racial brasileira em sua relação com o movimento negro. Procurará também avaliar as vias e as perspectivas de mudança na política racial do Brasil.

Não É de Onde Você Vem

Não é de onde você vem, mas onde você está.

"I Know You Got Soul", rap composto, lançado e gravado por
ERIC B. E RAKIM em 1987.

Recapitulação

O verso acima engloba os dois temas principais desta investigação do movimento negro no Rio de Janeiro e em São Paulo, entre 1945 e 1988. Em primeiro lugar, o movimento negro tentou chamar a atenção para os legados e as práticas persistentes de discriminação racial no Brasil, em meio a um processo de hegemonia racial que nega a existência de desigualdades raciais, ao mesmo tempo que as produz. Em segundo lugar, o movimento negro tentou acentuar os aspectos positivos da história afro-brasileira e africana, a fim de ampliar a consciência racial dos afro-brasileiros sem perder de vista a realidade cotidiana da opressão racial no Brasil.

O capítulo 1 apresentou os termos, a metodologia e os conceitos da visão da política racial utilizados neste estudo. Por terem ficado de fora da maioria das avaliações comparativas da política racial contemporânea, as inovações recentes da teoria racial não foram incorporadas na bibliografia sobre as relações raciais brasileiras. Esse capítulo serviu para orientar os leitores para várias abordagens novas do estudo da raça e para justificar sua aplicação à dinâmica da raça no Brasil.

O capítulo 2 trouxe uma breve resenha da bibliografia sobre as relações raciais brasileiras, isto é, um exame das duas grandes escolas de pensamento referentes a esse assunto: a determinista e a estruturalista. Esse capítulo detalhou as contribuições de ambas para a desmontagem do aparelho acadêmico que sustentava a ideologia da democracia racial, mas também apontou a necessidade de uma abordagem que sintetize o *conjunto* das forças sociais, políticas, culturais e econômicas que constituem a hegemonia racial no Brasil.

O capítulo 3 forneceu uma explicação da hegemonia racial no Brasil – da produção e negação simultâneas da desigualdade racial. Fez um esboço dos antecedentes históricos dessa hegemonia nas ideologias da excepcionalidade racial e da democracia racial, bem como de suas consequências atuais na racialização da vida cotidiana, na qual os afro-brasileiros são subordinados em quase todas as instituições de socialização da sociedade civil.

O terceiro capítulo mostrou ainda como o Estado, desde o nascimento da República no país, nunca foi racialmente neutro, mas negou sistematicamente o acesso dos afro-brasileiros às oportunidades educacionais e de emprego. Em termos culturais, a presença da cor negra no Brasil foi desdenhada, enquanto se glorificou a presença folclórica da cultura expressiva derivada dos africanos. Ao mesmo tempo, a cultura expressiva foi uma das poucas atividades da sociedade civil a proporcionar aos afro-brasileiros conscientes da raça a oportunidade de associação política e de ação coletiva.

O capítulo 4 delineou os contornos da consciência racial afro-brasileira, através da análise de uma seleção de entrevistas com ativistas afro-brasileiros do Rio de Janeiro e de São Paulo. Ao contrário das afirmações sobre a falta de solidariedade racial entre os afro-brasileiros, muitos ativistas entrevistados neste estudo demonstraram um claro reconhecimento da base racial de sua opressão social. A existência deles exemplifica os limites da hegemonia racial no Brasil e as formas de uma identificação política e racial alternativa.

O capítulo 5 ofereceu uma visão geral do movimento negro nas duas cidades, entre 1945 e 1988, dando uma ideia das formas de consciência racial que surgiram e serviram de base para as lutas com o Estado, as elites e a esquerda brasileiros. Os grupos mais significativos dentro do movimento tentaram demarcar o que se caracterizou como a "terceira via", uma política autônoma no tocante à sua análise pautada na raça, mas que levava em conta as forças sociais e políticas da sociedade civil como um todo. Como foi assinalado no capítulo 4, a falta de uma visão crítica e ideológica marcou o desaparecimento de grupos africanistas como o Sinba, além de muitos outros grupos da década de 1970 que funcionavam sem uma visão política que fosse além dos símbolos e formas da cultura expressiva com uma carga racial. Nesse aspecto, o movimento foi vulnerável ao culturalismo, de um modo semelhante à vulnerabilidade dos movimentos políticos e culturais mais elitistas anteriores, que tinham almejado melhorar as condições de vida da população afro-brasileira. A escassez de recursos, a situação precária do grupo afro-brasileiro de classe média e o caráter indireto da política cultural foram apresentados como limitações ao aprofundamento da mobilização social afro-brasileira. Embora tais limitações tenham sido cruciais à ampliação da base social do movimento negro, o impacto desta pode ser sentido em organizações culturais mais recentes, como os blocos afro, e na nacionalização do discurso político sobre raça e racismo.

O capítulo 6 concentrou-se na intersecção entre raça, nação e uma cultura política autoritária, durante as comemorações do Centenário da Abolição, em 1988. O "evento" do Centenário foi uma das poucas ocasiões em que a discriminação e o preconceito raciais tornaram-se tema nacional. No entanto, também ficou imerso numa ênfase no legado da escravidão e nas contribuições dos afro-brasileiros à nação brasileira. Os ativistas do Rio de Janeiro e de São Paulo tentaram confrontar publicamente as práticas de discriminação racial provenientes do Estado e da sociedade civil.

Diretrizes Para uma Análise Comparativa

Como mencionamos no capítulo I, o objetivo desta análise dos movimentos sociais afro-brasileiros não foi fazer comparações transnacionais contínuas. Ao contrário, utilizei a bibliografia sobre a teoria, a discriminação e a desigualdade raciais de outras sociedades como referenciais comparativos, no intuito de enfatizar que existem mais semelhanças do que dessemelhanças entre a política racial do Brasil e a de outros corpos sociais em que há pessoas de origem africana. Embora sejam abundantes os estudos comparados dos sistemas escravagistas, há poucas investigações sobre os contrastes e os paralelos entre os movimentos sociais de base racial entre as pessoas de ascendência africana. Se a desigualdade racial e os movimentos sociais afro-brasileiros forem reincorporados aos estudos comparativos da política racial, desconfio que isso será feito por estudiosos da diáspora africana no Novo Mundo, e não por estudiosos dos movimentos sociais. Minha razão para essa afirmativa é também a justificativa para não expor um exame demorado do movimento negro em sua relação com a bibliografia acerca dos movimentos sociais; em geral, a literatura sobre os movimentos sociais contemporâneos raramente considera a raça.

Além dos trabalhos de Doug McAdam, *Political Process and the Development of Black Insurgency, 1930-1970*, Aldon Morris, *The Origins of the Civil Rights Movement*, e Frances Fox Piven e Richard A. Cloward, *Poor People's Movements*, sobre os direitos civis e outros movimentos de base racial, as recentes teorizações dos "novos" movimentos sociais, particularmente as dos estudiosos da Europa ocidental, têm ignorado por completo a política de base racial, concentrando-se exclusivamente, nos "novos" fenômenos sociopolíticos pautados no gênero e na sexualidade, na ecologia e em outros temas[1]. Essa é uma omissão lamentável, já que não apenas dá continuidade ao legado de empobrecimento teórico da bibliografia sobre os movimentos de base racial, como também a-historiciza as formações efetivas desses outros movimentos. Os livros recentes sobre os "novos" movimentos sociais da Europa ocidental não fazem nenhuma referência ao sos Racisme, da França, um movimento especificamente antirracista, iniciado na década de 1980 em resposta à ascensão da violência ligada à raça naquele país, nem à evolução de grupos similares na Holanda, na Alemanha e na Itália[2].

Por que esse descaso tão flagrante? Por um lado, é possível que muitos estudiosos dos movimentos sociais encontrem dificuldade de compartimentalizar os movimentos de base racial em seus esquemas dos "novos" movimentos sociais. Os movimentos sociais afro-brasileiros, por exemplo, não poderiam ser corretamente caracterizados como "pós-materialistas" – termo utilizado corriqueiramente pelos estudiosos dos movimentos sociais, em sua tentativa de descrever formações que não podem ser situadas no eixo dos partidos-uniões-sindicatos. As formas de preconceito, discriminação e desigualdade a que reagiram movimentos como o MNU e o Agbara Dudu certamente têm uma dimensão material. E não constituem uma questão isolada, pois, como foi evidenciado em todo este livro, a política da raça superpõe-se a múltiplas formas de opressão e identificação sociais.

Por outro lado, existem explicações menos generosas sobre a razão de as especulações atuais sobre as novas formas de ação coletiva excluírem as questões raciais. A meu ver, os textos de alguns dos teóricos sociais mais ilustres evidenciam um desejo de ordenar hierarquicamente os movimentos sociais com base em critérios "materialistas", o que denota uma visão reducionista e economicista, quando não etnocêntrica. Um exemplo disso é a breve avaliação comparativa de Jürgen Habermas sobre os movimentos feminista e afro-americano nos Estados Unidos:

> Depois do movimento estadunidense pelos direitos civis – que, desde então, desembocou numa autoafirmação particularista de

subcultoras negras –, somente o movimento feminista situa-se na tradição dos movimentos de libertação burgueses socialistas. A luta contra a opressão patriarcal e em prol do cumprimento de uma promessa que há muito se transformou em lei confere ao feminismo o ímpeto de um movimento ofensivo, ao passo que os outros movimentos têm um caráter mais defensivo. Os movimentos de resistência e retirada almejam opor-se aos campos de ação formalmente organizados, em prol de campos comunicativamente estruturados, e não da conquista de novos territórios.[3]

Embora essa avaliação tenha sido dirigida aos movimentos afro-americanos dos Estados Unidos, suas implicações para uma crítica dos movimentos de base racial em termos mais gerais são claras. Além de demonstrarem um certo desconhecimento do impacto dos movimentos abolicionistas e pelos direitos civis sobre o movimento feminista dos Estados Unidos, os comentários de Habermas são também repletos de suposições equivocadas, como assinalei acima, acerca da chamada base particularista dos movimentos de base racial em prol da mudança social.

A maior consequência disso para os estudiosos dos movimentos sociais – sejam estes indígenas ou ambientalistas, baseados no sexo ou na raça – é a desatenção para com a interação dinâmica *entre* os movimentos sociais. Como foi relatado no capítulo 5, o contato do movimento negro com a esquerda brasileira, com os movimentos feministas brancos e negros e com os exilados políticos levou a tensões e conflitos. Levou também ao reconhecimento, pelo menos em alguns círculos, das formas superpostas de opressão que as pessoas de raças, sexos e orientações sexuais diferentes frequentemente sofrem em comum. Como na maioria das sociedades em que existem movimentos sociais múltiplos, esse contato levou à transmissão, ao intercâmbio e à ampliação das estratégias e ideias políticas. Nesse aspecto, tanto o movimento negro quanto os estudiosos da política racial comparada poderiam beneficiar-se das investigações do desenvolvimento político real dos movimentos baseados na raça. Algumas questões a serem encontradas em estudos relacionados ao movimento negro são o processo de transição de grupos associativos fragmentados para coalizões de base ampla, o momento e a duração dos movimentos, as tensões entre a legitimação e a cooptação, a importância da escolha do momento oportuno nos protestos sociais, e um conjunto de outros interesses característicos dos movimentos sociais que não se enquadram nos paradigmas do partido ou do sindicato.

Perspectivas de Contra-Hegemonia

Como podem as várias organizações, elementos e tendências que constituem o movimento negro transformar-se num movimento direcional mais unificado, baseado nas massas? Como foi descrito no capítulo 5, os dois obstáculos básicos ao crescimento da infiltração do movimento negro nas instituições, nos discursos e nas práticas políticas da sociedade civil têm sido o culturalismo e a falta de recursos e instituições. O paradoxo dessas limitações é que, muitas vezes, os ativistas tiveram que contar com os próprios recursos e instituições culturalistas para ampliar seu engajamento em práticas políticas alternativas, às vezes de confronto direto. Para o movimento negro do Brasil, essa é a sua problemática gramsciana.

A consequência mais imediata dessa problemática é que, com exceção de alguns incidentes e organizações isolados, o movimento engajou-se no que poderíamos caracterizar de metapolítica, isto é, uma política um tanto afastada da ação direta e do embate com as forças da dominação branca. Uma das consequências positivas do processo de democratização no Brasil é que, hoje em dia, diversos grupos políticos têm uma possibilidade maior de tornar mais explícita e menos velada a sua articulação ou a sua dissidência. Para alcançar mais sucesso na década de 1990, o movimento negro terá que passar por uma transição semelhante, que parece ainda mais importante se consideramos a institucionalização de questões e atores políticos anteriormente marginalizados. Nessa conjuntura, o movimento teria que transformar sua política subalterna, episódica e fragmentada numa política emergente de contestação. Uma possibilidade seria a criação de uma organização suprapartidária cujo objetivo fosse criar uma plataforma mínima nacional de direitos civis, baseada num consenso dos diversos grupos a respeito das necessidades básicas dos brasileiros negros. Essas "necessidades básicas", como quer que sejam definidas, devem brotar de uma exposição crítica dos dados, como a apresentada no capítulo 3, que esmiúce as formas socioeconômicas, políticas e culturais de subordinação afro-brasileira encontradas na sociedade brasileira. É dessa maneira que o movimento pode documentar o funcionamento cotidiano da discriminação, da violência e do ensino precário a que os afro-brasileiros ficam expostos. Para "esclarecer" grandes massas de brasileiros brancos e não brancos sobre as práticas de preconceito racial que afetam toda a sociedade, os ativistas terão que lançar mão de uma apresentação sistemática de dados e de uma linguagem política sobre a política racial brasileira que contradigam as versões oficiais e não oficiais, públicas e privadas, a respeito da democracia racial. Esse processo de documentação política, "historiando o presente", poderia contrabalançar a predileção pelo retorno a discussões da desigualdade relacionadas com a conceituação estatal do passado, como se observa nas discussões sobre a escravidão e a cultura.

O processo de historiar o presente poderia começar no nível da comunidade, através do desenvolvimento e coordenação de grupos nacionais e locais para monitorar os casos de violência ligada à raça e outras formas de discriminação. Depois, seria possível promover reuniões locais, regionais e nacionais para discutir as estratégias de abordagem desses problemas. Isso daria ao movimento uma base muito mais sólida do que a atual, evidenciada pelas discussões academicistas e ideologizadas que ocorreram em diversos encontros regionais e nacionais, e que foram comentadas no capítulo 5. Atenderia também a outro objetivo: reduzir as oportunidades de divergência ideológica entre as diversas facções do movimento.

A conscientização da raça, que foi o toque de clarim das décadas de 1970 e 1980, só virá depois que os ativistas, junto com os acadêmicos e com os cidadãos bem informados da sociedade, puderem ligá-la a uma atividade política prática. Uma suposição que comumente se faz na política da diáspora africana é de que a conscientização levará automaticamente ao reconhecimento da opressão e, em seguida, à resistência. No entanto, assim como a consciência de classe, como foi assinalado no capítulo 4, a consciência racial não leva automaticamente a uma ação ou pensamento coletivos. A simples apresentação de uma forma de consciência como superior a outra, sem perspectivas de diálogo entre elas, equivale a uma fórmula de atividade política semelhante a uma receita na qual alguns ingredientes são substituídos por outros[4], o que redunda num movimento dos negros, e não num movimento com metas coletivas específicas.

Potencialidades de um Bloco Histórico

A política de coalizões, a historicização de desigualdades recorrentes e a conscientização das massas levam ao que Antonio Gramsci designava como tarefas de um grupo social emergente que tem o dever de comandar não apenas a economia, mas também os contornos ético-políticos da sociedade inteira. Esse grupo social emergente é o que Gramsci chamou de "bloco histórico": união de "estruturas e superestruturas" enraizada numa "reciprocidade que não é outra coisa senão o verdadeiro processo dialético"[5]. Embora essa enigmática referência de Gramsci tenha aludido a uma plataforma idealizada dos intelectuais críticos do partido comunista, suas constatações, desde que mais explicitadas, também podem ser aplicadas ao movimento.

A tarefa de um bloco histórico é liderar e governar, consolidar elementos econômicos, culturais e políticos numa aliança hegemônica. Governar, portanto, é uma base insuficiente para a hegemonia. Para Gramsci, "a realização de um aparelho hegemônico, na medida em que cria um novo campo ideológico, determina uma reforma da consciência e dos métodos de conhecimento: é, em termos do conhecimento, um fato filosófico"[6].

Há um aspecto arquitetônico dos blocos históricos que se relaciona com um movimento social afro-brasileiro potencialmente reformado. Craig N. Murphy observou que, ao ser traduzido do italiano, *blocco* tem duas conotações. A primeira, assinalada acima, é a aliança. A segunda relaciona-se com uma ressonância geométrica dentro do termo "bloco", que Murphy explica da seguinte maneira:

> O bloco histórico é uma ordem social a ser olhada de maneiras diferentes, cujas diferentes faces devem ser examinadas do mesmo modo que examinaríamos um bloco de mármore, um cubo de montar infantil ou um cubo de Rubik. Só depois de examinarmos todas as faces de um bloco histórico – sua face econômica, sua face política, sua face cultural e econômica – [...] e de começarmos a entender de que maneiras elas se ligam internamente é que podemos começar a compreender o que torna possível a forma característica de seu desenvolvimento social.[7]

No caso do movimento afro-brasileiro, isso significaria, além de uma coalizão dos grupos afro-brasileiros, uma integração das iniciativas tecnocráticas, empresariais, educativas e comunitárias numa só organização, ou num conglomerado de organizações com objetivos globais comuns. Para Gramsci, isso significa "a obtenção de uma união 'cultural-social' através da qual uma multiplicidade de vontades dispersas, com metas heterogêneas, funde-se num só objetivo, com base numa concepção igual e comum do mundo, tanto geral quanto particular"[8]. Até aqui, verificaram-se cisões no interior do movimento, entre grupos de inclinações organizacionais semelhantes (como as lutas entre os grupos culturais, por exemplo), tendo havido pouco esforço para consolidar alianças entre organizações de orientação cultural e econômica, para citar apenas um dos elos ausentes. A conscientização, sob a forma de palestras e debates públicos, não deve substituir a criação de organizações políticas com o objetivo de organizar pessoas. Por isso, ao mesmo tempo que se propõe a mudar os corações e mentes dos brasileiros, o movimento deve tratar de reformar seus próprios corações e mentes[9].

No próprio abismo que separa grupos de tendência organizacional semelhante existem pressupostos de que qualquer preocupação com a mobilidade social e a formação de capital implica uma plataforma "burguesa", ou, inversamente, que as práticas culturais são automaticamente folclóricas. Essas percepções podem ter implicações nocivas para um movimento social mais amplo e mais integrado. Retomando a ideia previamente assinalada de Joel Rufino dos Santos – a respeito da falta de importância do movimento negro para os acontecimentos mundiais –, o movimento enfrenta um grande paradoxo no contexto dos recentes acontecimentos mundiais; paradoxo que poucos movimentos sociais emergentes chegaram a superar, no período posterior à Segunda Guerra Mundial. Desde 1945, como foi observado no capítulo 5, o movimento deslocou-se para a esquerda em termos ideológicos, ao se apropriar dos discursos marxista, pós-estruturalista e outros, associados a visões radicais da mudança social. Ironicamente, os discursos pós-colonialista, anticolonialista e anti-imperialista desmoronaram no colapso dos projetos socialistas e social-democráticos da África, da América Latina e do Caribe, nessa mesma época.

Com o completo esgotamento de suas economias dirigidas na década de 1980, todo o bloco comunista tropeçou num caminho semelhante, e hoje tenta (na condição de *nações individuais*) conseguir uma integração acelerada numa economia política global e voltada para o mercado. Em termos políticos, isso se traduziu na necessidade de um novo pensamento político e social, não apenas para explicar essa mudança, mas também para intervir nos debates nacionais sobre o futuro dos países do Leste Europeu, desde uma reavaliação restrita das antigas doutrinas e paradigmas até uma denúncia completa das filosofias e políticas antes dominantes, isto é, o materialismo histórico e o centralismo burocrático (duas coisas distintas).

Sobre esse *continuum* paira o reconhecimento de que a antiga rejeição do capitalismo e das ideologias liberais deve ser revista. Ao se aproximar o fim do século xx, é o capitalismo, com todos os seus choques e vulnerabilidades intrínsecos, que prevalece como modo dominante de produção material e cultural.

Similarmente, para que o movimento negro amplie sua base de apoio popular, deverá encontrar meios de se posicionar no debate público nacional e pressionar mais os políticos formais e suas instituições. Nesse aspecto, deve tornar-se menos diaspórico e mais nacional. Em sua constituição, o movimento negro já não pode comportar cisões sectárias entre "burgueses" e "culturalistas", "africanistas" ou "americanistas". As alianças cruzadas entre organizações contraditórias no interior do movimento não são contraditórias no sentido político. Em outras palavras, a assunção de compromissos e alianças posteriores, entre tendências distintas das comunidades afro-brasileiras, é precisamente o que há de político e dialético na formação de um bloco histórico. O Brasil, talvez mais do que qualquer outro país da região, está preso em algum ponto entre o término da Guerra Fria, a teoria da modernização e sua implementação, e a falta de prescrições do pós-modernismo para o chamado Terceiro Mundo. Os agentes políticos afro-brasileiros, ao lado de todos os outros agentes políticos da sociedade, precisam encontrar uma saída dessa tríade e de suas limitações.

Um Príncipe Moderno?

Gramsci acreditava que somente o partido comunista italiano, representante *por excelência* de uma aliança entre camponeses e operários, poderia conduzir as massas a uma luta de classes da qual saíssem vitoriosas. Com base nas pesquisas e no material teórico aqui apresentados, no entanto, devemos rejeitar as implicações teóricas e práticas dessa postura no contexto da política racial brasileira.

Para começar, os afro-brasileiros, como membros do proletariado e da pequena burguesia brasileiros, têm modos de consciência heterogêneos, como demonstraram os capítulos 5 e 6. Como foi assinalado neste último, a conscientização é uma coisa inserida no contexto e só deve ser sustentada na ação coletiva quando um problema ameaça o grupo inteiro. Mesmo nesse caso, membros agrupados e isolados podem ver essa ameaça de maneiras diferentes. A homogeneidade, portanto, se é que existe em algum momento no nível de conscientização, só pode ser um fenômeno pontual. Além disso, seria mera fantasia esperar que os brasileiros – desde os grupos indígenas do Amazonas até os metalúrgicos ítalo-brasileiros de São Paulo, ou os negros de Salvador, na Bahia – se unissem como uma classe trabalhadora única, com uma consciência unilateralmente coerente. Não apenas cada grupo formou-se de maneira diferente, como também cada grupo entrou nas relações de produção de maneiras fundamentalmente distintas.

Em segundo lugar, em virtude da história da política racial brasileira, não existem pressupostos "dados" no plano da política de classe. Nos capítulos 3 e 5, vimos que os brasileiros brancos, sejam quais forem suas preferências ideológicas, foram gerados a partir da *mesma matriz cultural*. Essa matriz tem sido uma barreira a um diálogo maior entre a esquerda branca e a afro-brasileira, embora, desde a década de 1970, tenha havido alguns avanços nessa relação. Nesse aspecto, o comentário de Januário Garcia reproduzido no capítulo 5 – "Não sou de direita nem de esquerda, sou negro" – é, em termos políticos, uma forma de essencialismo estratégico limitada, mas viável (semelhança fraca). A política racial brasileira é tal que ser afro-brasileiro problematiza radicalmente as distinções simplistas entre esquerda e direita. Nem a esquerda nem a direita têm uma história positiva no que concerne às lutas afro-brasileiras. Por conseguinte, os ativistas afro-brasileiros tiveram que traçar uma terceira via entre as posturas ideológicas de esquerda e de direita.

A dissociação de uma coalizão de esquerda (PT, PDT, PC do B e PSDB) depois da derrota do candidato do PT à presidência, Luiz Inácio Lula da Silva, em 1989, aliada à vitória esmagadora dos candidatos de centro-direita nas eleições municipais de 1990, sugere uma outra razão por que as estruturas partidárias existentes podem ter uma utilidade valiosa, porém limitada, para os interesses e necessidades dos afro-brasileiros, a menos que os próprios partidos se tornem mais expansivos e prestem mais atenção às preocupações afro-brasileiras.

Não obstante, a necessidade de desenvolvimento institucional dentro das comunidades afro-brasileiras é preponderante, seja ou não sob a forma de partidos políticos. Carl N. Degler, em *Neither Black Nor White*, reconheceu a relativa falta de instituições afro-brasileiras independentes, se comparadas à evolução e à proliferação de instituições afro-americanas nos Estados Unidos. Para Gramsci, o partido comunista era a instituição que melhor desempenhava o papel de organizadora dos camponeses e operários, pois a Igreja Católica, os sindicatos e outros locais de coalescência do proletariado já tinham sido infiltrados e dominados por práticas e valores sociais que visavam ao controle social, não à transformação da sociedade. No que concerne ao movimento negro brasileiro, não existe solução fácil para esse problema, e só ele poderá decidir quem será seu "príncipe moderno".

Orfeu e o Poder

No filme *Orfeu Negro*, adaptação francesa da história grega de Orfeu ambientada no Brasil, Orfeu é um dançarino talentoso das favelas do Rio. Eurídice é uma bela mulata apaixonada por Orfeu, o deus da música e da dança. Mas a morte, caracterizada como ela mesma durante os festejos do Carnaval, intervém. Cobiça, persegue, captura e leva Eurídice, desamparada, para o mundo das trevas.

Eurídice, como tantos outros, torna-se mais uma vítima do Carnaval. A busca enlutada de Orfeu termina numa cerimônia de candomblé, onde ele ouve a voz de Eurídice emanando de uma mãe de santo.

A voz de Eurídice lhe chega de longe, às suas costas. Orfeu anseia por fitá-la, mas, como seu equivalente grego, é instruído a continuar olhando para a frente, para não correr o risco de que ela se cale. A morte só lhe concede isso. Mas Orfeu se frustra com essa incongruência e, como seu equivalente grego, dá uma súbita e apaixonada meia-volta. Como na história original, Eurídice recua para o mundo dos mortos no instante em que seus olhos se encontram. Com esse olhar para trás, Orfeu a perde para sempre.

Ironicamente, essa história é uma parábola adequada da política afro-brasileira, pois capta a problemática do culturalismo, com sua ênfase na escavação genealógica e na história de tipo "eu também" no movimento negro brasileiro. Como vimos no capítulo 2, e principalmente no capítulo 5, as tensões entre o culturalismo estrito e uma política cultural mais ampla têm sido um impasse reiterado no movimento. Com base nos dados apresentados e em minha análise dos movimentos sociais afro-brasileiros do Rio de Janeiro e São Paulo depois de 1945, parece que o problema fundamental do movimento tem sido esse olhar para trás, para uma África unitária e monolítica como base da identidade, ideologia e ação coletivas.

Os esforços empreendidos por estudiosos e ativistas durante esse período para reconstruir "a totalidade" da história afro-brasileira e africana, tiveram resultados e implicações positivos para a historiografia brasileira e para a maneira como os brasileiros passaram a se ver. Esses esforços constituíram um paralelo combativo às versões racistas dos afro-brasileiros nos textos ocidentais de história e às distorções da história da África e da influência africana nos livros ocidentais de história, em linhas mais gerais.

No entanto, esses esforços também criam alguns problemas. O primeiro deles são as formas tacanhas de academicismo e ativismo, que se limitam à tentativa de refutar as interpretações igualmente tacanhas dos dilemas afro-brasileiros na sociedade brasileira, ao apresentarem os quilombos do Brasil ou as comunidades dos bantos ou iorubás da África ocidental como formas de organização social intrinsecamente superiores à escravatura ou ao capitalismo brasileiros. Ao formularem o que caracterizo como abordagem do "eu também" na política e na vida intelectual brasileiras, muitos estudiosos e ativistas do movimento construíram histórias políticas das comunidades africanas e afro-brasileiras que têm apenas uma semelhança idealizada com as formações sociais reais e pluridimensionais.

Como vimos no capítulo 6, ao tratarmos do Centenário, as discussões sobre a resistência no interior do movimento obscureceram, muitas vezes, as realidades da luta social – as batalhas perdidas, as civilizações obliteradas e os conflitos internos, movidos pelas necessidades e buscas humanas de poder. As manchas e imperfeições são apagadas dos murais da história do "eu também".

Existem implicações imediatas e de longo prazo nessa abordagem. Seria igualmente possível ver a economia paternocêntrica dos quilombos ou das comunidades iorubanas como parte das desigualdades e divisões do poder que existem em praticamente todas as sociedades. A aceitação acrítica de que todas as coisas boas são africanas, ou, em termos mais gerais, não brasileiras ou não ocidentais, pode resultar na defesa de injustiças e desigualdades de uma história passada e glorificada que contradizem as lutas atuais.

Ao abraçarmos os quilombos ou alguma variedade de quilombismo, porventura isso significa que as mulheres devam aceitar papéis predominantemente voltados para a criação de filhos e o trabalho braçal, na comunidade afro-brasileira contemporânea? Ao abraçarmos alguma forma de negritude, devemos aceitar a ideia essencialista de que existe uma "personalidade africana" transcendental e trans-histórica, encontrável em algum texto do movimento da negritude? À parte algumas reservas pessoais a respeito dessas duas posições, basta-me dizer que esses elementos também fizeram parte da história brasileira e pan-africanista, assim como as revoltas de escravos e os movimentos anticolonialistas.

É claro que existem benefícios a curto prazo na glorificação do passado africano e afro-brasileiro, na história do "eu também": seu simbolismo poderoso e a destruição da correlação pejorativa entre a cor negra e a civilização, abarcada pelo reconhecimento coletivo por parte de um povo que agora pode orgulhosamente afirmar: "Sim, nós também temos nossas próprias heroínas e heróis." Mas a história não é algo que se possa ter ou possuir, como descobriu Orfeu da maneira mais difícil. A Eurídice de Orfeu era intemporal, imutável e inabalável em sua beleza e devoção. Eurídice era algo a ser resgatado por inteiro, apesar de, tal como sua relação com Orfeu, ter sido transformada pelo deus da morte.

A história é um processo através do qual os grupos e indivíduos desenvolvem relações dialógicas. É escorregadia como a enguia, com posições e interpretações sempre mutáveis. Não há como voltar ao "modo como eram as coisas", pois, ainda que possuíssemos um conhecimento completo de como as coisas "costumavam ser", esses momentos já não existem. Ao se admitir isso, enfatiza-se mais o "costumavam" do que o "ser". Até hoje, o movimento negro, como Orfeu, tem negligenciado o segundo em busca do primeiro.

Portanto, o segundo problema a longo prazo da abordagem do "eu também" é o problema epistemológico de tentar capturar, reter e, em última instância, *conhecer* o passado, o que, como reconhece a maioria dos estudiosos, é uma impossibilidade. Isso não desestimula nem deve desestimular os ativistas ou os intelectuais de tentarem resgatar o passado, com o intuito de verbalizar o desprazer com um presente opressivo. Entretanto, convém reconhecer que o passado nunca pode ser recuperado inteiramente, *in totum*[10]. Pode apenas ser reconstruído, e não sem uma alta dose de manipulação[11].

O Orfeu grego e o brasileiro, em sua tentativa de resgatar o passado através de um último olhar, violam os limites do campo da ocorrência histórica. A desconsideração da realidade da partida de Eurídice custa-lhes a perda do diálogo entre eles mesmos e seus entes queridos, entre os vivos e os mortos e, em última análise, entre a contemporaneidade e a história. Em seu desejo de resgatar Eurídice por inteiro, eles a perdem – inteiramente – por confundirem a memória e o significado com a história.

Os esforços de *conhecer* o passado, resgatá-lo e reconstituí-lo em sua forma original reduzem enormemente as esperanças de uma visão crítica. Em combinação com a abordagem do "nós também", podem trazer consequências devastadoras para os grupos politicamente marginalizados, como o movimento negro. A interpretação histórica, o diálogo com a história, é evitado em favor da catalogação de eventos e personalidades que projetam um autorretrato atraente, mas superficial. O solipsismo se insinua, à medida que as caricaturas, boas e más, são preferidas às figuras complexas. As caricaturas são mais cômodas; podem ser facilmente manipuladas para projetar uma imagem que contradiga todas os traços negativos que um grupo dominante, em suas próprias versões caricaturais da história, atribui aos menos poderosos.

O resultado final é uma preocupação não com a história, mas com partes da história que possam servir de apetrechos cosméticos para melhorar a autoimagem – heróis, batalhas vencidas, lebres humanas que vez por outra levam a melhor sobre as raposas, e assim por diante. A rebeldia e a vontade infatigável são apresentadas não como componentes da luta social, mas como expressões de um individualismo briguento e do pensamento aventureiro – em síntese, do voluntarismo. Essa forma de autocentração tem como consequência as limitações do simbolismo e da semiótica políticos[12]. Também Orfeu sofreu as consequências de ficar centrado em si mesmo. Como sabemos pela história original, ele tocou ininterruptamente sua lira, depois de perder Eurídice pela segunda vez, mesmo na presença das Mênades, seguidoras de Dioniso que podiam ser levadas à violência pelo som da música e pelo sabor do vinho. Os sons da lira, que um dia haviam enfeitiçado Hades e Cérbero, levaram as Mênades a uma fúria assassina. Elas esquartejaram Orfeu, membro a membro.

Parte de uma nova visão política teria que implicar não apenas a organização e a coordenação internas, mas também um reconhecimento mais amplo das forças *globais* que ocorrem na política contemporânea. Como disse acertadamente Joel Rufino dos Santos, no artigo "O Movimento Negro e a Crise Brasileira", o movimento negro precisa conhecer melhor as crises nacionais e internacionais que afetam não apenas a sociedade brasileira, mas também as sociedades com populações negras que os afro-brasileiros usam como referenciais culturais e políticos.

Visto que as formas de resistência política da África assemelham-se mais às polaridades do Congresso Nacional Africano e do Inkatha, na África do Sul, ou do Frelimo e da Unita, em Moçambique e Angola, respectivamente, as respostas inteligentes e relevantes para as questões de estratégia e mobilização dos afro-brasileiros, na década de 1990, não serão encontradas no quilombo de Palmares nem nos Mau-Mau do Quênia, mas noutros lugares. Em sua explicação da utilidade restrita da escravidão como variável explicativa das desigualdades contemporâneas, Hasenbalg afirmou (acertadamente, a meu ver) que o poder explicativo da escravidão para as desigualdades raciais contemporâneas diminui à medida que a sociedade brasileira se afasta mais, histórica e estruturalmente, do trabalho escravo. Inversamente, nem a escravidão nem

---

12. O Mês da História Negra, nos Estados Unidos, é um modelo dessas consequências,

a resistência a ela, nem a organização sociopolítica e religiosa da África, antes e durante a primeira leva do imperialismo ocidental, três séculos atrás, fornecerão soluções fáceis de enxertar nos males societários do Brasil na década de 1990.

O presente em curso, e não um passado folclórico, precisa ser historiado, caso os intelectuais críticos negros e brancos pretendam revelar as disjunções raciais permanentes da sociedade brasileira. Para que o movimento evite o destino de Orfeu, é preciso haver uma atividade crítica maior *dentro* dele, não apenas para acabar com os relatos autoenaltecedores ou humilhantes de um passado afro-brasileiro, mas também, o que é mais importante, para historiar e, portanto, desfolclorizar o presente afro-brasileiro. Essa é a única maneira de o movimento livrar-se de seu culturalismo. Uma tentativa verdadeira de dialogar com o passado afro-brasileiro ajudará a produzir diálogos mais abrangentes – e mais ambíguos – sobre a sua história e sua política do passado, mas diálogos que tenham maior integridade e invariabilidade, além de maior utilidade estratégica.

Orfeu acreditou poder simplesmente trocar as limitações do diálogo pela ampliação seletiva do significado e da memória e, dessa maneira, preservar Eurídice de seu passado. Mas a morte, perfeitamente cônscia de que o diálogo, por mais fragmentado que fosse, valia muito mais do que a memória, recusou-se a ser privada do que lhe era devido. Esperemos que o movimento negro não sucumba às mesmas frustrações e que *opte* pelo diálogo, em vez do olhar para trás.

POSFÁCIO
Ressonância Crítica
de Uma Obra Desafiadora

Paulo Cesar Ramos

A Recepção do Livro "Orfeu e o Poder" no Brasil

Ao completar trinta anos de sua publicação original em inglês, *Orfeu e o Poder*, de Michael G. Hanchard, ganha nova edição no Brasil, 25 anos após ser publicada aqui. O livro vem em boa hora, pela cuidadosa edição da Perspectiva, como chegou em 2001, pela Editora da Universidade do Estado do Rio de Janeiro. Certamente interessa ao público especializado que estuda a questão racial no Brasil, os movimentos sociais ou mesmo o processo histórico brasileiro A obra também tem impacto no pensamento político de modo geral, pois versa sobre como grupos subalternizados lutam para colocar em prática seus anseios mais básicos por inclusão, reconhecimento e pela sobrevivência e pelo poder.

As muitas qualidades do livro o trazem de volta às prateleiras das livrarias: suas décadas de leitura e as inúmeras citações e inscrições nas bibliografias de disciplinas nas faculdades de ciências sociais e história comprovam o vigor das reflexões que a obra veicula. Contudo, esta mostra-se desafiadora para o leitor – seja qual for – por apresentar uma interpretação não condescendente do movimento negro, de que o autor é um apoiador.

O livro impõe-se pela sua força teórica e empírica, de inspiração gramsciana. Hanchard leva a questão racial para o cerne do debate sobre hegemonia, desenhando um modelo de compreensão das relações de poder que tem no centro o fenômeno do racismo, no passado e no presente, na estrutura da sociedade e na agência dos sujeitos negros. Aí, o elemento empírico. A pesquisa de Hanchard foi ampla e profunda. Ele trabalhou com dezenas de entrevistas realizadas em profundidade, mas também se valeu de sua interlocução e de tratativas formais e informais com os militantes negros no Rio de Janeiro e em São Paulo, durante os anos em que viveu aqui.

Seu recorte temporal vai de 1945 a 1988, e apresenta elementos muitos particulares desse marco, por um lado, e elementos que nos acompanham até os dias de hoje, confrontando dilemas muito próprios dos movimentos negros no Brasil, por outro. Em especial, o lugar que a cultura – aqui entendida como uso de artefatos de referência africana – ocupa no discurso, nas práticas, nas agendas e na própria constituição do movimento negro brasileiro contemporâneo. Certamente é desse canto do palco que emerge a principal celeuma que envolveu o livro no debate público sobre o racismo e sobre o movimento no Brasil. Em parte, pela substância da visão crítica ao movimento negro que Hanchard elabora aqui, em parte pelo que ela revelava sobre os atores que estavam em cena quando o livro foi elaborado e sobre os atores que estavam no palco quando foi publicado nos Estados Unidos. Esses, entre outros tópicos, estiveram em debate a partir de uma resenha da então doutoranda Luiza Bairros, publicada em 1996, no Brasil.

Assim, a recepção do *Orfeu* no Brasil foi mediada pelo artigo de Luiza Bairros (1945-2016), que era aluna de pós-graduação em Sociologia, na Universidade de Michigan, após ter deixado a direção nacional do Movimento Negro Unificado. Luiza Helena Bairros, gaúcha que se radicou na Bahia, já era intelectual consolidada à época, havia desempenhado importantes tarefas no interior do movimento negro, e posteriormente seria referência na formação de diversos intelectuais negros ao longo de sua carreira, como Osmundo Pinho, Ana Flávia Magalhaes Pinto, Felipe Freitas, entre outros[1]. Viria ainda a se tornar Secretária de Igualdade Racial do Governo da Bahia (2008-2010) e ministra de Estado da Secretaria de Políticas de Igualdade Racial no primeiro governo de Dilma Rousseff (2011-2014). Quando *Orfeu* foi publicado em inglês, dois anos após a defesa do doutorado de Hanchard, sua resenha crítica ao livro, intitulada "Orfeu e o Poder: Uma Perspectiva Afro-Americana Sobre a Política Racial no Brasil", circulou com grande força no debate brasileiro sobre relações raciais.

Publicada na revista *Afro-Ásia*, da Universidade Federal da Bahia, a resenha circulou tanto quanto o livro, seja por ser uma produção de uma intelectual em uma revista de respeito, seja por ser referência mais acessível ao público brasileiro a respeito do livro de um intelectual conhecido nos meios militantes e acadêmicos ligados à questão racial. Entre tantas outras coisas, ela destaca no texto a forma, segundo ela equivocada, de compreender como o movimento negro brasileiro fazia política, revelando uma contraditória compreensão do modo como os afro-brasileiros lidam com a cultura. Sairia disso uma espécie de colonialismo teórico/analítico em que Hanchard desenvolve sua análise, tentando encaixar os problemas da política racial americana no universo afro-brasileiro; além disso, ela aponta a ausência de um reconhecimento das formas criativas pelas quais o movimento negro brasileiro empreendeu sua resistência no país. Hanchard publicou um outro artigo em resposta a ela, aquiescendo este último ponto e debatendo com suas críticas[2].

Antes de surgir como um dilema para o movimento do Rio de Janeiro e de São Paulo, o dilema sobre o culturalismo, e, evidentemente, o uso estratégico da cultura como parte do repertório de ação coletiva pelo movimento negro, é algo que pode acompanhar toda a sua história no século XX e, talvez, XXI. Do ponto de vista histórico, as expressões artísticas foram usadas para se fazer política, independentemente da era e da civilização, desde que tivemos essa forma de categorizar a criação humana voltada para o cultivo da beleza e das experimentações auditivas, visuais, cinéticas etc. Afrodescendentes têm feito isso na diáspora, em cantos, danças, artes visuais e literatura. No início do século XX, ativistas organizavam entidades, criavam jornais, saraus, livros de poesia etc. Abdias Nascimento, por exemplo, militante negro, escritor e dramaturgo, foi além e criou uma escola de teatro, a principal organização negra dos anos 1950 no Rio de Janeiro. Em São Paulo, a principal agremiação em meados do século XX era a Associação Cultural do Negro[3]. E o que dizer do movimento Negritude, que articulou membros da diáspora africana ligados à francofonia? Esse movimento, em especial, logrou êxitos interessantes: foi iniciado como um movimento literário e um de seus protagonistas, Leopold Senghor, tornou-se presidente de seu país, o Senegal, entre 1960 e 1980[4].

A denúncia de que a democracia racial era uma forma de dissimular a grande desigualdade racial no Brasil e a existência do racismo e variadas formas de exclusão foi, é verdade, importante para dar um sentido coletivo para os negros no Brasil. A mobilização por meio de artefatos e criações artísticas sempre esteve presente, desde o início do chamado movimento negro contemporâneo[5]. O Grupo Cultural Palmares (GCP), fundado em 1971, funcionava mesmo como um grupo que reunia pessoas ligadas às letras, tendo o poeta Oliveira Silveira como seu representante mais visível. Em São Paulo, a militante, atriz e dramaturga Thereza Santos criou, em 1972, o Centro de Cultura e Artes Negras[6]. No Rio de Janeiro, o Instituto de Pesquisa e Artes Negras foi fundado em 1974, e na Bahia o grupo Ilê Aiyê, de onde surgiram importantes militantes negros, foi fundado no mesmo ano. Só para ficar nesses exemplos, o movimento negro contemporâneo caracteriza-se, entre outras coisas, pela centralidade estratégica da difusão das expressões artísticas que, em forma ou em substância, baseiam-se na experiência negro-africana da diáspora. Contudo, no longo prazo, seus destinos são diversos. O Ilê Aiyê consolidou-se profissionalmente como um grupo que, com profundo destaque, oferta apresentações artísticas[7]. O Instituto de Pesquisas das Culturas Negra (IPCN), que em 1978 atuou na fundação do Movimento Negro Unificado, atua até hoje como uma organização do mosaico de entidades negras. O Instituto de Pesquisas das Culturas Negra (Cecan), encerrou suas atividades em 1980, mas sempre foi desafiado por seus membros a fazer mais atividades politizadas. E, apesar de estar no centro da articulação pela fundação do MNU, o Cecan não subscreveu a carta de fundação de 18 de junho de 1978, por entender que sua atuação não devesse confrontar a ditadura militar. Já o GCP, que tomou para si a tarefa de defender o heroísmo de Zumbi dos Palmares por meio da data de 20 de novembro, chegou a se dissolver na fundação do MNU[8]. Logo depois, seus integrantes rearticularam-se para atividades de difusão cultural pela Associação Negra de Cultura:

> o Grupo Palmares passou por rearticulação nos seus estatutos e houve um pequeno avanço. Além de realizar palestras, conferências, apresentação musical, seminários e outras formas de apresentação cultural, promover a troca de experiências entre produtores de arte e cultura latente das classes populares, passou a difundir para a sociedade em geral, independente de origem étnica ou classe social, ideias sobre a possibilidade de expressão de indivíduos a partir de suas experiências de vida. A promover maior participação do negro no processo político e social brasileiro, realizar intercâmbio com outros grupos e entidades[9].

Essa construção que mobiliza as artes é importante para lastrear e dar sentido de identidade coletiva unificada aos negros, que no Brasil dependeu muito do resgate das conexões com um passado africano, selado pela apropriação de símbolos daquele continente. O sentido político do povo negro no Brasil construído pelo movimento negro entre nós possui, assim, marcante carga étnica, sendo uma identidade política constituída pela atribuição de um passado compartilhado por todos os descendentes africanos. Esse recurso permitiu aos afrodescendentes brasileiros reconstituir sua subjetividade como pessoas cuja história não se iniciou na escravidão, como sujeitos criativos, inteligentes, humanos, enfim, distantes dos estigmas negativos legados pela recente experiência da escravidão.

Assim, a arte serviu à política para selar uma identidade coletiva em um momento em que a política institucional tinha as portas fechadas a grupos excluídos. O desafio maior viria a seguir, quando da abertura política em tempos de democracia formal, legalização de partidos políticos, voto direto para eleição presidencial, arenas de participação política mistas. A cultura teria espaço e legitimidade: a Fundação Cultural Palmares foi fundada em agosto de 1988, meses antes da promulgação da Constituição democrática, em novembro do mesmo ano. O desafio seria o de fazer política institucional. O que chama a atenção no livro de Hanchard é justamente a obliteração da política, qual seja, de a capacidade de ocupar e exercer poderes instituídos no seio do Estado ser obliterada pelas atividades artístico-culturais.

Formas de usar ou de conceitualizar o que é política podem ser mais ou menos rigorosas[10]. Foi de grande contribuição a afirmação de que tudo é política e de que mesmo as relações humanas em seus espaços mais íntimos e privados podem ser permeadas e mediadas por relações de poder. No entanto, ao dizer que a política está em tudo e que tudo deve ser politizado, é preciso lembrar também que determinados espaços de poder requerem usos e repertórios específicos para serem ocupados, exercidos e transformados. Como a história demonstra, é possível fazer política com a cultura e a arte, mas não será por ela que os poderes que constituem o Estado serão ocupados, exercidos e transformados.

Em termos de políticas públicas, existem espaços mais ou menos abertos para a inclusão das questões raciais, e como podemos observar, áreas como a educação e a cultura, mesmo o trabalho e a saúde, são áreas em que foi possível termos avanços. Se observarmos o documento entregue ao presidente Fernando Henrique Cardoso em 1995, em quase todos os capítulos e propostas pontuadas são empreendidos avanços. Contudo, a área de violência e segurança pública não só padece de propostas de soluções específicas para a população negra como o problema se aprofundou[II].

Além disso, o número de pessoas negras eleitas para cargos de representação política nem se aproxima de representar equivalentemente a população negra na sociedade brasileira. Isso nos três poderes instituídos e nos três níveis da federação. Muito se luta por essa representatividade, e houve alguns avanços, como o Projeto de Lei n. 4041, de 2020, que obriga os partidos a terem um mínimo de candidatos negros e prevê recursos para suas campanhas. No entanto, é preciso lembrar que se faz muita política com cultura, mas a política possui esferas e expedientes próprios.

Talvez o ponto mais crítico do artigo de Luiza à obra de Hanchard seja também aquele em que os dois mais estejam em consonância. Independentemente de se Hanchard traz ou não uma visão afro-americana para observar os problemas brasileiros, o livro é finalizado trazendo, entre outras coisas, uma série de recomendações e sugestões ao movimento negro brasileiro. O período seguinte será marcado justamente pela consecução do que o livro indica, como discorreremos. É óbvio que essa correlação não implica causalidade, ou melhor, não é porque está no livro que isso aconteceu. Mas, as recomendações são indicadores da necessidade do aprofundamento das características mais próprias do mundo da política, bem como da necessidade de maior historicização, de produção de dados, de articulação das bases conectadas com um projeto nacional.

É verdade que no livro de Hanchard, como no artigo de Bairros, teremos elementos circunstanciais, como o debate sobre o significado da comemoração do centenário da abolição em 1988. Ambos concordam que essa movimentação foi de grande impacto, embora

Luiza indique uma contradição no autor. Todavia, após décadas, e alguns outros marcos cívicos, parece que os eventos promovidos pelo movimento negro naquele ano foram, apesar de notáveis, menos importantes do que outros que vieram depois deles. Certamente, podemos discutir o fundamento dessa questão, ou seja, se os movimentos são capazes ou não de ter visibilidade política a partir da produção de eventos de grande impacto público e midiático.

Na altura em que o livro foi publicado e discutido, Hanchard já estava de volta aos EUA, como professor convidado na Universidade Harvard, sem, contudo, perder suas conexões com o Brasil. E a professora Luiza Bairros já figurava um nome consolidado na política racial brasileira. Seu trânsito acadêmico somava contribuições substanciais para pensar raça e desigualdades[12]; no mundo da política, Bairros havia passado por experiências de destaque e, especialmente, havia sido a primeira coordenadora nacional do Movimento Negro Unificado, numa inflexão importante que a organização viveu. Entre os anos de 1991 e 1994, ela liderou uma articulação que fez o MNU passar de "entidade para organização", como em 2006 classificou Edson Lopes Cardoso[13]. Essa articulação passava por lideranças da Bahia, do Distrito Federal e de Goiás, refletindo uma característica do próprio MNU de dinâmicas políticas estaduais. A chegada ao *status* de organização, pelas lentes de Cardoso, deveu-se ao debate para a elaboração coletiva de um projeto político para o povo negro no Brasil, indicando um salto programático e discursivo em que o MNU falaria para o conjunto da nação e não apenas para os negros.

Foi uma movimentação importante, e tê-la em tela ajuda a compreender o debate político sobre o enfrentamento ao racismo pelas organizações negras. Os registros sobre o MNU no período em que Bairros e Cardoso iniciavam tais articulações eram de que o MNU era parte do passado, especialmente em São Paulo e no Rio de Janeiro[14]. Em São Paulo, surgiria uma nova articulação que reuniria militantes de entidades negras em formato guarda-chuva, na esteira dos encontros regionais de negros e negras, que se ensaiavam desde os anos 1970.

Em 1991, mesmo ano em que o MNU fazia sua inversão estratégica, foi realizado o 1º Encontro Nacional de Entidades Negras, em São Paulo, para o qual o MNU foi chamado, mas não teve influência na – ou melhor, foi excluído da – sua direção. Desse encontro, surgiu a Coordenação Nacional de Entidades Negras (Conen), que manteve uma verve de ocupação de espaços institucionais, em aliança franca com partidos de esquerda e sindicatos. Entre as décadas de 1980 e 1990, houve um fortalecimento institucional das entidades negras, com a formalização de ONGs, institutos e outras figuras jurídicas, aproveitando-se da abertura que a Constituição de 1988 deu, bem como da conquista de prefeituras pela esquerda e o campo democrático – PMDB e PDT –, que incorporaram quadros negros em suas gestões.

Em 1995, outro evento fundamental para o protesto negro ocorreu. Se até a publicação do *Orfeu* duas eram as ocasiões dignas de nota na história da mobilização negra – 1978, com a fundação do MNU, e 1988, com as comemorações do centenário da abolição –, em 1995, foi organizada uma grande marcha em Brasília em que houve unidade, uma grande pauta de mobilização e uma agenda oficial de entrega de reivindicações ao presidente da República, Fernando Henrique Cardoso. Ali, passou-se a debater políticas públicas para a população negra e inclusive a circular com mais frequência a ideia de ações afirmativas no ensino superior.

Assim, era um momento em que o movimento negro nunca havia feito tanta política institucional, em linha com o que Hanchard, nas páginas finais do livro, sugere que deveria ocorrer. O recorte da análise (São Paulo e Rio de Janeiro, entre 1945 e 1988) é instrutivo ao demonstrar que os limites do estudo deveriam ser balizados pelo arco temporal do objeto, precisamente o derradeiro ano sem Constituição democrática no Brasil e também ano de promulgação da Constituição de 1988.

Além disso, embora em 1995 tenha havido uma demonstração de unidade das organizações negras, havia esforços separados de militantes quanto à estratégia política, isto é, havia uma unidade na diversidade. A Conen estava empenhada em aprofundar suas relações com partidos políticos, sindicatos e outros setores da política institucional; já o MNU optava por estruturar uma organização negra mais hierarquizada e centralizada, de um lado, e por aumentar o grau de sintonia discursiva entre seus militantes, com congressos, discussão de teses e formação política, de outro. Cada um a seu modo, ambos optaram por ampliar sua presença, seja pela via das alianças, seja pela via da elaboração política.

Essas transformações ocorridas na mobilização negra são indicativas de uma contextualização e de uma abordagem mais particular de como os movimentos negros do Rio de Janeiro e de São Paulo interagem ricamente com o teor crítico do texto de Luiza Bairros. Temos, portanto, questões que são basilares nas ciências sociais, além de um vasto campo empírico, para servir de mediadoras à leitura atual do livro e aos debates que ele suscita.

Outro ponto interessante para o debate levantado pelo texto de Luiza é a relação entre processo e sistema na interpretação do que seja hegemonia racial. Reportando o que Hanchard elaborou, ela resume que "o processo de socialização é tão destrutivo e castrador quanto, por exemplo, as ações diretas de violência física, ou a crônica debilidade econômica a que os negros estão desproporcionalmente sujeitos no Brasil"[15]. É assim que Hanchard discute como a política racial brasileira caracterizou-se como uma forma de se exercer ora pela coerção, ora pela liderança. Algo que, aparentemente, deixaria de lado a centralidade da violência física, o que para Bairros é fulcral. Ela, com razão, chama a atenção para esse tema que tem grande presença na agenda do movimento negro desde 1978. E que, apesar de constante entre as teses do movimento, ganhará maior centralidade a partir da campanha do MNU, Reaja à Violência Racial, na chegada dos anos 1990[16], sobre o qual a própria academia vai debruçar-se a partir de meados de 2010[17].

Só podemos entender essa reflexão, ao questionarmos a caracterização da hegemonia racial como um processo, lembrando que talvez fosse mais adequado pensá-la como um sistema, dados os limites do movimento negro. Luiza argumenta que, uma vez que tantos empecilhos tenham sido postos sobre a ação dos negros no Brasil, o dinamismo das relações raciais no país está sendo transformado pela ação do movimento negro. Essa podia ser justamente a impressão de quem observasse as mobilizações dos movimentos sociais nos anos 1990[18]. O presidente Fernando Henrique Cardoso reconhecia a existência de discriminação racial, luta que marcara a fundação do Movimento Unificado Contra a Discriminação Racial, que se tornou o Movimento Negro Unificado, e ainda reconheceu oficialmente Zumbi dos Palmares como herói nacional[19], demanda que também nascera nos anos em que o protesto negro emergia dos estertores ainda sombrios do regime militar.

Olhando à luz dos dias atuais, vale pensar o quanto esse processo de hegemonia racial é repetidamente reconfigurado. Com décadas de vigor da Constituição cidadã, novos mecanismos de inclusão da população negra foram implementados, na área da saúde, do trabalho e da educação, principalmente. Também as políticas universais beneficiaram famílias negras de baixa renda, como o Bolsa Família, as políticas de aumento do salário mínimo etc. Entretanto, quando a democracia parecia grassar com vigor foi que a população carcerária triplicou de tamanho, restando descompassados os que esperavam que com o fim da ditadura viesse naturalmente o fim da repressão. Também se frustraram aqueles que pensaram que com menos desigualdade haveria menos violência. Nos anos em que se constrói a democracia, os homicídios no Brasil saem de 35 mil mortes intencionais, em 1990, para 65 mil em 2017.

Tudo isso demonstra o quão longe estamos de romper com o regime de dominação racial no Brasil. É certo que houve muita luta, avanços e conquistas, como a criminalização do racismo, uma ampliação da consciência racial e da persistência do racismo, tanto entre negros como entre brancos. Por outro lado, vimos novas formas pelas quais a dominação racial se perpetua nas frestas da democracia.

É por tudo isso que os dilemas abordados no livro ressoam ainda, quase quatro décadas depois. São temas e problemas desafiadores, seja para a análise acadêmica rigorosa, seja para a ação política antirracista. O uso dos conceitos e das ideias articuladas para a análise desenvolvida em *Orfeu* segue relevante em um cenário nacional e transnacional que viveu ondas de ampliação de direitos e de maior liberdade. Nos dias que correm, poucos são aqueles que esperam mais do futuro do que o que já conquistamos nas últimas três décadas. Por isso vale atentar principalmente para aquilo sobre o que Bairros e Hanchard concordam: a articulação política é imperiosa para a transformação estrutural da arena pública, pois somente assim se constituirá um bloco sólido, capaz de combater o racismo.

Referências

BAIRROS, Luiza. "Orfeu e o Poder": Uma Perspectiva Afro-Americana Sobre a Política Racial no Brasil. *Afro-Ásia*, n. 17, 1996.

BARRETO, Vanda Sá (CRH-UFBA). Luiza Helena de Bairros. *Sociedade Brasileira de Sociologia*. Disponível em: <https://sbsociologia.com.br/project/luiza-helena-de-bairros/>. Acesso em 14 mar. 2025.

CAMPOS, Deivison Moacir Cezar de. *O Grupo Palmares (1971-1978): Um Movimento Negro de Subversão e Resistência Pela Construção de um Novo Espaço Social e Simbólico*. Dissertação (Mestrado em História), PUC-RS, Porto Alegre, 2006.

CARDOSO, Edson Lopes. Entrevista a Verena Alberti e Amílcar Pereira. *Centro de Pesquisa e Documentação da Fundação Getúlio Vargas*. 2006. Disponível em: <https://www.fgv.br/cpdoc/storage/historal/arq/Entrevista1457.pdf> . Acesso em: 14 mar. 2025.

CARDOSO, Hamilton. O Resgate de Zumbi. *Lua Nova*, v.2, n. 4, jan-mar. 1996.

CIPOLA, Ari. FHC Reconhece Zumbi Como "Herói". *Folha de S.Paulo*, 21 nov. 1995. Disponível em: <http://almanaque.folha.uol.com.br/cotidiano_21nov1995. htm>. Acesso em 14 mar. 2025.

FRY, Peter. O Que a Cinderela Negra Tem a Dizer Sobre a "Política Racial" no Brasil. *Revista USP*, n. 28, 1995.

HANCHARD, Michael George. Resposta a Luiza Bairros. *Afro-Ásia*, n. 18, 1996.

_____. Cinderela Negra? Raça e Esfera Pública no Brasil. *Estudos Afro-Asiáticos*, n. 30, 199.

_____. *Orfeu e Poder. Movimento Negro no Rio e São Paulo.* Rio de Janeiro, EDUERJ/ UCAM-Centro de Estudos Afro-Asiáticos, 2001.

MAGALHÃES PINTO, Ana Flávia; FREITAS, Felipe da Silva. Luiza Bairros, uma "Bem Lembrada" Entre Nós (1953-2016). *Afro-Ásia*, n. 55, 2017.

MARQUES, Elenir Gularte. *Grupo Palmares em Porto Alegre na Década de 1970: O Papel de Mulheres Negras Ativistas.* Dissertação (Mestrado), UFRGS, Porto Alegre, 2019.

MNU – Movimento Negro Unificado. *Por uma Política Nacional de Combate ao Racismo e à Desigualdade Racial: Marcha Zumbi Contra o Racismo, Pela Cidadania e a Vida.* Brasília: Cultura Gráfica e Editora, 1996.

MUNANGA, Kabengele. *Negritude: Usos e Sentidos.* Belo Horizonte: Autêntica, 2009.

PEREIRA, Amílcar Araújo. *"O Mundo Negro": A Constituição do Movimento Negro Contemporâneo no Brasil (1970-1995).* Tese (Doutorado em História), UFF, Niterói, 2010.

PINHO, Osmundo de Araújo. Corações e Mentes do Movimento Negro Brasileiro. *Estudos Afro-asiáticos*, v. 24, n. 2 2002.

_____. Luiza Bairros: Um Legado Sociológico e uma Inspiração Intelectual. *LASA FORUM*, v. 51, issue 2, apr. 2020.

RAMOS, Paulo César. A Violência Contra Jovens Negros no Brasil. *Carta Capital*, 15 ago. 2012.

_____. *Gramática Negra Contra a Violência de Estado: Da Discriminação Racial ao Genocídio Negro (1978-2018).* São Paulo: Elefante, 2014.

SARTORI, Giovanni. 1970. Concept Misformation in Comparative Politics. *American Political Science Review*, v. 64, n. 4, dec. 1970.

SILVA, Francisco Carlos Cardoso da. *Construção e Desconstrução de Identidade Racial em Salvador: Mnu e Ilê Aiyê no Combate ao Racismo.* Dissertação (Mestrado em Sociologia Rural), UFP, Campina Grande, 2001. Disponível em: <http:// dspace.sti.ufcg.edu.br:8080/jspui/handle/riufcg/4436>. Acesso em: 14 mar. 2025.

SILVA, Mário Augusto Medeiros da. Fazer História, Fazer Sentido: Associação Cultural do Negro (1954-1964). *Lua Nova*, n. 85, 2012.

SILVA, Joana Maria Ferreira da. *Centro de Cultura e Arte Negra: Trajetória e Consciência Étnica.* Dissertação (Mestrado em Ciências Sociais), PUC-SP, São Paulo, 1994.

SINHORETTO, Jacqueline; SOUZA MORAIS, Danilo de. Violência e Racismo: Novas Faces de uma Afinidade Reiterada. *Revista de Estudios Sociales*, v. 64, abr.-jun. 2018.

Notas

Introdução

1. Esses 44% representavam a cifra oficial da população de não brancos, de acordo com o recenseamento do IBGE de 1980, e se compunham de 38% de pardos e 6% de pretos. Dada a indefinição das categorias raciais no Brasil, o censo de 1980 foi tema de muitas discussões, especialmente acerca dos critérios objetivos e subjetivos para determinar com precisão quem eram os pardos e quem eram os pretos.

2. Ver F. Fernandes, *The Negro in Brazilian Society*; C. Hasenbalg, *Discriminação e Desigualdades Raciais no Brasil*; idem, Race and Socioeconomic Inequalities in Brazil, em P.-M. Fontaine (org.), *Race, Class and Power in Brazil*.

3. Ver J.B.B. Pereira, Aspectos do Comportamento Político do Negro em São Paulo, *Ciência e Cultura*, n. 10; A.L.E.F. Valente, *Política e Relações Raciais*;

4. Ver R. DaMatta, *Relativizando*; D. de G. Brown; M. Bick, Religion, Class and Context, *American Ethnologist*, n. 1.

5. Ver A. Stepan, *The State and Society: Peru in Comparative Perspective*.

6. Ver C.N. Coutinho; M.A. Nogueira, *Gramsci e a América Latina*.

7. Ver A. Stepan (org.), *Democratizing Brazil*.

8. T. Skidmore, Race and Class in Brazil, em P.-M. Fontaine (org.), *Race, Class and Power in Brazil*, p. 13.

9. O trabalho *Marriage, Class and Colour in Nineteenth Century Cuba*, de Verena Martinez-Alier, sobre raça, casamento e mobilidade social em Cuba é um exemplo contundente de como a diferenciação racial afeta não apenas as escolhas de vida e de casamento, mas também molda as estruturas sociais.

10. Estive pessoalmente em todas as conferências, debates e reuniões mencionados neste projeto, com apenas uma exceção. A Primeira Conferência Nacional de Mulheres Negras do Brasil, que se realizou no Rio de Janeiro, em 1988, proibia a participação de pessoas do sexo masculino. Uma assistente de pesquisa compareceu em meu lugar.

HEGEMONIA RACIAL
1. A Política Racial

1. *The Brazilian Empire*, p. 238.

2. Ver M.G. Hanchard, Racial Consciousness and Afro-Diasporic Experiences, *Socialism and Democracy*, v. 7, n. 14.

3. *Black Men, White Cities*, p. 14.

4. Essa expressão, como categoria descritiva da política das pessoas de ascendência africana, ou como posição ocupacional dentro dos departamentos de ciência política, é perigosamente confusa. Implica erroneamente a: a. que os negros – em oposição aos brancos – engajam-se numa política racial, enquanto os próprios "brancos" não o fazem; e b. que as distinções étnicas, regionais, de classe, ou quaisquer outras que ameacem a caracterização monolítica da "política negra" são secundárias. Por último, o termo, por si só, é uma expressão de poder, na medida em que sugere que a política em que os negros se engajam é, *ipso facto*, "negra", ao passo que a de seus equivalentes brancos é nacional, regional, tributária, federal, estadual ou uma multiplicidade de outras categorias identificáveis em termos espaciais ou institucionais.

5. P. Gilroy, *There Ain't no Black in the Union Jack*, p. 39.

6. H. Hoetink, *Caribbean Race Relations*, p. 31.

7. A distinção a que Hoetink e outros fazem referência é a que foi observada pela primeira vez por Oracy Nogueira, estudioso brasileiro das relações raciais que afirmou existir no Brasil um problema de cor, ao passo que nos Estados Unidos haveria um problema de raça. Para Nogueira, isso se evidencia no "preconceito de origem" nos Estados Unidos, em oposição ao "preconceito de cor" no Brasil, onde o "embranquecimento" ou o "fazer-se passar" por branco são possíveis para as pessoas de herança racial mista. Nos Estados Unidos, ao se determinar a composição racial de uma pessoa, a ênfase recai sobre a genealogia, enfatizando-se muito menos as características físicas. Ver O. Nogueira, Preconceito de Marca e Preconceito Racial de Origem, *Anais do XXXI Congresso Internacional de Americanistas*.

8. Esse termo é utilizado para designar as pessoas de ascendência africana nas Américas do Norte, Central e do Sul, e não apenas as que residem nos Estados Unidos.

9. Op. cit., p. 38.

10. Ver A obra já citada de Ira Katznelson, *Black Men, White Cities*, especialmente o capítulo 2, "A Framework for Research: Priorities and Guidelines".

11. Ver *Weapons of the Weak* e *Domination and the Arts of Resistance*.

12. Ver *Hegemony and Culture*.

13. Ver *Still the Century of Corporatism?*, em F.B. Pike; T. Stritch (eds.), *The New Corporatism*.

14. Isso não implica que as leis de imigração que segregavam as populações imigrantes não fossem uma forma de segregação *de jure*, mas enfatiza a característica de *apartheid* da legislação nacional concernente à raça num corpo político como os Estados Unidos, legislação essa que distinguia todas as interações públicas segundo moldes raciais.

15. Ver P. Anderson, The Antinomies of Antonio Gramsci, *New Left Review*, n. 100.

16. Quanto à discussão de Antonio Gramsci sobre a liderança e a revolução passiva, tal como relacionada com Piedmont, ver Notes on Italian History, *Selections from the Prison Notebooks of Antonio Gramsci*.

17. Ver M.G. Hanchard, op. cit.

18. Ver J. Scott, *Domination and the Arts of Resistance*.

19. Ver S. Hall, Gramsci's Relevance for the Study of Race and Ethnicity, *Journal of Communication Inquiry*, v. 10, n. 2.

20. Em sua ânsia de repudiar a conceituação gramsciana de hegemonia, através de uma interpretação reducionista da falsa consciência, que faz com que esta equivalha a todo o conceito de hegemonia, James Scott omitiu a interpretação mais dinâmica da hegemonia, como sendo, *a priori*, um conceito *relacional*, no qual as condições do poder hegemônico são temporais e incompletas. Com isso, as implicações mais amplas da relação hegemônica/contra-hegemônica e as preocupações éticas e práticas do próprio Gramsci quanto a essa relação perdem-se na crítica de Scott à hegemonia. As "armas dos fracos" propostas por Scott são também armas dos fortes (ver James Scott, *Weapons of the Weak*; ou False Consciousness or Laying it on Thick?, *Domination and the Arts of Resistance*). Em termos ainda mais gerais, Scott ignora as críticas implícitas às teses da ideologia dominante na obra de Gramsci e nas tradições marxistas, que teriam complicado sua própria leitura da relação entre a "ideologia dominante", a "falsa" consciência e a hegemonia. Raymond Williams, por exemplo, rejeita o equacionamento simplista da ideologia com a consciência verdadeira ou falsa (ou inconsciência): "A hegemonia […] não é apenas o nível superior e bem formulado da 'ideologia', nem tampouco suas formas de controle são apenas as comumente vistas como 'manipulação' ou 'doutrinação'. Ela é todo um corpo de práticas e expectativas sobre a totalidade da vida: nossos sentidos e nossos investimentos de energia, e as percepções com que moldamos nós mesmos e nosso mundo. É um sistema vivido de significados e valores – constituídos e constituintes –, os quais, à medida que são vivenciados como práticas, mostram-se *reciprocamente confirmadores* [grifo meu]. Ela constitui, portanto, um sentido de realidade para a maioria das pessoas da sociedade, um sentido de realidade absoluta, porque vivenciada, que é muito difícil de ultrapassar para a *maioria* [grifo meu] dos membros da sociedade, em quase todas as áreas da vida. Ela é […] uma 'cultura' no sentido mais forte, mas uma cultura que também precisa ser vista como a dominação e a subordinação vividas por classes específicas." (*Marxism and Literature*, p. 110.) Essas preocupações também estão presentes na teoria estética. Pauline Johnson observou, em *Marxist Aesthetics*, que a contribuição à teoria estética que distingue a Escola de Frankfurt foi o ataque que esta desferiu contra as chamadas teorias marxistas que sustentavam que "o pensamento cotidiano, na sociedade capitalista, é simplesmente uma representação conceitualmente falsa da vida social, especificamente destinada a promover os interesses da classe dominante" (p. 2). Isso não equivale a sugerir que os problemas conceituais da consciência falsa ou contraditória, na teoria cultural de inspiração marxista, tenham sido resolvidos ou suplantados (o que seria uma impossibilidade *teórica*), mas que algumas das leituras preexistentes e mais sofisticadas de Gramsci e do papel da consciência, tanto na rebelião quanto na vida cotidiana, devem ser incluídas em qualquer exegese *abrangente* da hegemonia. De outro modo, apesar das alegações de Scott em contrário, resta-nos um espantalho à guisa de hegemonia, e um espantalho já desfigurado, aliás.

21. Esta definição de *ativista* foi extraída de Kristin Luker, *Abortion and the Politics of Motherhood*. Um de seus atributos metodológicos é a definição do ativismo em termos da participação política – e não da liderança visível –, que inclui os participantes políticos das "fileiras da plebe".

22. A. Gramsci, op. cit., p. 24-43.

23. Sem uma abordagem mais etnográfica nas estratégias de entrevista, muitas facetas da política racial deixam de ser reveladas. Por exemplo, motivações raciais ocultas prejudicaram muitos levantamentos de pesquisa altamente quantitativos sobre os resultados das eleições nas principais cidades dos

Estados Unidos, nas quais, independentemente de compromissos partidários ou ideológicos, os brancos votaram em candidatos brancos por preferências (e preconceitos) raciais, embora afirmassem, nas entrevistas de pesquisa, que a raça não era um fator importante em sua escolha dos candidatos. Isso se evidenciou nos surtos de "votação racial" das etapas finais da corrida pela prefeitura da cidade de Nova York, em 1989, e na eleição para o governo da Virgínia naquele mesmo ano. Não fica claro, em suma, do que as "amostras representativas" são de fato representantes, particularmente no que concerne à política racial.

24. Ver C. Wood, Categorias Censitárias e Classificações Subjetivas da Raça no Brasil, em P.A. Lovell (org.), *Desigualdade Racial no Brasil Contemporâneo*.

25. R. Rolnik, Territórios Negros nas Cidades Brasileiras, *Estudos Afro-Asiáticos*, n. 17, p. 30.

26. Ver J. Perlman, *The Myth of Marginality*.

27. Muitos dos imigrantes são considerados *morenos*, termo utilizado para caracterizar os não brancos que, pelo menos em termos visíveis, não são de ascendência africana ou asiática. O próprio termo *moreno* sofreu uma transformação ao longo do século XX, uma vez que foi inicialmente usado para identificar os mulatos, passando a ser cada vez mais identificado com brancos de pele trigueira e, no caso das mulheres, com as morenas.

28. O fenômeno do sentimento antinordestino, em São Paulo, surgiu principalmente na mídia regional e nacional a partir de 1988, em consequência da vitória de Luiza Erundina na eleição para a prefeitura da cidade de São Paulo. Erundina, eleita pelo Partido dos Trabalhadores (PT) e natural da Paraíba, recebe semanalmente dezenas de cartas de moradores de São Paulo que atribuem a culpa pelo agravamento da situação econômica, pela sujeira da cidade e por outros males urbanos à "invasão dos nordestinos", que inclui a própria prefeita. Ver o artigo "O Apartheid Moreno", de Andréa Barros, *Veja*, agosto 1992.

29. Ver M.L. Tucci Carneiro, *O Anti-Semitismo na Era Vargas*.

2. A Política Racial Brasileira

1. F. Fernandes, *The Negro in Brazilian Society*, p. xv.

2. Ibidem, p. 36.

3. Ver W. Dean, *Rio Claro: A Brazilian Plantation System, 1820-1920*; e R.B. Toplin, Abolition and the Issue of the Black Freedman's Future m Brazil, em R.B. Toplin (ed.), *Slavery and Race Relations in Latin America*.

4. G.R. Andrews, *Blacks and Whites in São Paulo, Brazil, 1888-1988*, p. 59.

5. F. Fernandes, op. cit., p. 15.

6. Ibidem, p. 4.

7. R. Williams, *Marxism and Literature*, p. 80.

8. Ibidem, p. 81.

9. F. Fernandes, op. cit., p. 189.

10. Howard Winant, em artigo não publicado "The Other Side of the Process: Racial Formation in Contemporary Brazil", p. 13. As teses desse artigo não publicado de Winant serão desenvolvidas mais ou menos na mesma linha de seu livro *Racial Conditions: Theories, Politics and Comparisons*. Winant fornece uma excelente resenha da bibliografia sobre as relações raciais brasileiras produzida por estudiosos brasileiros e não brasileiros, oferecendo uma explicação alternativa através de uma abordagem da formação racial, tal como esboçada no seu livro *Racial Formation in the United States*. Há diversas variações em torno do tema reducionista. Carl Degler, em *Neither Black nor White*, Marvin Harris, em *Patterns of Race in the Americas*, Thales de Azevedo, em *Cultura e Situação Racial no Brasil*, e outros autores afirmaram, de um modo ou de outro, a importância existente ou crescente da diferença de classes como um constructo social que abarca todos os demais aspectos da diferença social, inclusive a raça. Dado o foco do projeto deste livro, não há tempo e espaço suficientes a serem dedicados às complexidades e nuanças de cada tese específica, sobretudo porque os autores acima mencionados preocuparam-se maciçamente com períodos da história brasileira anteriores a 1945.

11. Ver, por exemplo: W.E.B. Du Bois, *Black Reconstruction in America, 1860-1880*; J.H. Franklin, *Reconstruction After the Civil War*; K. Stampp, *The Era of Reconstruction 1865-1877*; e C. Vann Woodward, *The Strange Career of Jim Crow*.

12. Ver C. Hasenbalg, *Discriminação e Desigualdades Raciais no Brasil*; e C. Hasenbalg; N. do V. Silva, *Estrutura Social, Mobilidade e Raça*.

13. Ver C. Hasenbalg, *Discriminação e Desigualdades Raciais no Brasil*; e idem, Race and Socioeconomic Inequalities in Brazil, em P.-M. Fontaine, (ed.), *Race, Class and Power in Brazil*.

14. The High Cost of Not Being White in Brazil, em P.-M. Fontaine (ed.), *Race, Class and Power in Brazil*, p. 54-55.

15. T. Skidmore, Race and Class in Brazil: Historical Perspectives, em P.-M. Fontaine (ed.), *Race, Class and Power in Brazil*, p. 20.

16. Ver, por exemplo: D. Bogle, *Brown Sugar*; e idem, *Toms, Coons, Mulattoes, Mammies and Bucks*. Para um exame mais abrangente da miscigenação nos Estados Unidos, ver P.R. Spickard, *Mixed Blood*.

315

17. Ver o artigo de T. Skidmore, "Bi-Racial U.S. v. Multi-Racial Brazil: Is the Contrast Still Valid?", apresentado na Conferência sobre Racismo e Relações Raciais nos Países da Diáspora Africana, Rio de Janeiro, 6 a 10 de abril de 1992.

18. Ver Race and Socioeconomic Inequalities in Brazil, em P.-M. Fontaine (ed.), op. cit.

19. A. Dzidzienyo, *The Position of Blacks in Brazilian Society*, p. 5.

20. A argumentação de Fontaine representa uma mudança de seu pensamento anterior sobre o tema do poder nas relações raciais brasileiras. Onde antes ele afirmava que os negros brasileiros eram destituídos de poder (1975), na obra por ele organizada, *Race, Class and Power in Brazil*, em artigo mais recente, ele afirma que os negros brasileiros têm um "poder intersticial". A interpretação mais atual, mais cheia de sutilezas, representa uma das poucas tentativas de sair de uma base endógena da atividade política e social negra para um campo exógeno de interação entre os dois grupos, à medida que cada um vai tateando à procura de um espaço político dentro das fronteiras de suas relações preestabelecidas.

21. The Other Side of the Process, op. cit., p. 16.

22. Grande parte da bibliografia sobre o mercado dual e segmentado insiste em situar a discriminação racial dentro dos limites do exército de reserva de trabalhadores de Marx. Embora concedendo à discriminação racial uma relativa autonomia nas relações de produção, essas relações, que são materiais, invariavelmente condicionam e determinam as formas assumidas pela discriminação racial. Com isso, essa conclusão determinista despreza a proliferação do racismo nas esferas não definidas pela produção material, esferas estas que podem, em si mesmas, determinar as formas assumidas pela produção e pela acumulação de capital. Stanley Aronowitz, em *The Crisis in Historical Materialism*, salienta os problemas levantados pela raça e por outros constructos sociais para o marxismo clássico.

23. Ver S. Maram, Labor and the Left in Brazil, 1890-1921, *Hispanic American Historical Review*, v. 57, n. 2; e G.R. Andrews, *Blacks and Whites in São Paulo, Brazil, 1888-1988*.

24. Florestan Fernandes e outros membros da escola de São Paulo (Octavio Ianni e Fernando Henrique Cardoso, entre outros) tiveram um profundo impacto no estudo acadêmico das relações raciais no Brasil, a tal ponto de Fernandes, juntamente com seus contemporâneos, ter sido "aposentado" à força na Universidade de São Paulo, depois do Golpe Militar de 1964.

25. Research in the Political Economy of Afro-Latin America, *Latin American Research Review*, v. 15, n. 2, p. 130.

3. Democracia Racial

1. G. Freyre, *The Masters and the Slaves*, p. xx. (Versão em inglês de *Casa-Grande & Senzala* utilizada pelo autor. [N. da E.])

2. Estruturalmente, a lógica dessa mitologia da "democracia racial" brasileira é análoga à mitologia da excepcionalidade estadunidense, formulada por Louis Hartz em *The Liberal Tradition in America*, por Werner Sombart em *Why Is There no Socialism in the United States?*, e na seção "American and Fordism" de *Selections from the Prison Notebooks of Antonio Gramsci*; uma vez que a dinâmica do conflito social – as lutas de classe na Europa industrializada e o conflito racial dos Estados Unidos – não foi replicada de maneira *exata* no Novo Mundo, os conflitos racial e de classe no Brasil e nos Estados Unidos, respectivamente, não existem, ou, na melhor das hipóteses, são pequenos demais para justificar uma comparação. Entretanto, como parte da perspectiva da política racial, é esperável que a dinâmica da política racial seja diferente de um Estado multirracial para outro, embora ainda se encontrem semelhanças gerais que justificam o método comparativo. As peculiaridades da nação, do Estado e da região constituem as diferenças da política racial entre os não brancos, no caso do Brasil, e entre "brancos" e "negros", nos Estados Unidos, sem necessariamente negarem as semelhanças da escravidão, do exílio forçado e das identidades hifenizadas dos "negros" nesses dois países do Novo Mundo. Essa modalidade de análise da política racial encontra um paralelo na lógica da tese de Sean Wilentz contra a ideia da excepcionalidade estadunidense (ver Against Exceptionalism: Class Conflict in the American Labor Movement, 1790-1920, *International Labor and Working Class History*, n. 26), ou seja, especificamente a tese de que a ausência da forma literal exata do conflito de classes europeu ocidental nos Estados Unidos não significa que a estruturação das classes e os antagonismos entre elas não existam no país, mas que, ao contrário, eles assumiram formas culturais e materiais distintas.

3. Ver H. Hoetink, *Caribbean Race Relations*; F. Tannenbaum, The Destiny of the Negro in the Western Hemisphere, *Political Science Quarterly*, v. 61, n. 1; e idem, *Slave and Citizen*.

4. Ver A. Knight, Racism, Revolution and *Indigenismo: Mexico, 1910-1940, The Idea of Race in Latin America*; e H. Diaz-Polanco, *Etnia, Nación y Política*.

5. Ver J. Martí, *On Education*.

6. Ver A. Knight, *Racism*, op. cit.

7. A pesquisa historiográfica revelou que a chamada guerra das raças de 1912, na província de Oriente, foi, na verdade, um massacre de afro-cubanos pelos brancos de várias partes da ilha. Ver A. Helg, *Afro-Cuban Protest: The Partido Independiente de Color, 1908-1912, Cuban Studies*, v. 21.

8. Ver W.R. Wright, *Café con Leche*.

9. Ver G.R. Andrews, *The Afro-Argentines of Buenos Aires*.

10. R.E. Conrad, *Children of God's Fire*, p. xx.

11. William D. Christie, *Notes on Brazilian Questions*, 1865; reproduzido em R.E. Conrad, op. cit., p. xxi. (Todos os grifos nas citações são de Conrad.)

12. Ver A.J.R. Russell-Wood, *The Black Man in Slavery and Freedom in Colonial Brazil*.

13. E. Viotti da Costa, *The Brazilian Empire*, p. 165.

14. Ver F. Fernandes, *The Negro in Brazilian Society*; e G.R. Andrews, *Blacks and Whites in São Paulo, Brazil, 1888-1988*.

15. Ver A.J.R. Russell-Wood, op. cit.

16. M.L. Tucci Carneiro, *Preconceito Racial no Brasil-Colônia*, p. 55.

17. Ibidem, p. 56.

18. P. Anderson, Portugal and the End of Ultra-Colonialism, *New Left Review*, n. 15, especialmente p. 102.

19. Ver G. Bender, *Angola Under the Portuguese*.

20. Ver E. Viotti da Costa, op. cit.

21. The Treatment of Negro Slaves in the Brazilian Empire, *Journal of Negro History*, n. 15, n. 3, especialmente p. 336

22. Ver D.J. Hellwig, Racial Paradise or Run-around? Afro-North American Views of Race Relations in Brazil, *American Studies*, v. 31, n. 2. Para maiores informações sobre esse tema, ver idem, *African-American Reflections on Brazil's Racial Paradise*.

23. Idem, Racial Paradise or Run-around? Afro-North American Views of Race Relations in Brazil, *American Studies*, v. 31, n. 2, p. 46.

24. Ver G. Ramos, *Introdução Crítica à Sociedade Brasileira*.

25. G. Freyre, *The Masters and the Slaves*, p. xxix. (Versão em inglês de *Casa-Grande & Senzala* utilizada pelo autor. [N. da E.].)

26. O termo "intimidade bruta" foi extraído da discussão de Michael Jimenez sobre as relações entre as camponesas colombianas e os senhores de terras nas quais muitas vezes as camponesas eram figuras centrais numa relação triangular de trabalho, capital e terra. Não era incomum os homens oferecerem suas filhas aos senhores de terras em troca de bens e outras formas de segurança, ou as mulheres ingressarem voluntariamente em relacionamentos com os administradores em troca de favores materiais de longo prazo (propriedades, títulos, isenção de impostos). Jimenez encara as camponesas, nessa dimensão da intimidade bruta, como manipuladoras do capital sexual. Essa forma de capital representa uma configuração da experiência que as distinguia dos varões camponeses. Possíveis configurações ocultas de "escravas passivas" não foram exploradas por Freyre, pois ele estava preocupado com a intimidade (e com uma ideia muito limitada de intimidade, aliás), e não com a luta ou a brutalidade. Ver Michael F. Jimenez, Class, Gender, and Peasant Resistance in Central Colombia, 1900-1930, em F. Colburn (ed.), *Everyday Forms of Peasant Resistance*.

27. Ver R. Graham (ed.), *The Idea of Race in Latin America*.

28. Thomas Skidmore, *Black Into White*, p. 17.

29. Ibidem.

30. Ver, por exemplo, A.J.R. Russell-Wood, op. cit.; e R.E. Conrad, op. cit.

31. Ver T. Skidmore, *Black Into White*.

32. E. Viotti da Costa, op. cit., p. 239.

33. E. Genovese, *Roll, Jordan, Roll*, p. 106-108.

34. A. Gramsci, *Selections from the Prison Notebooks of Antonio Gramsci*, p. 326.

35. P. Van Den Berghe; R. Bastide, Stereotypes, Norms and Interracial Behavior in São Paulo, Brazil, em P. Van den Bergh, *Race and Ethnicity*, p. 99.

36. Ibidem, p. 104.

37. Ibidem.

38. Yvonne Maggie, *A Ilusão do Concreto: Uma Introdução à Discussão Sobre o Sistema de Classificação Racial no Brasil* (1991).

39. Ver L.N. de Holanda Barbosa, O Jeitinho, ou a Arte de Ser Mais Igual Que os Outros, *Ciência Hoje*, v. 7, n. 42.

40. Um incidente que me foi relatado numa entrevista por João Batista de Jesus Félix (conhecido como Batista), membro do MNU e do PT, confirma a explicação de Yvonne Maggie sobre complexidades da referência de cor no Brasil. Batista declarou que, como parte da campanha do movimento negro para retirar do termo *negro* sua conotação pejorativa, ele e outros membros do movimento frequentemente usavam camisetas com a legenda "eu sou negão". Depois de entrar num restaurante

usando essa camiseta e enquanto esperava para se sentar, ele entreouviu um garçom dizer a um freguês que entrava que este iria sentar-se "depois daquele preto ali" (Batista). Ao ouvir isso, Batista disse ter ido até o garçom e lhe pedido que repetisse o que acabara de dizer. Segundo ele, o garçom gaguejou um pouco, ao que Batista apontou para a própria camiseta e disse: "Está tudo bem me chamar de negro – eu sou negro", e o garçom retrucou mansamente: "Bem, eu sei disso, senhor. Só não queria ofendê-lo."

41. Entre os muitos estudos dos estereótipos raciais na literatura brasileira, encontramos os de: R. Bastide, Estereótipos de Negros Através da Literatura Brasileira, *Estudos Afro-Brasileiros*, p. 113-128; Fúlvia Rosemberg, Discriminações Étnico-Raciais na Literatura Infanto-Juvenil Brasileira, *Revista Brasileira de Biblioteconomia e Documentação*, v. 12, n. 3-4; D. Brookshaw, *Raça e Cor na Literatura Brasileira*.

42. R.P. Pinto, A Representação do Negro em Livros Didáticos de Leitura, *Cadernos de Pesquisa*, n. 63, p. 88-92.

43. Ibidem, p. 92, tabela 2.

44. H. Cunha Jr., A Indecisão dos Pais Face à Percepção da Discriminação Racial na Escola Pela Criança, *Cadernos de Pesquisa*, n. 63, p. 51-53.

45. Ver V. Figueira, Preconceito Racial, *Intercâmbio*, n. 1.

46. Idem, O Preconceito Racial na Escola, *Estudos Afro-Asiáticos*, n. 18, p. 68.

47. Ibidem.

48. Ver S. Sandoval, "The Mechanisms of Race Discrimination in the Labor Market: The Case of Urban Brazil", artigo apresentado no xv Encontro Internacional da Associação de Estudos Latino-Americanos, 21-23 de setembro de 1989.

49. Extraído do *Censo Demográfico 1980*, IBGE, 1980.

50. IBGE, 1987.

51. Ibidem.

52. Pesquisa Nacional por Amostra de Domicílios, 1987, IBGE. Esses dados estatísticos excluem a população rural da região Norte do país.

53. Ibase/Comissão de Religiosos(as), Seminaristas e Agentes da Pastoral dos Negros do Rio de Janeiro, 1987.

54. Entrevista do autor com Antônio Leite, 1989.

55. Ver A. Rouquie, Demilitarization and the Institutionalization of Military Dominated Politics in Latin America, em G. O'Donnell et al. (eds.), *Transitions from Authoritarian Rule: Comparative Perspectives*.

56. Entrevista do autor com Antônio Carlos Arruda, São Paulo, 1988 e 1989.

57. Ibidem.

58. Há uma profusão de materiais etnográficos que destacam as complexidades da dominação e subordinação raciais nos contatos entre membros de um mesmo grupo racial subordinado, nos quais uma pessoa representa uma dimensão coercitiva do aparelho de Estado e a outra, não. A descrição de James Baldwin sobre o caso do assassinato de uma criança negra em Atlanta, na Georgia, em 1981, contém o seguinte trecho, que sublinha a relação paradoxal entre os policiais negros e as comunidades negras nos Estados Unidos, os vestígios de ódio e negação de si mesmo que nela se manifestam: "A gente costumava dizer: 'Se for *preciso*' – porque quase nunca era –, 'pelo amor de Deus, procure certificar-se de que ele é branco.' Um policial negro podia demolir a gente por completo. Sabia muito mais sobre nós do que o policial branco, e a gente ficava sem defesa diante desse irmão negro de uniforme, cuja própria razão de viver parecia ser a esperança de dar uma prova de que, apesar de negro, não era negro como nós." J. Baldwin, *The Evidence of Things Not Seen*, p. 66.

59. *The Negro in Brazilian Society*, p. xv.

60. J. Gaventa, *Power and Powerlessness*, p. 19; S. Lukes, *Power: A Radical View*, p. 22.

61. Ver J. Scott, *Weapons of the Weak*.

62. A. Gramsci, op. cit., p. 54-55.

63. Com *dimensão simbólica*, refiro-me aos aspectos de comunicação da vida real, à maneira como as pessoas criam símbolos, sinais e significantes a partir dos materiais da vida cotidiana, para se expressar individual e coletivamente. Com raça, sexo e outras formas de demarcação social, os elementos da comunicação destinam-se, muitas vezes, a falar para as microcoletividades (por exemplo, as mulheres, os negros, os homens de negócios), partindo do pressuposto de que esses elementos transferem e transmitem as informações com que os receptores se identificam facilmente.

64. O anúncio apareceu pela primeira vez num suplemento do *Jornal do Brasil* de domingo, 2 de outubro de 1988.

65. Carta do IPCN ao Conselho de Propaganda e à polícia civil, 4 de outubro de 1988.

66. "Propaganda de Butique Causa Irritação no Movimento Negro", *O Dia*, 5 de outubro de 1988.

67. Nova Constituição Brasileira, 1988.

68. "Empresária e Babá-Modelo se Defendem", *O Dia*, 5 de outubro de 1988.

69. Ibidem. (Grifo meu.)

70. P. Bourdieu, *Outline of a Theory of Practice*, p. 165. A necessidade de explicar esses constructos simbólicos desarticula-os automaticamente, pois as explicações, em casos como esses, são tentativas de "limpar" os símbolos cujos significados já não estão claros. Curiosamente, um dos anunciantes empregou uma linguagem de sofrimento paralelo para se eximir de qualquer intenção racista. Alegou que, na qualidade de judeu, havia conhecido a discriminação, e não poderia ter ajudado a criar um anúncio tendencioso.

71. R. Barthes, *Mythologies*, p. 110. (Grifo meu.)

72. Ibidem, p. 143.

73. "Empresária e Babá-Modelo se Defendem", *O Dia*, 5 de outubro de 1988.

74. Ver J. Scott, *Domination and the Arts of Resistance*; e idem, *Weapons of the Weak*.

75. Para uma crítica da fundamentação conceitual de *Weapons of the Weak*, de James Scott, ver Timothy Mitchell, Everyday Metaphors of Power, *Politics and Society*, v. 19, n. 5, p. 545-577.

76. O ponto-chave que muitos dos detratores da hegemonia parecem deixar escapar é que a ideia de uma consciência contraditória, de contradições dialéticas encontradas nas maneiras individuais ou coletivas de ver (visões de mundo), tanto constitui uma observação ética quanto friamente "analítica" ou "objetiva". Como afirmei anteriormente, compartilho da estrita formulação gramsciana da consciência contraditória como algo peculiar às classes trabalhadoras. Ainda assim, devemos ter sempre em mente que Gramsci estava preocupado com a transformação político-cultural das classes trabalhadoras italianas e empregou "contraditória", "falsa" e "verdadeira" não apenas como categorias de análise, mas como parte de sua posição éticopolítica. De um modo ou de outro, os líderes políticos têm invariavelmente que fazer afirmações sobre políticas boas ou más, certas ou erradas, em nome da ação coletiva.

77. Isso diz tudo, não é mesmo? Ver "As Aparências Enganam..." (Espaço do Leitor), *A Tarde*, 31 de dezembro de 1987.

78. Ver *Diário Popular* (São Paulo), 14 de junho de 1990; *O Estado de Minas* (Belo Horizonte), 10 de junho de 1990.

79. "Benetton's Magazine to Push Vision, Not Clothing", *New York Times*, 15 de abril de 1991.

80. Ibidem.

81. *O Estado de Minas*, 10 de junho de 1990.

82. Tal como relatado na imprensa brasileira; ver "Anúncio Foi Vetado nos EUA", *Folha de S.Paulo*, 8 de junho de 1990.

83. "O Que Você Acha da Campanha da Benetton", *Folha de S.Paulo*, 8 de junho de 1990.

84. "Outdoor da Benetton é Pichado Pelos Negros", *Diário Popular*, 14 de junho de 1990.

85. Para um excelente exame teórico das imagens controladoras das mulheres afro-estadunidenses, ver P.H. Collins, *Black Feminist Thought*.

NEGAÇÃO E CONTESTAÇÃO

4. Formação da Consciêncai Racial

1. Ver T. Skidmore, *The Politics of Military Rule in Brazil, 1964-1985*.

2. Entrevista do autor com Joel Rufino dos Santos, Rio de Janeiro, dezembro de 1989.

3. M.M.J. Fischer, Ethnicity and the Post-Modern Arts of Memory, em J. Clifford (ed.), *Writing Culture*, p. 230. (Grifo meu.)

4. Entrevista do autor com Luís Carlos de Souza, Rio de Janeiro, 1989.

5. Ver C. West, Marxist Theory and the Specificity of Afro-American Oppression, em C. Nelson; L. Grossberg (eds.), *Marxism and the Interpretation of Culture*.

6. Ivanir dos Santos, do Partido dos Trabalhadores, criticou abertamente a posição de Garcia durante uma entrevista realizada em 1989. Garcia enunciou essa posição em pelo menos duas ocasiões: durante uma entrevista com o autor em 1989 e na conferência sobre os movimentos sociais brasileiros, realizada na Universidade Católica do Rio de Janeiro naquele mesmo ano.

7. Os dois melhores estudos desse fenômeno no movimento pelos direitos civis nos Estados Unidos são David J. Garrow, *Bearing the Cross, Martin Luther King Jr. and the Southern Christian Leadership Conference* e Taylor Branch, *Parting the Waters: America During the King Years, 1954-1963*.

8. Essa ideia de essencialismo estratégico foi extraída da discussão de Gayatri Spivak sobre o essencialismo, em *In Other Worlds*. Spivak colocou-se contra diversas leituras contemporâneas da etnia, que a igualaram automaticamente ao essencialismo, o que tem conotações negativas óbvias. Para Spivak, o essencialismo pode ser empregado com os objetivos estratégicos e políticos de mobilizar coletividades específicas e, de fato, constitui uma das poucas maneiras pelas quais os indivíduos sem um denominador retórico comum podem coalescer.

9. Entrevista do autor com o padre Luís Fernando, São Paulo, 1988.

10. Entrevista do autor com o padre Batista Laurinda, São Paulo, 1988.

11. Eugene Genovese, *Roll, Jordan, Roll*, 1976, p. 238. A avaliação de Genovese sobre o papel autônomo das práticas religiosas do Brasil baseadas nas práticas africanas, tanto na Igreja Católica quanto fora dela, entretanto, é antiquada e incorreta, à luz da desvalorização do conteúdo étnico nas práticas religiosas em questão. As afirmações mais amplas desse autor sobre as relações raciais brasileiras são ainda mais problemáticas. Genovese sugere que os indivíduos de ascendência africana visível e que são encontrados em posições de autoridade, no Brasil, são prova de uma ordem social mais meritocrática em termos raciais. No entanto, a mobilidade social individualizada nada diz a respeito da opressão e da falta de oportunidades de um grupo social *como um todo*. Além disso, a determinação genovesiana das pessoas que são "visivelmente" negras baseia-se na lógica racial normativa dos Estados Unidos e em outros modelos de relações raciais mais dicotômicos, nos quais as pessoas de pele mais escura (mesmo não sendo necessariamente "negras") são consideradas pretas ou negras e também se consideram como tal, independentemente das exigências de ordem prática ou política. No Brasil, os que podem parecer visivelmente negros para um cidadão dos Estados Unidos talvez não pareçam negros para um brasileiro. E pessoas de pele mais escura no Brasil, tomando-se isso como um pressuposto dado, tampouco se consideram *negras*.

12. Ver J. Braga, Candomblé: Força e Resistência. *Afro-Ásia*, n. 15; e R. Prandi, *Os Candomblés de São Paulo*.

13. Ver A.L.E.F. Valente, *Política e Relações Raciais*.

14. Ver J.B.B. Pereira, Aspectos do Comportamento Político do Negro em São Paulo, *Ciência e Cultura*, n. 10.

15. Entrevista do autor com Ivanir dos Santos, Rio de Janeiro, 1989.

16. Ironicamente, Adalberto Camargo afirmou na entrevista que o empresário negro que ele mais admirava nos Estados Unidos era John Johnson, um magnata editorial negro de Chicago, fundador das revistas *Ebony* e *Jet*.

17. Entrevista do autor com Adalberto Camargo, São Paulo, 1988.

18. Ver N. Glazer; D.P. Moynihan (eds.), *Beyond the Melting Pot*.

19. Ver C. Geertz, *The Interpretation of Cultures*.

20. Ver O. Patterson, Context and Choice in Ethnic Allegiance, em N. Glazer; D.P. Moynihan (eds.), *Ethnicity: Theory and Experience*.

21. Depois de ler a versão de Patterson sobre o papel da etnia na estruturação das escolhas "racionais",

poderíamos ser levados a desenvolver um conceito do tipo "na mira do revólver" em relação à identidade étnica, segundo o qual os indivíduos seriam "forçados" a escolher uma afiliação étnica ao preço da base regional, de classe e de *todas* as outras bases possíveis de formação de um grupo social. (Ver O. Patterson, op. cit.) Inúmeras abordagens frouxas do estudo da etnia demonstram o contrário, a começar talvez pelos estudos de 1954 e 1966 de Edmund Leach sobre etnia e política na região montanhosa da Birmânia. Talvez o único exemplo em que é aplicável a conceituação do tipo "sob a mira do revólver" seja durante as guerras ou outros dramas de conflito físico, nos quais o indivíduo ou os grupos têm que escolher uma forma de afiliação à exclusão de qualquer outra. Para um exemplo anedótico, ver o dilema pessoal e tragicômico de Crawford Young, relatado no início do capítulo 1 de *The Politics of Cultural Pluralism*. Quando estava no sudoeste do Zaire, em 1962, Young foi solicitado por um policial enraivecido a se identificar como mumbala ou mupende, quando, na verdade, não era uma coisa nem outra. Ele interpretou esse diálogo como a maneira de o policial codificá-lo segundo os parâmetros das categorias étnicas existentes no local.

22. Ver B. Anderson, *Imagined Communities*.

23. Para um relato dos primeiros tempos do Sinba, do IPCN e de outros acontecimentos do movimento negro do início dos anos 1970, ver Lélia Gonzalez e Carlos Hasenbalg, *Lugar do Negro*.

24. Entrevista do autor com Yedo Ferreira, Rio de Janeiro, 1989.

25. Tanto Carlos Alberto Medeiros (americanista) quanto Togo Ioruba (africanista) afirmaram, em suas entrevistas, que o etnocentrismo do Sinba diminuiu o interesse deles pelo grupo.

26. Entrevista do autor com Yedo Ferreira, 1989.

27. Ver M. Mitchell, *Racial Consciousness and the Political Attitudes and Behavior of Blacks in São Paulo, Brazil*.

28. Entrevista do autor com Aristides Barbosa, São Paulo, 1988.

29. Entrevista do autor com Orlando Fernandes, Rio de Janeiro, 1989.

30. Entrevista do autor com Thereza Santos, São Paulo, 1988.

31. Entrevista do autor com Carlos Alberto Medeiros, Rio de Janeiro, 1989.

32. A utilização do termo *afrocêntrico* neste estudo não significa uma referência ao debate sobre o afrocentrismo nos Estados Unidos (embora existam semelhanças). O termo, tal como empregado aqui,

refere-se às imagens e ao simbolismo que ligam os negros brasileiros à África e à sua diáspora.

33. Entrevista do autor com Joselina da Silva, Rio de Janeiro, 1988.

34. Entrevista do autor com Ivanir dos Santos, Rio de Janeiro, 1989.

35. Entrevista do autor com Benedita da Silva, Rio de Janeiro, 1989.

5. Movimentos e Momentos

1. Ver L. Gonzalez; C. Hasenbalg, *Lugar do Negro*.

2. Catálogo de Entidades do Movimento Negro no Brasil, *Comunicações do ISER (Instituto de Estudos da Religião)*, n. 29, p. 7.

3. *Selections from the Prison Notebooks of Antonio Gramsci*, p. 149.

4. Pedro Wilson Guimarães, intelectual e militante do PT, fez essa declaração durante uma sessão de perguntas e respostas na reunião organizacional da *Brazil Network* de 13 de janeiro de 1990. Ele foi interrogado sobre esse aspecto pelo autor e por uma ativista negra do Rio de Janeiro, Joselina da Silva, e repetiu sua postura em português, com isso refutando a alegação de um membro da organização de que o significado de seus comentários tinha se perdido nas sutilezas da tradução. Uma vez que tanto o autor quanto Joselina da Silva falam português, essa resposta, bem como a interpretação de Guimarães, foi insatisfatória.

5. O. Ianni, Mesa-Redonda: Materialismo Histórico e Questão Racial, *Estudos Afro-Asiáticos*, n. 12, p. 36.

6. *Mixture or Massacre*, p. 181-182.

7. Ver J.R. dos Santos, O Movimento Negro e a Crise Brasileira, *Política e Administração*, v. 1, n. 2.

8. Ver C.L.R. James, *At the Rendezvous of Victory*; C. Robinson, *Marxismo Negro*.

9. Ver M.L. Tucci Carneiro, *Preconceito Racial no Brasil-Colônia*.

10. R. Levine, *The Vargas Regime*, p. 20.

11. Ibidem, p. 21.

12. M. Mitchell, *Racial Consciousness and the Political Attitudes and Behavior of Blacks in São Paulo, Brazil*, p. 130.

13. Houve tensões significativas na FNB nessa época, mas foram produzidas internamente. O partido era movido por conflitos de classe entre membros da classe trabalhadora, liberais e pequeno-burgueses com compromissos ideológicos e pessoais diferentes, de modo que seria um tanto romântico sugerir que o Estado Novo de Vargas era a única ameaça para um partido político afro-brasileiro

unificado e de bases raciais. José Correia Leite, um dos fundadores da FNB, destacou as tensões entre as facções socialista democrática e integralista dentro da FNB, bem como a tendência para uma liderança pequeno-burguesa. Para um relato pessoal detalhado sobre a FNB, tal como vista por seus fundadores, ver J.C. Leite e Cuti, ...*E Disse o Velho Militante José Correia*.

14. Ver José Correia Leite apud M.M.O. Berriel, *A Identidade Fragmentada*.

15. Para essas e outras informações sobre o TEN, ver *Dionysos, Teatro Experimental do Negro*, n. 28, 1988, que inclui diversos artigos e depoimentos.

16. *Quilombo*, n. 3 (jun. 1949), p. 11, citado em Maria Angélica da Motta Maués, Entre o Branqueamento e a Negritude: o TEN e o Debate da Questão Racial, *Dionysos*, n. 28. A odisseia pessoal de Abdias Nascimento, sua oscilação entre as esferas política e cultural, faz lembrar W.E.B. Du Bois. Embora ele se oponha inflexivelmente a ser descrito como intelectual, no sentido tradicional e acadêmico, sua trajetória é semelhante à de Du Bois. As posições de Nascimento durante a época do TEN são semelhantes às ideias de Du Bois sobre o "Décimo Talentoso" do período inicial de sua carreira. Mais tarde, Du Bois iria descartar essa posição, à medida que tornou pan-africanista e membro do partido comunista e passou a se descrever como socialista. De modo semelhante, Abdias Nascimento, embora mantendo algumas das atividades culturais de seus primeiros anos, transformou-se muito mais num político do Partido Democrático Trabalhista (PDT), o que estava a uma imensa distância da postura integralista de seus primeiros anos.

17. M.A. da M. Maués, op. cit., p. 93.

18. Ibidem, p. 100.

19. Idem, Negro Sobre Negro: A Questão Racial no Pensamento das Elites Negras Brasileiras. Artigo apresentado na conferência da ANPOCS, Brasil, 1987.

20. Existe, entretanto, uma explicação alternativa para as causas que motivaram a Lei Afonso Arinos. Numa discussão no Congresso brasileiro, Afonso Arinos explicou ter decidido criar uma lei antidiscriminatória depois de descobrir que José Augusto, um motorista de sua família que era negro, recebera uma recusa a ser servido numa sorveteria do centro de São Paulo. Foi esse incidente que impeliu Arinos a agir. O incidente em si foi discutido na introdução das atas do Congresso sobre o projeto de lei, que foi aprovado em dezembro de 1950. Ver *Diário do Congresso Nacional*, Anexo 1950, Ano 4/115. Ver também *O Estado de S. Paulo*, 14 de maio de 1978, p. 74. Sou muito grato a Anani Dzidzienyo por me levar a essa explicação. É possível que os

dois acontecimentos, o que envolveu a bailarina afro-estadunidense e o que envolveu um afro-brasileiro, tenham causado impacto na formulação da Lei Afonso Arinos.

21. Ver G.R. Andrews, Black Workers and White, *The Hispanic American Historical Review*, v. 68, n. 3; idem, *Blacks and Whites in São Paulo, Brazil, 1888-1988*; e R. Bastide, The Development of Race Relations in Brazil, em G. Hunter (ed.), *Industrialisation and Race Relations*.

22. Ver F. Fernandes, *Significado do Protesto Negro*.

23. Entrevista do autor com Raul dos Santos, São Paulo, 1989.

24. Ver H. Cunha Jr., Os Movimentos Negros no Brasil, *Jornal de Leitura*, v. 7, n. 74.

25. Ver T. Skidmore, *The Politics of Military Rule in Brazil, 1964-1985*.

26. "Residual", como empregado aqui, alude a uma explicação de Raymond William sobre as formas culturais que ficam inseridas nas práticas culturais dominantes. Ver Dominant, Residual and Emergent Cultures, *Marxism and Literature*.

27. Ver C. Hasenbalg, *Discriminação e Desigualdades Raciais no Brasil*.

28. D. de G. Brown; M. Bick, Religion, Class and Context, *American Ethnologist*, v. 14, n. 1, p. 83.

29. *Para Inglês Ver*, p. 15.

30. Entrevista do autor com Filó, Rio de Janeiro, 1989.

31. Lena Frias proporcionou a primeira ampla cobertura da mídia sobre o fenômeno do Black Soul, em "O Orgulho (Importado) de Ser Negro no Brasil", *Jornal do Brasil*, 17 de julho de 1976.

32. Citado em R. Pierce, Brazil: Where Force Fails, cap. 2 de *Keeping the Flame*, p. 37. Ver também R. Johnson e R. Stam (eds.), *Brazilian Cinema*.

33. R. Pierce, *Keeping the Flame*, p. 33.

34. Pedro de Toledo Pizza, Secretário de Turismo na época, citado em "Turismo Vê Só Comércio no Black Rio", *Jornal do Brasil*, Rio de Janeiro, 15 de maio de 1977.

35. Júlio Medaglia, citado em Antonieta Santos "Black Rio" Assusta Maestro Júlio Medaglia, *Folha de S. Paulo*, 10 de junho de 1977. (Grifo meu.)

36. Atenção, Brasileiros, *Diário de Pernambuco*, seção Opinião, A-13, 15 de maio de 1977.

37. Ver *Brasil: Nunca Mais*.

38. Entrevista com um funcionário do SNJ (nome não revelado), Rio de Janeiro, 1989. Embora tanto Filó quanto Mr. Funk tenham afirmado, em suas entrevistas, que nunca vivenciaram ou tiveram conhecimento de quaisquer ações abertamente realizadas pelos militares (encerramento de festas, por exemplo), Filó afirmou ter sido sequestrado durante várias horas no Rio de Janeiro, por diversos homens que, antes de mais nada, puseram-lhe um capuz na cabeça, para que ele não pudesse identificar ninguém. Filó afirmou que enquanto era mantido preso contra sua vontade, ordenaram-lhe diversas vezes que explicasse por que a CIA lhe dera um milhão de dólares para criar o movimento Black Soul no Brasil. Conquanto isso possa parecer meio fantasioso à primeira vista, vale lembrar que tais táticas de intimidação eram utilizadas pelos militares durante esse período. Considerando-se que tenha acontecido, entretanto, também é possível que esse ato tenha sido praticado por outras pessoas, interessadas na extinção do Black Soul.

39. Ironicamente, o movimento da negritude – tal como originalmente concebido por Léopold Senghor, Léon Damas e Aimé Cesaire – era uma mistura de pan-africanismo, socialismo e psicanálise, e, portanto, nesse sentido, tanto Freyre quanto os seguidores moderados da negritude no Brasil estavam equivocados ao estabelecer uma separação entre a negritude e um movimento político e social. Aimé Cesaire, aliás, era membro do partido comunista da Martinica na época de sua declaração de negritude, numa tentativa de conciliar o marxismo e a práxis socialista com as questões da identidade cultural e racial.

40. Monsieur Lima, citado no Caderno B, O Soul, do Grito Negro à Caderneta de Poupança, *Jornal do Brasil*, 8 de março de 1976.

41. Num estudo antropológico dos fenômenos da música e da dança "Funk" no Rio de Janeiro, Hermano Vianna assinalou a natureza não politizada da febre "Funk", em contraste com o Black Soul, bem como a visível ausência de criminalidade nas eras Funk e Black Soul. Ver H. Vianna, *O Mundo Funk Carioca*.

42. Ver C.B. Rodrigues da Silva, Black Soul: Aglutinação Espontânea ou Identidade Étnica, em L.A.M. da Silva et al. (orgs.), *Movimentos Sociais Urbanos, Minorias Étnicas e Outros Estudos*.

43. A relativa ausência das dimensões étnica ou política nos atuais fenômenos do Funk e do Charme é brevemente discutida no estudo antropológico já citado de Herbet Vianna sobre o Funk no Rio de Janeiro.

44. *Marxism and Literature*, p. 113.

45. M.E. do Nascimento, *A Estratégia da Desigualdade*, p. 94.

46. Movimento Negro e Culturalismo, *Sinba*, n. 4, p. 3.

47. Entrevista com Paulo Roberto (s.d.), em L. Gonzalez; C. Hasenbalg, *Lugar do Negro*, p. 37-38.

48. "Discussions With Trotsky", excerto das discussões entre Tróstki e C.L.R. James, pode ser encontrado numa coletânea dos discursos e ensaios de James, intitulada *At the Rendezvous of Victory*.

49. Para uma análise do alcance da literatura e dos periódicos afro-brasileiros produzidos nessa época e de suas implicações políticas, ver James Kennedy, Political Liberalization, Black Consciousness and Recent Afro-Brazilian Literature, *Phylon*, v. 47, n. 3.

50. O trecho foi extraído de um ensaio sem título, presumivelmente composto por toda a "equipe Afro-Latino América", que apoiava um eventual partido político petista e, por uma questão de princípios, era contrária à criação de um partido social-democrata. Ver "Afro-Latino América", página final, *Versus*, mar.-abr. 1978.

51. As tensões entre os contingentes do *Versus* e da seção "Afro-Latino América" também emergiram de outras maneiras, algumas negativas e outras positivas. Hamilton Cardoso recordou, numa entrevista com o autor, que alguns membros da equipe encaravam as preocupações com fenômenos como o Black Soul como superestruturais e estavam muito satisfeitos com a equipe de "Afro-Latino América", contando que seus membros não buscassem posições de poder e de liderança na Convergência e na diretoria do *Versus*. Por outro lado, Cardoso afirmou que ele e outros membros da equipe aprenderam a escrever por intermédio do *Versus*. "Não entendíamos muito de escrever naquela época", declarou Cardoso numa entrevista, "e, no início, quando os editores criticavam meus textos, eu dizia: 'Você não compreende que esta é a maneira *negra* de escrever'. O editor me disse que 'não existe maneira negra ou branca de escrever. Ou você sabe escrever, ou não sabe'."

52. As origens do título organizacional têm uma história interessante por si mesma, com implicações comparativas. Abdias Nascimento, a eminência parda do movimento negro, sugeriu que a palavra *negro* fosse incluída no nome do novo grupo, de modo a resgatá-la de suas denotações normalmente pejorativas e oferecer aos brasileiros de pele escura uma relação simbólica positiva com a negritude. Mais tarde, outros grupos dentro do movimento negro fariam o mesmo, como o Instituto de Pesquisa das Culturas Negras no Rio de Janeiro (IPCN). A mudança de nome como opção política de autoidentificação foi um fenômeno de diversas sociedades com populações de ascendência africana conscientes de sua raça. Paul Gilroy, em *There Ain't no Black in the Union Jack*, assinalou a identificação cada vez maior com a "negritude" e com as expressões negras estadunidenses da

diferença cultural entre os jovens anglo-indianos ocidentais da Grã-Bretanha. Nos Estados Unidos, existe uma longa história de correlação, dentro das comunidades negras, entre a troca de nomes e as alterações na luta social. Quanto aos Estados Unidos, ver Michael G. Hanchard, Identity, Meaning and the African-American, *Social Text*, v. 8, n. 24.

53. Manifesto lido nos degraus do Teatro Municipal, São Paulo, em 7 de julho de 1978. Documento original do arquivo pessoal de Rafael Pinto, a quem agradeço por compartilhá-lo comigo, juntamente com outros materiais desse período.

54. Para um relato mais detalhado da formação e evolução de diversas organizações negras, inclusive o MNU, na década de 1970, ver Lélia Gonzalez, Experiências e Tentativas, em L. Gonzalez; C. Hasenbalg, *Lugar do Negro*, p. 21-65. Para um material mais específico sobre o MNU, ver Movimento Negro Unificado, *1978-1988: 10 Anos de Luta Contra o Racismo*; e idem, *Programa de Ação: Negros Protestam em Praça Pública*.

55. Movimento Negro Unificado Contra a Discriminação Racial, *Boletim Informativo*, p. 11.

56. G. Freyre, Racismo no Brasil?, *Folha de S.Paulo*, 6 de maio de 1979.

57. Tal como relatado e comentado em "Neder Teme Surgimento de Hitler Negro", *O Globo*, 22 de março de 1979.

58. *Sinba*, abril de 1979, p. 6, apresentou um editorial sobre o discurso de Neder.

59. Ver L. Gonzalez; C. Hasenbalg, op. cit.

60. A. Morris, *The Origins of the Civil Rights Movement*, p. 279.

61. Isidoro, um ex-diretor do Cecan, falou com detalhes, em sua entrevista, sobre sua recusa em aceitar o patrocínio de uma instituição estrangeira fornecedora de verbas, em função do desmazelo organizacional do Cecan. Ele assinalou a incapacidade da organização para obter lucros com as vendas de seu jornal, num certo momento no final da década de 1970, quando o jornal estava vendendo bem. "Como poderíamos fazer a contabilidade de milhares de dólares, quando não conseguíamos sequer responder pela venda de nosso jornal?", perguntou ele, ao explicar sua recusa da verba.

62. Quanto ao Brasil, ver S.E. Alvarez, *Engendering Democracy in Brazil*; e J.S. Jaquette, *The Women's Movements in Latin America*.

63. Entrevista do autor com Francisco Marcos Dias, São Paulo, 1988.

64. Uma reunião realizada no Rio de Janeiro, na casa de uma feminista brasileira branca na década de

1980, que contou com a presença de Robin Morgan, da revista *Ms.*, atesta as dificuldades dessa aliança. Em entrevistas separadas, Morgan e Joselina da Silva contaram que várias feministas brancas de classe média foram levadas às lágrimas pela sugestão de que se estavam beneficiando da divisão racial do trabalho, ao mesmo tempo que defendiam a igualdade feminina. A negação dessa contradição, por parte de diversas mulheres que participavam da reunião, foi frustrada pela presença de empregadas domésticas negras que silenciosamente serviam comida e bebida, enquanto as discussões se desenrolavam. Esse incidente específico, de acordo com Morgan e Joselina da Silva, alterou radicalmente as perspectivas de várias mulheres presentes (entrevista telefônica do autor com Robin Morgan, 1993).

65. Ver J. Rex; D. Mason, *Theories of Race and Ethnic Relations*.

66. Primeira Conferência Nacional de Mulheres Negras, Rio de Janeiro, dezembro de 1988.

67. Testemunhado durante o terceiro debate de candidatos negros patrocinado pelo IPCN, em outubro de 1989.

68. Decreto n. 22.184, Estado de São Paulo, que criou o conselho. Sancionado como lei em 11 de maio de 1984, por Franco Montoro, governador de São Paulo na época.

69. Houve debates sobre a dissolução desse conselho entre petistas negros e brancos e dentro do núcleo negro do PT. Alguns alegaram que, com Erundina no governo, já não havia contradição entre os interesses do Estado e os da sociedade, de modo que o conselho devia ser mantido. Outros argumentaram que o conselho não era produto de um grupo popular, mas de uma gestão administrativa. Embora essa gestão se houvesse encerrado, parte de sua estrutura havia permanecido sob a forma do conselho municipal. Foi essa a posição assumida pelas deputadas Benedita da Silva e Luiza Erundina como justificativa para o desmantelamento do conselho e para a criação de conselhos populares para todos os grupos marginalizados.

70. Entrevista do autor com Paulo Roberto, Instituto Palmares, Rio de Janeiro, 1989.

71. O parágrafo 42 do Artigo 5 foi um dos muitos casos em que a redação inicial foi mais punitiva do que a versão final usada na Constituição. A principal crítica à versão final, por parte dos ativistas negros, concerniu a seu caráter não definitório, à ausência de uma exposição clara sobre o que vem a ser, exatamente, a discriminação racial. Entretanto, as críticas não foram dirigidas a Benedita, pois considerou-se que a deputada havia atendido a seu compromisso declarado com a comunidade negra e pressionado pela inclusão dessa lei no quadro consensual da Assembleia Constituinte e no próprio documento constitucional.

6. Política Racial e Comemorações Nacionais

1. O discurso de José Sarney, em 13 de maio de 1988, foi transmitido pelos principais meios de comunicação de massa e publicado, no dia seguinte, em diversos jornais.

2. L.K.M. Schwarcz, *De Festa Também Se Vive*, p. 12.

3. Ver M.G. Hanchard, Raça, Hegemonia e Subordinação na Cultura Popular, *Estudos Afro-Asiáticos*, n. 21.

4. Palmares (1601-1665) foi a mais significativa sociedade de escravos fugitivos (quilombo) da história da escravatura brasileira. Localizado no Nordeste do Brasil, o quilombo dos Palmares, em seu apogeu, abrigava aproximadamente vinte mil escravos fugitivos. Zumbi, o último líder de Palmares e sobrinho de seu fundador, Ganga-Zumba, foi morto na batalha final de Palmares, quando mercenários contratados pelo governo português conquistaram o quilombo, em 1665.

5. Ver M.G. Hanchard, op. cit.

6. Ver L.K.M. Schwarcz, op. cit.

7. *Veja*, 11 de maio de 1989, p. 34.

8. Editorial, João Pedro Baresi, "Um Século Depois", *Sem Fronteiras*, n. 159 (São Paulo, maio de 1988), p. 3. Essa revista é uma publicação de um segmento mais liberal da Igreja Católica brasileira. Essa edição, em especial, foi dedicada à comemoração do Centenário em 1988 e constituiu, de fato, um dos comentários mais progressistas publicados sobre o evento.

9. *Catálogo: Centenário da Abolição*, p. 13-14.

10. Ibidem.

11. Ibidem.

12. Ibidem, p. 14.

13. Ibidem, p. 22.

14. Ibidem.

15. L.K.M. Schwarcz, op. cit., p. 18.

16. Ver *Jornal do Brasil*, 14 de maio de 1988.

17. C. Damasceno; S. Giacomini, *Nada Muda: Vamos Mudar*, p. 1.

18. *O Globo*, 12 de maio de 1988, p. 12.

19. Treva Contra Treva, *Veja*, 18 de maio de 1988.

20. *O Globo*, 12 de maio de 1988.

21. *Jornal do Commercio*, 12 de maio de 1988.

22. S. Wolin, Injustice and Collective Memory, *The Presence of the Past*, p. 33.

23. *Racial Formation in the United States*, p. 72.

24. *Rethinking Military Politics*, p. 4.

25. Neto da Princesa Critica Líderes do Movimento Negro, *Folha de S.Paulo*, 11 de maio de 1988.

26. Ver PMS Acusados de Discriminação e Agressão, *O Dia*, 17 de maio de 1988.

Não É de Onde Você Vem

1. A volumosa bibliografia sobre os "novos" movimentos sociais na Europa Ocidental tem ignorado amplamente a política racial, o que é assustador, considerando-se as intensas discussões sobre raça, etnia e imigração naquela região do mundo. Ver, por exemplo: J. Habermas, *The Theory of Communicative Action. V. 1. Reason and Rationalization of Society*; A. Melucci, The New Social Movements, *Social Science*, n. 19; C. Offe, Reflections on the Institutional Self-Transformation of the Movement Politics, em R.J. Dalton; M. Kuechler (eds.), *Challenging the Political Order*, e A. Touraine, *The Voice and the Eye*.

2. Ver R.J. Dalton; M. Kuechler (eds.), *Challenging the Political Order*.

3. *Theory of Communicative Action. V. 2. Life-World and System*, p. 393.

4. A tendência para as receitas de ação política e de conscientização levou a modos de análise que, em última instância, distorcem a história das formações contra-hegemônicas da África, do Caribe e dos Estados Unidos. Um exemplo que se aproxima perigosamente da abordagem do tipo "livro de receitas", no estudo das hegemonias coloniais da diáspora africana, é o livro de Manning Marable, *African and Caribbean Politics*, no qual Manning declara que "o elemento faltante central na maioria dos movimentos de independência nacional da diáspora africana – a falta de partidos marxistas fortes ou de organizações bem estruturadas – foi decisivo para empurrar a pequena burguesia negra para variedades de 'socialismo' antimarxista" (p. 81). Na frase seguinte, ele afirma que "outro fator que contribuiu", a ser "sucintamente" examinado, "foi o papel contraditório e às vezes retrógrado dos partidos comunistas nas áreas cruciais da periferia, nas décadas de 1950 e 1960". Deve-se presumir, a partir da leitura de Marable sobre o "elemento faltante central" nas políticas africana e caribenha, que, se introduzíssemos o inverso, isto é, o *ingrediente* dos partidos marxistas fortes, os movimentos de independência nacional ter-se-iam saído muito melhor do que se verificou. A meu ver, a principal falha desse tipo de dedução pelo inverso é que ela é, em última análise, a-histórica. Invertendo

a sequência da lógica de Marable, ou, em outras palavras, começando pela realidade histórica dos partidos "contraditórios" e "às vezes retrógrados" do chamado Terceiro Mundo, podemos muito bem compreender por que os pequenos burgueses negros (e os outros negros, aliás) haveriam de resistir aos partidos marxistas, *uma vez que eles eram historicamente construídos* e não viam nenhuma necessidade de se incomodar com a formação de um partido que, historicamente, fora tão apático ou resistente à cultura e à mobilização política negras quanto as formações políticas e econômicas mais "reacionárias" e "direitistas". Esse raciocínio doutrinário prejudica o que poderia ser uma explicação sofisticada e de grande alcance sobre as políticas africana e caribenha.

5. *Selections from the Prison Notebooks of Antonio Gramsci*, p. 366.

6. Ibidem, p. 365.

7. C.N. Murphy, Freezing the North-South Bloc(k), *Socialist Review*, v. 20, n. 3, p. 30.

8. Op. cit., p. 349.

9. Observe-se o uso que Gramsci faz da palavra *reforma* na citação anterior. Seu emprego em oposição a, digamos, *transformação* ou *revolução* proporciona uma coerência linguística à sua formulação da hegemonia. Reformar modos de consciência e conhecimento sugere um processo de formar novamente (re-formar) a consciência e o conhecimento a partir de formas já existentes. O processo de reformar a consciência e o conhecimento precederia necessariamente, portanto, qualquer transformação ou revolução das "estruturas" ou "superestruturas" numa dada totalidade social.

10. Essa necessidade de intervenção crítica no pensamento e na práxis do movimento negro faz lembrar a leitura que Hannah Arendt fez de Walter Benjamin, na qual comentou metaforicamente a poética desse autor, a distinção que ele estabelece entre os fragmentos e as totalidades na interpretação histórica: "Assim como o pescador de pérolas que desce ao fundo do mar, não para escavar o fundo e trazê-lo à luz, mas para desprender dele o rico e o insólito, as pérolas e os corais das profundezas, e levá-los à superfície, esse pensamento mergulha nas profundezas do passado – mas não para ressuscitá-lo do modo como era e contribuir para a revivescência de eras extintas. O que norteia esse pensamento é a convicção de que, embora as coisas vivas estejam sujeitas à destruição causada pelo tempo, o processo de decadência é, ao mesmo tempo, um processo de cristalização, e a convicção de que, nas profundezas do mar, onde afunda e se dissolve aquilo que um dia viveu, algumas coisas 'sofrem uma mudança marinha'

e sobrevivem em novas formas e configurações cristalizadas, que ficam imunes aos elementos, como se esperassem apenas pelo pescador de pérolas que um dia descerá até elas e as levará para cima, para o mundo dos vivos." H. Arendt, Introduction, em W. Benjamin, *Illuminations*, p. 50-51.

11. Ver "Neto da Princesa Critica Líderes do Movimento Negro", *Folha de S.Paulo*, 11 de maio de 1988.

12. O Mês da História Negra, nos Estados Unidos, é um modelo dessas consequências, uma vez que numerosos heróis e heroínas são enfileirados num calendário, no esforço de representar as realizações dos negros. Martin Luther King, o símbolo mais explorado durante o mês de fevereiro, é apresentado como um pacifista cuja política e visão da mudança social culminaram no discurso "Eu Tenho um Sonho", feito em Washington no mês de março de 1963. A mudança posterior e mais radical de suas posições políticas, no tocante ao imperialismo externo dos Estados Unidos e ao colonialismo no interior do país, raramente ou nunca é encontrada nas apresentações que os meios de comunicação de massa fazem dele. King, como muitos outros nesse desfile de figuras estáticas, fica congelado numa época tida como mais apropriada (politicamente) para ser representada, isto é, a época que menos perturba o *status quo*.

POSFÁCIO:
Ressonância Crítica de uma Obra Desafiadora

1. Ver O. Pinho, Corações e Mentes do Movimento Negro Brasileiro, *Estudos Afro-asiáticos*, v. 24, n. 2, p. 415-420; A.F. Magalhães Pinto;F.S. Freitas, Luiza Bairros, uma "Bem Lembrada" Entre Nós (1953-2016), *Afro-Ásia*, n. 55, p. 216-256.

2. Ver Resposta a Luiza Bairros, *Afro-Ásia*, nº 18, 1996, p. 227-234.

3. M. A. M. da Silva. Fazer História, Fazer Sentido: Associação Cultural do Negro (1954-1964), *Lua Nova*, n. 85, p. 227–273.

4. Ver K. Munanga, *Negritude: Usos e Sentidos*.

5. Ver A. Pereira, *O "Mundo Negro"*.

6. Ver J.M. F. da Silva, *Centro de Cultura e Arte Negra: Trajetória e Consciência Étnica*.

7. Ver F.C.C. da Silva, *Construção e Desconstrução de Identidade Racial em Salvador*.

8. Ver D.M.C. de Campos, *O Grupo Palmares (1971-1978)*.

9. Helena Machado apud E.G. Marques, *Grupo Palmares em Porto Alegre na Década de 1970*, p. 50.

10. Ver G. Sartori, Concept Misformation in Comparative Politics, *American Political Science Review*, v. 64, n. 4, p. 1033-1053.

11. Ver *Por uma Política Nacional de Combate ao Racismo e à Desigualdade Racial*.

12. O.A. Pinho, Luiza Bairros: Um Legado Sociológico e uma Inspiração Intelectual, *Lasa Forum*, v. 51, issue 2, p. 99-101.

13. Ver Entrevista a Verena Alberti e Amílcar Pereira, p. 34-37.

14. *Afro-Ásia*, n. 17, p. 179.

15. *Afro-Ásia*, n. 17, p. 181.

16. Ver P.C. Ramos, *Gramática Negra Contra a Violência de Estado*.

17. Ver P.C. Ramos, A Violência Contra Jovens Negros no Brasil, *Carta Capital*, 15 ago. 2012; J. Sinhoretto; D. Souza Morais; Violência e Racismo: Novas Faces de uma Afinidade Reiterada, *Revista de Estudios Sociales*, v. 64, p. 15-26.

18. H. Cardoso, O Resgate de Zumbi, *Lua Nova*, v.2, n. 4, p. 63-67.

19. Ari Cipola, FHC Reconhece Zumbi Como "Herói", *Folha de S.Paulo*, 21 nov. 1995.

Referências

Livros e Artigos de Revistas

AFRO-Latino América. *Versus.* Mar.-abr. 1978.

ALVAREZ, Sonia E. *Engendering Democracy in Brazil: Women's Movements in Transition Politics.* Princeton: Princeton University Press, 1990.

ANDERSON, Benedict. *Imagined Communities.* London: Verso, 1983.

ANDERSON. Perry. The Antinomies of Antonio Gramsci. *New Left Review,* n. 100, nov. 1976/jan. 1977. (Edição especial.)

____. Portugal and the End of Ultra-Colonialism. *New Left Review,* n. 15, maio-jun. 1962.

ANDREWS, George Reid. *The Afro-Argentines of Buenos Aires.* Madison: University of Wisconsin Press, 1980.

____. Black Workers and White: São Paulo, Brazil 1888-1928. *The Hispanic American Historical Review,* v. 68, n. 3, Aug. 1988.

____. *Blacks and Whites in São Paulo, Brazil, 1888-1988.* Madison: University of Wisconsin Press, 1991.

ARENDT, Hannah. Introduction. In: BENJAMIN, Walter. *Illuminations.* New York: Schocken Books, 1969.

ARONOWITZ, Stanley. *The Crisis in Historical Materialism.* New York: Praeger, 1981.

AZEVEDO, Thales de. *Cultura e Situação Racial no Brasil.* Rio de Janeiro: Civilização Brasileira, 1966.

____. *Democracia Racial: Ideologia e Realidade.* Petrópolis: Vozes, 1975.

BACHRACH, Peter; BARATZ Morton. *Power and Poverty.* New York: Oxford University Press, 1970.

BALANDIER, Georges. *Political Anthropology.* New York: Random House, 1970.

BALDWIN, James. *The Evidence of Things Not Seen.* New York: Rinehart and Winston, 1985.

BARTHES, Roland. *Mythologies.* New York: Hill and Wang, 1972.

BARROS, Andréa. O Apartheid Moreno. *Veja,* agosto 1992.

BASTIDE, Roger. *The African Religions of Brazil.* Baltimore: Johns Hopkins Press, 1978.

____. The Development of Race Relations in Brazil. In: HUNTER, Guy (ed.). *Industrialisation and Race Relations.* London: Oxford University Press, 1965.

____. Estereótipos de Negros Através da Literatura Brasileira. *Estudos Afro-Brasileiros.* São Paulo: Perspectiva, 1973.

BENDER, Gerald. *Angola Under the Portuguese.* Berkeley: University of California Press, 1978.

BERRIEL, Maria Maia Oliveira. *A Identidade Fragmentada: As Muitas Maneiras de Ser Negro.* Tese (Doutorado em Antropologia Social), São Paulo, USP, Faculdade de Filosofia, Letras e Ciências Humanas, 1988.

BIENEN, Henry. *Political Conflict and Economic Change in Nigeria.* London/Totowa: N.J./F. Cass, 1985.

BOAS, Franz. Race and Progress. *Science 74,* n. 1905, 1931.

BOGLE, Donald. *Brown Sugar: Eighty Years of American's Black Female Superstars.* New York: Harmony Books, 1980.

____. *TOMS, Coons. Mulattoes, Mammies and Bucks: An Interpretive History of Blacks in American Films.* New York: Viking, 1973.

BOURDIEU, Pierre. *Outline of a Theory of Practice.* London: Cambridge University Press, 1977.

BRAGA, Júlio. Candomblé: Força e Resistência. *Afro-Ásia,* n. 15, 1992.

BRANCH, Taylor. *Parting the Waters: America During the King Years, 1954-1963.* New York: Simon and Schuster, 1988.

BRASIL: *Nunca Mais.* Petrópolis: Vozes, 1985.

BROOKSHAW, David. *Raça e Cor na Literatura Brasileira.* Porto Alegre: Mercado Aberto, 1983.

BROWN, Diana de G.; BICK, Mario. Religion, Class and Context: Continuities and Discontinuities in Brazilian Umbanda. *American Ethnologist,* v. 14, n. 1, Feb. 1987.

BURLEIGH, Michael; WIPPERMAN, Wolfgang. *The Racial State: Germany 1933-1945*. New York: Cambridge University Press, 1992.

CAMPELLO DE SOUZA. Maria do Carmo. The New Brazilian Republic: Under the Sword of Damocles. In: STEPAN, Alfred (ed.). *Democratizing Brazil*. New York: Oxford University Press, 1989.

CANTOR, Jay. *The Death of Che Guevara*. New York: Vintage Books, 1984.

CASA-GRANDE & Senzala: 50 Anos Depois, um Encontro Com Gilberto Freyre. Rio de Janeiro: Funarte, 1985.

CATÁLOGO de Entidades do Movimento Negro no Brasil. *Comunicações do ISER (Instituto de Estudos da Religião)*, n. 29, 1988.

CATÁLOGO: Centenário da Abolição. Rio de Janeiro: Ciec – Núcleo de Cor – UFRJ, 1989.

CLIFFORD, James. *Writing Culture*. Berkeley: University of California Press, 1986.

COLLINS, Patrícia Hill. *Black Feminist Thought*. New York: Routledge, 1991.

CONRAD, Robert Edgar. *Children of God's Fire*. Princeton: Princeton University Press, 1983.

_____. *The Destruction of Brazilian Slavery, 1850-1888*. Berkeley: University of California Press, 1972.

COUCEIRO, Solange M. *O Negro na Televisão de São Paulo: Um Estudo de Relações Raciais*. São Paulo: FFLCH-USP, 1983.

COUTINHO, Carlos Nelson; NOGUEIRA, Marco Aurélio. *Gramsci e a América Latina*. São Paulo: Paz e Terra, 1985.

COX, Oliver C. *Caste, Class and Race*. New York: Monthly Review Press, 1948.

CUNHA Jr., Henrique. A Indecisão dos Pais Face à Percepção da Discriminação Racial na Escola Pela Criança. *Cadernos de Pesquisa*, n. 63, nov. 1987.

_____. Os Movimentos Negros no Brasil. *Jornal de Leitura*, v. 7, n. 74, jul. 1988.

DALTON, Russell J.; KUECHLER, Manfred (eds.). *Challenging the Political Order*. New York: Oxford University Press, 1990.

DAMASCENO, Caetana; GIACOMINI, Sonia. *Nada Muda: Vamos Mudar*. Rio de Janeiro, [s.d.] (Texto mimeografado.)

DAMATTA, Roberto. *Relativizando*. 4. ed. Petrópolis: Vozes, 1984.

DEAN, Warren. *Rio Claro: A Brazilian Plantation System, 1820-1920*. Palo Alto: Stanford University Press, 1976.

DEGLER, Carl N. *Neither Black Nor White: Slavery and Race Relations in the United States and Brazil*. New York: Macmillan, 1971.

DIAZ-POLANCO, Hector. *Etnia, Nación y Política*. Cidade do México: J. Pablos, 1987.

DIONYSOS: *Teatro Experimental do Negro*, n. 28, 1988.

DUBOIS, W.E.B. *Black Reconstruction in America, 1860-1880*. Cleveland: World Publishers, 1969.

DZIDZIENYO, Anani. *The Position of Blacks in Brazilian Society*. London: Minority Rights Group, 1971.

ENLOE, Cynthia. *Ethnic Conflict and Political Development*. Boston: Little, Brown and Company, 1973.

FERNANDES, Florestan. *The Negro in Brazilian Society*. New York: Columbia University Press, 1969.

_____. *Significado do Protesto Negro*. São Paulo: Cortez/Autores Associados, 1989. (Coleção Polêmicas do Nosso Tempo, v. 33.)

FIGUEIRA, Vera. Preconceito Racial: Difusão e Manutenção na Escola. *Intercâmbio*, n. 1, jan.-abr. 1988.

_____. O Preconceito Racial na Escola. *Estudos Afro-Asiáticos*, n. 18, 1990.

FISCHER, Michael M.J. Ethnicity and the Post-Modern Arts of Memory. In: CLIFFORD, James (ed.). *Writing Culture*. Berkeley: University of California Press, 1986.

FONTAINE, Pierre-Michel (ed.). *Race, Class and Power in Brazil*. Los Angeles: Center for Afro-American Studies, UCLA, 1985.

_____. Research in the Political Economy of Afro-Latino America. *Latin American Research Review*, v. 15, n. 2, 1980.

_____. The Dynamics of Black Powerlessness in São Paulo. *Annual Meeting of the African Heritage Studies Association*, Washington, 1975.

FRANKLIN, John Hope. *Reconstruction After the Civil War*. Chicago: University of Chicago, 1961.

FRAZIER, E. Franklin. *Black Bourgeoisie*. New York: Collier, 1962.

FREYRE, Gilberto. *The Masters and the Slaves*. New York: Alfred A. Knopf, 1946.

_____. *Sobrados e Mocambos*. 3. ed. Rio de Janeiro: J. Olympio, 1951.

FRY, Peter. *Para Inglês Ver*. Rio de Janeiro: Zahar, 1982.

GARROW. David J. *Bearing the Cross: Martin Luther*

King Jr. and the Southern Christian Leadership Conference. New York: H. Morrow, 1986.

GAVENTA, John. *Power and Powerlessness*. New Haven: Yale University Press, 1980.

GEERTZ, Clifford. *The Interpretation of Cultures*. New York: Basic Books, 1973.

GENOVESE, Eugene. *Roll, Jordan, Roll: The World the Slaves Made*. New York: Vintage Books, 1976.

GILROY, Paul. *There Ain't no Black in the Union Jack*. London: Hutchinson. 1987.

GLAZER, Nathan; MOYNIHAN, Daniel P. (eds.). *Beyond the Melting Pot*. 2. ed. Cambridge: MIT Press, 1970.

____. *Ethnicity: Theory and Experience*. Cambridge: Harvard University Press, 1975.

GONZALEZ, Lelia; HASENBALG Carlos. *Lugar do Negro*. Rio de Janeiro: Marco Zero, 1985.

GRAHAM, Richard (ed.). *The Idea of Race in Latin America*. Austin: University of Texas Press, 1990.

GRAMSCI, Antonio. *Selections from the Prison Notebooks of Antonio Gramsci*. Trad. and ed. Quintin Hoare and Geoffrey Nowell Smith. New York: International Publishers, 1971.

GREENBERG. Stanley. *Race, State, and Capitalist Development*. New Haven: Yale University Press, 1980.

GUHA, Ranajit; SPIVAK, Gayatri Chakravorty. *Selected Subaltern Studies*. New York: Oxford University Press, 1988.

HABERMAS, Jurgen. *The Theory of Communicative Action. V. 1. Reason and the Rationalization of Society*. Boston: Beacon Press, 1984.

____. *Theory of Communicative Action. V. 2. Life-World and System: A Critique of Functionalist Reason*. Boston: Beacon Press, 1987.

HALL, Stuart. Gramsci's Relevance for the Study of Race and Ethnicity. *Journal of Communication Inquiry*, v. 10, n. 2, Summer 1986.

____. Race, Culture and Communications: Looking Backward and Forward at Cultural Studies. *Rethinking Marxism*, v. 5, n. 1, Spring 1992.

HANCHARD, Michael G. Identity, Meaning and the African-American. *Social Text*, v. 8, n. 24, 1990.

____. Raça, Hegemonia e Subordinação na Cultura Popular. *Estudos Afro-Asiáticos*, n. 21, dez. 1991.

____. Racial Consciousness and Afro-Diasporic Experiences: Antonio Gramsci Reconsidered. *Socialism and Democracy*, v. 7, n. 14, Fall 1991.

HARRIS, Marvin. *Patterns of Race in the Americas*. New York: Walker, 1964.

HARTZ, Louis. *The Liberal Tradition in America*. New York: Harcourt, Brace and World, 1955.

HASENBALG, Carlos; SILVA, Nelson do Valle. *Estrutura Social, Mobilidade e Raça*. São Paulo: Vértice/IUPERJ, 1988.

HASENBALG, Carlos. *Discriminação e Desigualdades Raciais no Brasil*. Rio de Janeiro: Graal, 1979.

____. Race and Socioeconomic Inequalities in Brazil. In: FONTAINE, Pierre-Michel (ed.). *Race, Class and Power in Brazil*. Los Angeles: UCLA, Center for Afro-American Studies, 1985.

HELG, Aline. Afro-Cuban Protest: The Partido Independiente de Color, 1908-1912. *Cuban Studies*, v. 21, 1991.

HELLWIG, David J. *African-American Reflections on Brazil's Racial Paradise*. Philadelphia: Temple University Press, 1992.

____. Racial Paradise or Run-around? Afro-North American Views of Race Relations in Brazil. *American Studies*, v. 31, n. 2, Fall 1990.

HOBSBAWM, Eric; RANGER, Terence (eds.). *The Invention of Tradition*. Cambridge: Cambridge University Press, 1984.

HOBSBAWM, Eric. *Bandits*. New York: Pantheon, 1969.

HOETINK, Harold. *Caribbean Race Relations*. London: Oxford University Press, 1967.

HOLANDA BARBOSA, Lívia Neves de. O Jeitinho, ou a Arte de Ser Mais Igual Que os Outros, *Ciência Hoje*, v. 7, n. 42, maio 1988.

HUNTER, Guy (ed.). *Industrialisation and Race Relations*. London: Oxford University Press, 1965.

IANNI, Octavio. Race and Class in Brazil. *Presence Africaine*, v. 25, n. 53, 1965. (Edição inglesa.)

____. Mesa-Redonda: Materialismo Histórico e Questão Racial, *Estudos Afro-Asiáticos*, n. 12, ago. 1986.

JAMES, C.L.R. *At the Rendezvous of Victory*. London: Allison and Busby, 1984.

JAMESON, Frederic. *The Political Unconscious*. Ithaca: Cornell University Press, 1981.

JAQUETTE, Jane S. (ed.). *The Women's Movement in Latin America*. Boston/London: Unwin/Hyman, 1989.

JIMENEZ, Michael F. Class, Gender, and Peasant Resistance in Central Colombia, 1900-1930. In: COLBURN, Forrest (ed.). *Everyday Forms of Peasant Resistance*. New York: M.E. Sharpe, 1989.

JOHNSON, Pauline. *Marxist Aesthetics*. London: Routledge & Kegan Paul, 1984.

JOHNSON, Randal; STAM, Robert (eds.). *Brazilian Cinema*. Rutherford/London: Fairleigh Dickinson University Press/Associated University Press, 1982.

JOHNSON, Randal. *Cinema Novo*. Austin: University of Texas Press, 1984.

KATZNELSON, Ira. *Black Men, White Cities*. London: Oxford University Press, 1973.

KENNEDY, James. Political Liberalization, Black Consciousness, and Recent Afro-Brazilian Literature. *Phylon*, v. 47, n. 3, Sep. 1986.

KNIGHT, Alan. Racism, Revolution and *Indigenismo*: Mexico, 1910-1940. *The Idea of Race in Latin America*. Austin: University of Texas Press, 1990.

LAITIN, David. *Hegemony and Culture*. Chicago: University of Chicago Press, 1986.

LEITE, José Correia; CUTI. ...*E Disse o Velho Militante José Correia*. São Paulo: Secretaria Municipal de Cultura, 1992.

LEVINE, Robert M. The First Afro-Brazilian Congress: Opportunities for the Study of Race in the Brazilian Northeast. *Race & Class*, v. 15, n. 2, Oct. 1973.

____. *The Vargas Regime: The Critical Years, 1934-1938*. New York: Columbia University Press, 1970.

LEWIS, Oscar. The Culture of Poverty. *Scientific American*, v. 215, n. 4, Oct. 1966.

LOVELL, Peggy (org.). *Desigualdade Racial no Brasil Contemporâneo*. Belo Horizonte: MGSP, 1991.

LOVELL, Peggy. Development and Racial Inequality in Brazil: Wage Discrimination in Urban Labor Markets, 1960-1980. Artigo apresentado na Conferência sobre o Povoamento das Américas, Veracruz, México, 1992.

LUKES, Steven. *Power: A Radical View*. London: Macmillan, 1974.

LUKER, Kristin. *Abortion and the Politics of Motherhood*. Berkeley: University of California Press, 1984.

MAGGIE, Yvonne. *A Ilusão do Concreto: Análise do Sistema de Classificação Racial no Brasil*. Rio de Janeiro, 1991. Tese apresentada para concurso de professor-titular de Antropologia. IFCS/UFRJ, 1991. (Texto mimeografado.)

____. O Que Se Cala Quando Se Fala do Negro no Brasil. Junho de 1988. (Texto mimeografado.)

MARABLE, Manning. *African and Caribbean Politics: From Kwame Nkrumah to Maurice Bishop*. London: Verso, 1987.

MARAM, Sheldon. Labor and the Left in Brazil, 1890-1921: A Movement Aborted. *Hispanic American Historical Review*, v. 57, n. 2, 1977.

MARTÍ, José. *On Education*. Ed. Phillip S. Foner. New York: Monthly Review Press, 1979.

MARTINEZ-ALIER, Verena. *Marriage, Class and Colour in Nineteenth Century Cuba: A Study of Racial Attitudes and Sexual Values in a Slave Society*. London: Cambridge University Press, 1974.

MAUÉS, Maria Angélica de Motta. Entre o Branqueamento e a Negritude: o TEN e o Debate da Questão Racial. *Dionysos: Teatro Experimental do Negro*, n. 28, 1988.

____. Negro Sobre Negro: a Questão Racial no Pensamento das Elites Negras Brasileiras. Artigo apresentado na conferência da ANPOCS, Brasil, 1987.

MCADAM, Doug. *Political Process and the Development of Black Insurgency, 1930-1970*. Chicago: University of Chicago Press, 1981.

MCCULLOCH, Jock. *In the Twilight of Revolution: The Political Theory of Amilcar Cabral*. London: Routledge, 1983.

MESA-REDONDA: Materialismo Histórico e Questão Racial. *Estudos Afro-Asiáticos*, n. 12, ago. 1986.

MELUCCI, Alberto. The New Social Movements: A Theoretical Approach. *Social Science*, n. 19, 1980.

MINTZ, Sidney. Currency Problems in Eighteenth Century Jamaica and Gresham's Law. In: MANNERS, Robert (ed.). *Process and Pattern in Culture: Essays in Honor of Julian H. Steward*. Chicago: Aldine Publishing, 1964.

MITCHELL, Michael. *Racial Consciousness and the Political Attitudes and Behavior of Blacks in São Paulo, Brazil*. Tese (Doutorado em Ciência Política), Ann Arbor, Universidade de Michigan, 1977.

MITCHELL, Timothy. Everyday Metaphors of Power. *Politics and Society*, v. 19, n. 5, Oct. 1990.

MOORE, Barrington. *The Social Origins of Dictatorship and Democracy*. Boston: Beacon Press, 1966.

MORRIS, Aldon. *The Origins of the Civil Rights Movement*. New York: Free Press, 1984.

MOURA, Clóvis. *Quilombos, Resistência ao Escravismo.* São Paulo: Ática, 1987.

____. *Sociologia do Negro Brasileiro.* São Paulo: Ática, 1988. (Reedição, São Paulo: Perspectiva, 2019.)

MOVIMENTO Negro e Culturalismo. *Sinba*, n. 4, março 1980.

MOVIMENTO Negro Unificado Contra a Discriminação Racial. *Boletim Informativo*, set. 1979.

____. O Papel do Aparato Policial do Estado no Processo de Dominação do Negro e a Anistia. Artigo apresentado no Congresso Nacional da Anistia, São Paulo, 1978.

MOVIMENTO Negro Unificado. *1978-1988: 10 Anos de Luta Contra o Racismo.* São Paulo: MNU - Seção Bahia, 1988.

____. *Programa de Ação: Negros Protestam em Praça Pública.* São Paulo: MNU, 1984.

MURPHY, Craig N. Freezing the North-South Bloc(k). *Socialist Review*, v. 20, n. 3, jul.-set. 1990.

NASCIMENTO, Abdias. *Mixture or Massacre: Essays in the Genocide of a Black People.* Buffalo: Afrodiaspora, 1979.

NASCIMENTO, Maria Ercília do. *A Estratégia da Desigualdade: O Movimento Negro dos Anos 70.* Dissertação (Mestrado em Ciências Sociais), Pontifícia Universidade Católica de São Paulo, 1989.

NEGROS *no Brasil, Dados da Realidade.* Petrópolis: Vozes/Instituto Brasileiro de Análises Sociais e Econômicas, 1989.

NOGUEIRA, Oracy. Preconceito de Marca e Preconceito Racial de Origem. *Anais do XXXI Congresso Internacional de Americanistas.* São Paulo: Anhembi, 1955.

O'DONNELL, Guillermo A.; SCHMITTER, Philippe C.; WHITEHEAD, Laurence (eds.). *Transitions From Authoritarian Rule: Latin America.* Baltimore: Johns Hopkins University Press, 1986.

OFFE, Claus. Reflections on the Institutional Self-Transformation of Movement Politics: A Tentative Stage Model. In: DALTON, Russell J.; KUECHLER, Manfred (eds.). *Challenging the Political Order.* London: Oxford University Press, 1990.

OMI, Michael; WINANT, Howard. *Racial Formation in the United States.* New York: Routledge, 1986.

PATTERSON, Orlando. Context and Choice in Ethnic Allegiance: A Theoretical Framework and Caribbean Case Study. In: GLAZER, Nathan; MOYNIHAN, Daniel P. (eds.). *Ethnicity: Theory and Experience.* Cambridge: Harvard University Press, 1975.

PEREIRA, João Baptista Borges. Aspectos do Comportamento Político do Negro em São Paulo. *Ciência e Cultura*, n. 10, out. 1982.

PERLMAN, Janice. *The Myth of Marginality.* Berkeley: University of California Press, 1976.

PIERCE, Robert. *Keeping the Flame: Media and Government in Latin America.* New York: Communication Arts Books, 1979.

PIERSON, Donald. *Negroes in Brazil: A Study of Race Conflict in Bahia.* Carbondale: Southern Illinois University Press, 1967.

PINTO, Regina Pahim. A Representação do Negro em Livros Didáticos de Leitura. *Cadernos de Pesquisa*, n. 63, nov. 1987.

____. O Livro Didático e a Democratização da Escola. Dissertação (Mestrado em Ciências Sociais), Faculdade de Filosofia, Letras e Ciências Humanas da Universidade de São Paulo, São Paulo, 1981.

PIVEN, Frances Fox, CLOWARD, Richard A. *Poor People's Movements.* New York: Pantheon, 1977.

POGGI, Gianfranco. *The Development of the Modern State.* Palo Alto: Stanford University Press, 1978.

PRANDI, Reginaldo. *Os Candomblés de São Paulo.* São Paulo: Hucitec, 1991.

RAÇA Negra e Educação. *Cadernos de Pesquisa*, n. 63, nov. 1987.

RAPHAEL, Alison. *Samba and Social Control.* Tese (Doutorado em Sociologia), New York, Universidade de Columbia, 1981.

RAMOS, Guerreiro. *Introdução Crítica à Sociedade Brasileira.* Rio de Janeiro: Andes, 1957.

REIS, João José (org.). *Escravidão e Invenção da Liberdade.* São Paulo: Brasiliense, 1988.

REX, John; MASON, David. *Theories of Race and Ethnic Relations.* Cambridge: Cambridge University Press, 1986.

ROBINSON, Cedric. *Black Marxism.* London: Zed, 1983. (Ed. Brasileira: *Marxismo Negro: A Criação da Tradição Radical Negra.* São Paulo: Perspectiva, 2023.)

RODRIGUES DA SILVA, Carlos Benedito. Black Soul: Aglutinação Espontânea ou Identidade Étnica. In: SILVA, Luiz Antonio Machado da et al. (orgs.). *Movimentos Sociais Urbanos, Minorias Étnicas e Outros Estudos*. Brasília: Anpocs, 1983.

ROLNIK, Raquel. Territórios Negros nas Cidades Brasileiras: Etnicidade e Cidade em São Paulo e no Rio de Janeiro. *Estudos Afro-Asiáticos*, n. 17, 1989.

ROSEMBERG, Fúlvia. Discriminações Étnico-Raciais na Literatura Infanto-Juvenil Brasileira. *Revista Brasileira de Biblioteconomia e Documentação*, v. 12, n. 3-4, jul.- dez. 1979.

ROUQUIE, Alain. Demilitarization and the Institutionalization of Military Dominated Politics in Latin America. In: O'DONNELL, Guillermo; SCHMITTER, Phillipe; WHITEHEAD, Laurence (eds.). *Transitions from Authoritarian Rufe*. Baltimore: Johns Hopkins University Press, 1988.

RUSSELL-WOOD, Anthony John R. *The Black Man in Slavery and Freedom in Colonial Brazil*. New York: St. Martin's Press, 1982.

SANDOVAL, Salvador. "The Mechanisms of Race Discrimination in the Labor Market: The Case of Urban Brazil". Artigo apresentado no XV Encontro Internacional da Associação de Estudos Latino-Americanos, San Juan, Porto Rico, 21 a 23 de setembro de 1989.

SANTOS, Joel Rufino dos. O Movimento Negro e a Crise Brasileira. *Política e Administração*, v. 1, n. 2, jul.-set. 1985.

SCHMITTER. Phillipe. Still the Century of Corporatism? In: PIKE, Frederick B.; STRITCH, Thomas (eds.). *The New Corporatism: Social Political Structure in the Iberian World*. Notre Dame: University of Notre Dame Press, 1974.

SCHWARCZ, Lilia K. Moritz. *De Festa Também Se Vive: Reflexões Sobre o Centenário da Abolição em São Paulo*. Rio de Janeiro: Ciec-UFRJ, 1989.

____. *Retrato em Branco e Negro: Escravos e Cidadãos em São Paulo no Século XIX*. São Paulo: Companhia das Letras, 1987.

SCOTT, James. *Domination and the Arts of Resistance*. New Haven: Yale University Press, 1990.

____. *Weapons of the Weak*. New Haven: Yale University Press, 1985.

SEYFERTH, Giralda. As Ciências Sociais no Brasil e a Questão Racial. *Cativeiro e Liberdade*. Rio de Janeiro: Instituto de Filosofia e Ciências Humanas (IFCH-UERJ), 1989.

SILVA, L.A. et al. (eds.). *Movimentos Sociais Urbanos, Minorias Étnicas e Outros Estudos*. Brasília: Anpocs, 1983.

SKIDMORE, Thomas. Bi-Racial U.S. v. Multi-Racial Brazil: Is the Contrast Still Valid? Artigo apresentado na Conferência sobre Racismo e Relações Raciais nos Países da Diáspora Africana, Rio de Janeiro, 6 a 10 de abril de 1992.

____. *Black Into White*. New York: Oxford University Press, 1974.

____. *The Politics of Military Rule in Brazil, 1964-1985*. New York: Oxford University, 1988.

____. Race and Class in Brazil: Historical Perspective. In: FONTAINE, Pierre-Michel (ed.). *Race, Class and Power in Brazil*. Los Angeles: Center for Afro-American Studies, UCLA, 1985.

SKOCPOL, Theda. *States and Social Revolutions*. New York: Cambridge University Press, 1979.

SOMBART, Werner. *Why Is There no Socialism in the United States?* London: Macmillan, 1976.

SPICKARD, Paul R. *Mixed Blood: Intermarriage and Ethnic Identity in Twentieth Century America*. Madison: University of Wisconsin Press, 1989.

SPIVAK, Gayatri. *In Other Worlds*. London: Routledge & Kegan Paul, 1988.

STAMPP, Kenneth. *The Era of Reconstruction l 865-1877*. New York: Vintage, 1965.

STEPAN, Alfred (ed.). *Democratizing Brazil: Problems of Transition and Consolidation*. New York: Oxford University Press, 1989.

____. *The State and Society: Peru in Comparative Perspective*. Princeton: Princeton University Press, 1978.

____. *Rethinking Military Politics*. Princeton: Princeton University Press, 1988.

STEPAN, Nancy Leys. *The Hour of Eugenics*. Ithaca: Cornell University Press, 1991.

STOLCKE. Verena. *Cafeicultura: Homens, Mulheres e Capital*. São Paulo: Brasiliense, 1986.

TANNENBAUM, Frank. The Destiny of the Negro in the Western Hemisphere. *Political Science Quarterly*, v. 61, n. 1, March 1946.

____. *Slave and Citizen*. New York: Alfred A. Knopf, 1947.

TELLES, Edward. Residential Segregation by Skin Color in Brazil. *American Sociological Review*, v. 57, n. 2, April 1992.

TOPLIN, Robert Brent. Abolition and the Issue of the Black Freedman's Future m Brazil. In: TOPLIN, Robert Brent (ed.). *Slavery and Race Relations in Latin America*. Westport: Greenwood Press, 1974.

TOURAINE, Alain. *The Voice and the Eye: An Analysis of Social Movements*. Cambridge: Cambridge University Press, 1981.

TUCCI CARNEIRO, Maria Luiza. *O Anti-Semitismo na Era Vargas*. São Paulo: Brasiliense, 1988. (Reedição, São Paulo: Perspectiva, 2001.)

____. *Preconceito Racial no Brasil-Colônia*. São Paulo: Brasiliense, 1988.

VAINER, Carlos B. Estado e Raça no Brasil: Notas Exploratórias. *Estudos Afro-Asiáticos*, n. 18, 1990.

VALENTE, Ana Lúcia E.F. *Política e Relações Raciais: Os Negros e as Eleições Paulistas de 1982*. Dissertação (Mestrado). São Paulo: FFLCH-USP, 1986.

VALLE SILVA, Nelson do. The High Cost of Not Being White in Brazil. In: FONTAINE, Pierre-Michel (ed.). *Race, Class and Power in Brazil*. Los Angeles: Center for Afro-American Studies, UCLA, 1985.

VAN den BERGHE, Pierre. *Race and Ethnicity*. New York: Maggie Basic Books, 1970.

VIANNA, Hermano. *O Mundo Funk Carioca*. Rio de Janeiro: Jorge Zahar, 1988.

VIOTTI DA COSTA, Emília. *The Brazilian Empire: Myths and Histories*. Chicago: University of Chicago Press, 1985.

WAGLEY, Charles. *Race and Class in Rural Brazil*. 2. ed. Paris: Unesco, 1963.

WARREN, Kay. *The Symbolism of Subordination*. Austin: University of Texas Press. 1978.

WEST, Cornel. Marxist Theory and the Specificity of Afro-American Oppression. In: NELSON, Cary; GROSSBERG, Lawrence (eds.). *Marxism and the Interpretation of Culture*. Urbana e Chicago: University of Illinois Press, 1988.

WILENTZ, Sean. Against Exceptionalism: Class Conflict in the American Labor Movement, 1790-1920. *International Labor and Working Class History*, n. 26, Fall 1984.

WILLIAMS, Mary Wilhelmine. The Treatment of Negro Slaves in the Brazilian Empire: A Comparison With the United States of America. *Journal of Negro History*, n. 15, n. 3, Jul. 1930.

WILLIAMS, Raymond. *Marxism and Literature*. New York: Oxford University Press, 1977.

WINANT, Howard. *Racial Conditions: Theories, Politics and Comparisons*. Minneapolis: University of Minnesota Press, 1994.

____. *Racial Formation in the United States*. New York: Routledge & Kegan Paul, 1986.

WOLF, Eric. *Peasant Wars of the 20th Century*. New York: Harper and Row. 1969.

WOLIN, Sheldon. *The Presence of the Past*. Baltimore: Johns Hopkins University Press, 1989.

WOOD, Charles. Categorias Censitárias e Classificações Subjetivas da Raça no Brasil. In: LOVELL, Peggy A. (ed.). *Desigualdade Racial no Brasil Contemporâneo*. Belo Horizonte: Cedealar, 1991.

WOODWARD, C. Vann. *The Strange Career of Jim Crow*. New York: Harper and Row, 1969.

WRIGHT, Winthrop R. *Café con Leche: Race, Class and National Image in Venezuela*. Austin: University of Texas Press, 1990.

YOUNG, Crawford. *The Politics of Cultural Pluralism*. Madison: University of Wisconsin Press, 1976.

Artigos de Jornais

"BLACK Rio" Assusta Maestro Júlio Medaglia. *Folha de S. Paulo*. São Paulo, 10 de junho de 1977.

DIVERGÊNCIAS Marcam Festa da Abolição na Capital Paulista. *Jornal do Brasil,* Rio de Janeiro, 14 de maio de 1988.

FREYRE, Gilberto. Atenção, Brasileiros! *Diário de Pernambuco,* Recife, 15 de maio de 1977.

____. Racismo no Brasil? *Folha de S. Paulo,* São Paulo, 6 de maio de 1979.

NEDER Teme Surgimento de Hitler Negro. *O Globo,* Rio de Janeiro, 22 de março de 1979.

NETO da Princesa Critica Líderes do Movimento Negro. *Folha de S. Paulo,* 11 de maio de 1988.

O SOUL, do Grito Negro à Caderneta de Poupança.

Jornal do Brasil, Rio de Janeiro, 8 de março de 1976. PMS Acusados de Discriminação e Agressão. *O Dia*, Rio de Janeiro, 17 de maio de 1988.

POLICIAIS Impedem Marcha de Movimento Negro Pelo Centro. *Jornal do Commercio*, Rio de Janeiro, 12 de maio de 1988.

QUATRO Mil Negros Saem em Passeata Contra o 13 de Maio. *O Globo*, Rio de Janeiro, 12 de maio de 1988.

TREVA Contra Treva. *Veja*, Rio de Janeiro, 18 de maio de 1988.

TURISMO Vê Só Comércio no Black Rio. *Jornal do Brasil*, Rio de Janeiro, 15 de maio de 1977.

Entrevistas Realizadas Pelo Autor, 1988-1989

Rio de Janeiro

Abdias Nascimento
Benedito Sérgio
Benedita da Silva
Carlos Alberto "Caó"
Carlos Alberto Medeiros
Edson Santos
Ele Semog
Frei David Raimundo dos Santos
Gerson Martins
Hélio dos Santos
Ivanir dos Santos
Januário Garcia
Jengyra de Paula Assis
João Marcos Romão
Joel Rufino dos Santos
Joselina da Silva
Juca Ribeiro
Júlio César Tavares
Jurema Batista
Lélia Gonzalez
Luís Carlos de Souza
Manuel Faustino
Oliveira Filho, "Filó"
Orlando Fernandes
Osseas Santos
Paulo Roberto
Regina Coeli
Sylvia Schunemann
Sebastião Oliveira
Togo Ioruba
Yedo Ferreira

São Paulo

Adalberto Camargo
Antônio Carlos Arruda
Antônio Leite
Aristides Barbosa
Celso Chagas
Deborah Sylvia dos Santos
Divaldo Rosa
Flávio Carrança
Francisco Marcos Dias
Hamilton Cardoso
Isidoro
João Antônio Alves
João Batista de Jesus Félix
Luís Paulo Lima
Maria Aparecida Teixeira da Silva
Milton Barbosa
Nice Carrança Tudras
Nilza Santos
Padre Batista Laurindo
Padre Luís Fernando
Percy da Silva
Rafael Pinto
Raul dos Santos
Roberto Cruz
Ronaldo Lima
Sueli Carneiro
Thereza Santos
Vanderlei José Maria

Conferências, Debates e Reuniões do Movimento Negro, 1988-1989

Rio de Janeiro

Candidatos a Prefeito (Clube Renascença), 1988
Candidatos Negros Frente a Frente (IPCN, eleições municipais), 17, 21 e 24 de outubro de 1988
Maioria Falante (Ceap, diversas reuniões), 1988, 1989
Encontro Nacional da Mulher Negra, 1988 (comparecimento de Gisele Audrey Mills)
IPCN (diversas reuniões), 1988, 1989
Cultura Negra nas Escolas, 1988
Raça e Diferença, 1989
Instituto Palmares (reunião inaugural), 1989

São Paulo

Kizomba, 1988
O Negro e o Sindicalismo (CUT), 1988
Julgamento do Século: Tribunal Winnie Mandela, 1988
Encontro do Movimento Negro Sul-Sudeste, 1989
Encontro Estadual dos Estudantes Negros, 1989

Índice Remissivo

abertura 210, 212, 253, 268
abolição 52, 112–114, 125, 255
África do Sul 251–252
africanistas 171–176, 186, 293
afro-brasileiros
  e movimentos sociais 280–283
  e política 46–47, 67–69, 75, 241, 289
  e práticas culturais 221
  e práticas religiosas 66, 163, 238–239
Agbara Dudu 238, 281
Agentes da Pastoral Negra 163, 238
americanistas 172, 186
Andrade, Mário de 118
Andrews, George Reid 89–94, 197, 236
anistia 230
Arruda, Antônio 137–139
Associação dos Negros Brasileiros 203
Azevedo, Thales de 95, 315n10

Bachrach, Peter 272
Balandier, Georges 76
Baptista (João Baptista Borges Pereira) 166
barão do Rio Branco 121
Baratz, Morton 272
Barbosa, Milton 234
Bastide, Roger 81, 128–129
Batista (João Batista de Jesus Félix) 317n40
Black Power 212
Black Soul 212–220, 248–249
blocos afro 249
Brizola, Leonel 242
burguesia negra (classe média negra) 200, 279

candomblé 66, 165, 190
Caó (Carlos Aberto Oliveira) 242, 246
Cardoso, Hamilton 221, 226, 228, 323n51
Carnaval 268
Carneiro, Maria Luiza Tucci 114
Carneiro, Sueli 235
Centenário da Abolição 255–275, 292
Centro de Articulação de Populações Marginalizadas (Ceap) 184
Centro de Cultura e Arte Negra (Cecan) 173, 221

Centro de Estudos Afro-Asiáticos (CEAA) 173
"Charme" 209, 219. *Ver também* funk
Clube Aristocrata 204, 210
Clube Elite 204
Clube Renascença 204, 210
"colisão leve" 130
colonialismo português 62, 107, 115–116
Congresso Nacional Africano 34, 218
Congresso Nacional Africano (CNA) 295
Conrad, Robert Edgar 111
consciência contraditória 70
Conselho Estadual da Comunidade Negra 135
Convergência Socialista 225
culturalismo 42, 69–70, 106–107, 224, 253, 273–274
culturalista 69–70, 241
Cunha Jr., Henrique 131–132, 136

Damasceno, Caetana 266
DaMatta, Roberto 48
determinismo econômico 86–93, 101, 278
Dias, Francisco Marcos 237
diáspora africana 42, 58, 192, 208
Dzidzienyo, Anani 98–99

educação 130–133
  e práticas discriminatórias raciais 133–134
embranquecimento 82, 121, 199
Erundina, Luiza 233, 241–242, 245, 315n28, 324n69
escravidão 88, 93–94, 110–114
Estado 241–247
  e clientelismo 193
  e sociedade civil 270–273
  papel do 88, 270
estruturalismo 95, 101, 278
estudos latino-americanos 57
Eurídice 291–297
excepcionalismo 50, 125–127, 129
  racial 105–107, 107–111, 123–124, 151, 256

falsa consciência 70–72
feminismo
  afro-brasileiro 235–238

branco brasileiro 235–238
Fernandes, Florestan 79–81, 86–88, 89–94, 99–101, 140, 265, 316n24
Fernandes, Orlando 179–181
Figueira, Vera 132
Fontaine, Pierre-Michel 100–102
Frelimo 295
Frente Negra Brasileira (FNB) 92, 198–200, 224
Freyre, Gilberto 79, 87, 94, 105–107, 110, 113, 118–124, 151, 190, 202, 214–215, 231–232
Fry, Peter 70
funk 209, 217, 219

Garcia, Januário 289
Geertz, Clifford 60
Geledés 238
gênero 231, 235–238
  e desigualdade social 90
Gilroy, Paul 58–59, 62–64, 323n52
Gramsci, Antonio 48, 53, 67, 68–71, 77, 124, 125, 193, 260, 285–288, 289–290, 319n76, 325n9. *Ver também* hegemonia
Grupo Evolução 221
Guerreiro Ramos 202
Guimarães, Pedro Wilson 321n4

Habermas, Jürgen 281
Hall, Stuart 58, 71
Hasenbalg, Carlos 63–64, 93, 95–99, 179, 203, 208, 239, 295
hegemonia 47–48, 52, 67–74. *Ver também* Gramsci, Antonio
  contra-hegemonia 73, 283–285, 285–288
  racial 46, 49, 52, 126–141, 151–152
Hoetink, Harold 62–63

ideologia dominante 69–71
imigração 121
imprensa negra
  "Afro-Latino América" 226
  Alvorada 203
  Árvore de Palavras 222
  Cadernos Negros 222

339

Hífen 203
Jornegro 222
Mutirão, O 203
Novo Horizonte, O 203
Senzala 203
Inkatha 295
instituições 243
  privação institucional 247–248, 273
Instituto de Pesquisa das Culturas Negras (IPCN) 173, 220–221, 224
Isidoro 323n61

James, Cyril Lionel Robert 225

Katznelson, Ira 64–66
King, Martin Luther 326n12

Lei Afonso Arinos 203, 233, 321n20
Lei Áurea 265
Leite, José Correia 321n13
liberalismo 120–122
Lula da Silva, Luiz Inácio 290

macumba 198
Maggie, Yvonne 129, 264
mão de obra 82
  e disciminação de mercado 89
  e mercado de trabalho 131, 134
Marable, Manning 325n4
Martí, José 108–109
Martinez-Alier, Verena 313n9
marxismo 59, 67, 225, 316n22
  e esquerda brasileira 193
Maués, Maria Angélica da Motta 201, 202–203
Medeiros, Carlos Alberto 182–183, 219
memória
  coletiva 256, 260, 270
  nacional 255, 269
  racial 171
Minka, Jamu 226
Mintz, Sidney 97
miscigenação 96–98, 108
Mitchell, Michael 92
Montoro, Franco 241
Moura, Clóvis 81, 113, 199
Movimento Negro Unificado (MNU) 161, 173, 213–220, 220–235, 248, 265
movimento pelos direitos civis nos Estados Unidos 44, 251
movimentos sociais 185. *Ver também* afro-brasileiros e movimentos sociais
  e mobilização de recursos 234, 279
Mr. Funk (Osseas Santos) 209–211, 218

mulatos 97, 128
  e tese da "saída de emergência" 96

Nascimento, Abdias 75, 196, 201–202, 239, 321n16, 323n52
Nascimento, Édileda Salgado 242
Nascimento, Maria Ercília 222
Nazareth, Carlos Magno 242
Neder, Antonio 231–232
negritude 206–208, 214, 222, 242–243, 293
Nogueira, Oracy 313n7
nova esquerda 206

"olhar para trás" 291
Oliveira, Eduardo Oliveira de 221
Oliveira, Geraldo Máximo de 272
Omi, Michael 62, 270
Orfeu 291–293, 296
Orleans e Bragança, Pedro Gastão de 272

partidos políticos
  Partido Democrático Trabalhista (PDT) 227, 242, 266
  Partido do Movimento Democrático Brasileiro (PMDB) 168, 233, 241
  Partido dos Trabalhadores (PT) 227, 240, 246, 266
Patterson, Orlando 169
Pereira, Neuza 226
Pinheiro, Jorge 225
Pinto, Rafael 221, 226, 237
Piza e Almeida, Pedro de Toledo 212–213
política comparada
  e análise comparada 280–283
  e política racial comparada 42
política eleitoral 242, 253
positivismo 122, 226
"príncipe moderno" 289–290
processos simbólicos e ritualizados 76, 144–154

quilombo 191–202, 239, 257, 292, 295

raça
  classe 85, 91, 94, 194–197
  consciência racial 59, 74, 101–102, 105–111, 158–159, 158–172, 285. *Ver também* semelhanças fracas e semelhanças fortes
  democracia racial (mito da; ideologia da) 42, 69, 106, 117, 124–125, 151–152, 198, 257–258. *Ver também* Freyre, Gilberto
  desigualdade racial 44, 50, 85, 98

diferença racial 42, 42–43
discriminação racial 139
identidade racial 43, 52, 60, 90, 101, 109–111, 135–136, 157–188
política racial 41, 61
relações raciais 47–49
Ribeiro, Oswaldo 265
Ribeiro, Regina 168
Rio de Janeiro 41, 50, 65, 79–82
Roberto, Paulo 224
Robinson, Cedric 195
Rodrigues, Nina 118
Rolnik, Raquel 80–81
Rufino dos Santos, Joel 75, 155, 162, 197, 287, 295

samba 165, 191, 206–207
Santos, Ivanir dos 167, 184
Santos, Thereza 75, 180–181, 221
São Paulo 50, 65, 79
Sarney, José 256–257
Schwarcz, Lilia K. Moritz 260, 265
Scott, James 65, 72, 135, 314n20
sectarismo 189
segregação 80
semelhança fraca e forte 159–173. *Ver também* consciência racial
senso comum 72–73, 90, 125
Serviço Nacional de Informações (SNI) 215
sexo 71, 235–240
  e desigualdade social 144, 194
Silva, Benedita da 246–247, 324n69
Silva, Carlos Benedito Rodrigues da 218
Silva, Joselina da 321n14, 323n64
Silva, Nelson do Valle 95–98, 133
Skidmore, Thomas 96, 120
Sociedade de Intercâmbio Brasil-África (Sinba) 173, 220, 232
SOS Racismo 143
Soul Grand Prix 211
subalterno 99, 271–272
  estudos da 57
Suplicy, Eduardo 237

Tannenbaum, Frank, tese de 118
Teatro Experimental do Negro (TEN) 201, 248
Telles, Edward 80
"terceira via" 192, 279
Trinidade, Solano 167
Trótski, Leon 225–227

umbanda 66, 165, 190, 198, 207

Unita 295

Valente, Ana Lúcia 168
Vanderlei, José Maria 221, 226–228
Vargas, Getúlio 92, 198–199
  e corporativismo 199

Estado Novo 193–194, 198–199
Vasconcelos, José 108
Versus (periódico) 226, 228
Vianna, Hermano 217
Vieira, Edson Ramos 148
violência 135–141

Viotti da Costa, Emilia 57, 61, 120–122

Williams, Raymond 91, 220, 314n20
Winant, Howard 62, 93, 100, 102, 270, 315n10

Agradecimentos

Diversas pessoas, tanto no Brasil quanto nos Estados Unidos, deram-me um enorme auxílio na compreensão das semelhanças e diferenças entre este último país e o Brasil. A banca examinadora de minha tese, formada pelos professores Henry Bienen, Kay Warren e Emília Viotti da Costa, forneceu uma orientação de valor inestimável para o desenvolvimento da forma e conteúdo de minha pesquisa. Cada qual a seu modo, eles me ajudaram a evitar erros conceituais e históricos, além de me darem apoio moral. Sou muito grato a eles.

As discussões com Forrest Colburn, Michael Jimenez, Peter Johnson, Ben Ross Schneider, Stanley Stein e membros do seminário interdisciplinar MacArthur sobre conflitos nacionais também contribuíram para depurar meu pensamento acerca das intersecções da raça com o sexo e a identidade nacional. Seus comentários sobre meu texto escrito contribuíram ainda para me transformar num pesquisador mais consciencioso. Também recebi esclarecimentos valiosos de Frank Rosengarten, que me guiou em meio à complexidade das posturas ético-políticas de Antonio Gramsci. Agradeço igualmente a Anani Dzidzienyo, Thomas Skidmore e aos revisores anônimos de Princeton. Como leitores rigorosos e estimulantes, teceram críticas minuciosas dos primeiros rascunhos e, assim, me pouparam de erros de conceituação e sobre a realidade histórica.

Há um parágrafo inteiro que pertence a meu interlocutor principal, Howard Winant, com quem discuti questões de teoria racial em geral e as relações raciais brasileiras. Crítico implacável e fonte de inspiração, Howard me fez perceber que quase toda erudição é o resultado implícito de um esforço coletivo.

Em Austin, no Texas, recebi críticas construtivas de Richard Graham, que teceu comentários incisivos sobre uma versão anterior do manuscrito, os quais foram posteriormente incorporados por mim. Amalia Pallares e Shannan Mattiace, minhas assistentes de pesquisa, me ajudaram nas fases finais de revisão do manuscrito, assim como o fez Suzanne Colwell. Obrigado às três.

No Rio, Januário Garcia teve a generosidade de me facultar o uso da biblioteca e de outros recursos do Instituto de Pesquisa das Culturas Negras, além de me proporcionar contatos fundamentais dentro do movimento negro, o que também fez Júlio Cesar Tavares. Foi Paola Alves Vieira quem de fato me apresentou aos numerosos mundos dos cariocas durante minha primeira viagem ao Brasil, em 1985, e também em 1988, quando me ajudou a arranjar um apartamento no Flamengo. Muitas vezes, também questionou minhas interpretações da "harmonia" racial no Rio. Gisele Mills foi de grande ajuda como assistente de pesquisa em 1988, especialmente ao partilhar comigo seu vasto conhecimento dos grupos feministas afro-brasileiros nas duas cidades. Olívia Galvão, Luiz Claudio Barcelos, Denise Ferreira e Juarez Coqueiro me ajudaram a navegar pela biblioteca e arquivos do Centro de Estudos Afro-Asiáticos (CEAA) da Universidade Cândido Mendes, no centro do Rio. Carlos Hasenbalg me arranjou um lugar para trabalhar no CEAA em 1988 e 1989, leu inúmeros rascunhos de meu manuscrito e, nesse processo, transmitiu-me seu entusiasmo cauteloso mas contagiante. É sem exagero que posso dizer que grande parte de meu trabalho de campo no Rio de Janeiro não teria sido possível sem sua assistência. Muito obrigado à *minha família* do Rio, inclusive àqueles cuja ajuda recebi mas a quem não mencionei.

São Paulo é considerada uma metrópole fria e distante quando comparada ao Rio, mas lá encontrei muitas pessoas que me acolheram em sua intimidade, suas casas e sua vida. Francisco Marco Dias e Luís Paulo de Lima assumiram, desde nosso primeiro encontro, que éramos irmãos nos dois sentidos da palavra e me deram o tipo de apoio que costumamos receber apenas de amigos próximos e familiares. Só me resta esperar que este livro e minha amizade não os tenham desapontado. Deborah Sílvia Santos é outra pessoa cuja orientação e discernimento da história social afro-brasileira enriqueceram minhas experiências em São Paulo. Juntos, eles compuseram minha segunda e talvez mais importante família no Brasil, pois tomaram para si a responsabilidade sobre minhas tarefas intelectuais e pessoais nessa matéria. Simplesmente não há como pagar uma dívida dessa monta.

Rafael Pinto, Hamilton Cardoso, o falecido Vanderlei José Maria, Ivair Alves Santos, Milton Barbosa e Antonio Carlos Arruda conduziram-me pelos meandros dos debates internos do movimento negro e do movimento estudantil durante os anos 1970, fazendo sugestões úteis sobre novos entrevistados e fontes de informação. Lutar contra as vicissitudes pessoais e a discriminação racial com senso de humor e generosidade é uma qualidade admirável, plenamente manifestada por todos eles, particularmente por Vanderlei José Maria, que sucumbiu ao vírus da AIDS em 1990. A maior parte de minha gratidão fica reservada à minha mulher Nancy e à minha filha Jenna. Obrigado por me suportarem durante todos esses anos, especialmente quando eu estava fora, fazendo pesquisas para este projeto.